스토리
세계사

1

고대편 · I

■ 일러두기

- 본문에 나오는 인명과 지명 등의 표기는 원칙적으로 국립국어원이 정한 외래어 표기법을 따랐으나, 저자의 요청이 있거나 관례로 굳어진 몇몇 경우는 예외로 했습니다.

- 고대편과 중세편은 각 장의 미주를 책 마지막 부분에 장별로 구분하여 함께 실었습니다. 근대편과 현대편은 미주를 따로 싣지 않고 책의 뒤쪽에 참고자료로 정리했습니다.

- 책 이름은 『 』, 잡지나 신문명은 《 》, 개별 작품은 「 」으로, 영화나 연극, 미술작품 등의 제목은 〈 〉로 감싸서 표기했으며, 미주에서는 각 장별로 처음 나오는 책은 저자 등의 서지 정보를 다 수록했으며, 이후부터는 책 이름 이외의 서지 정보를 생략했습니다.

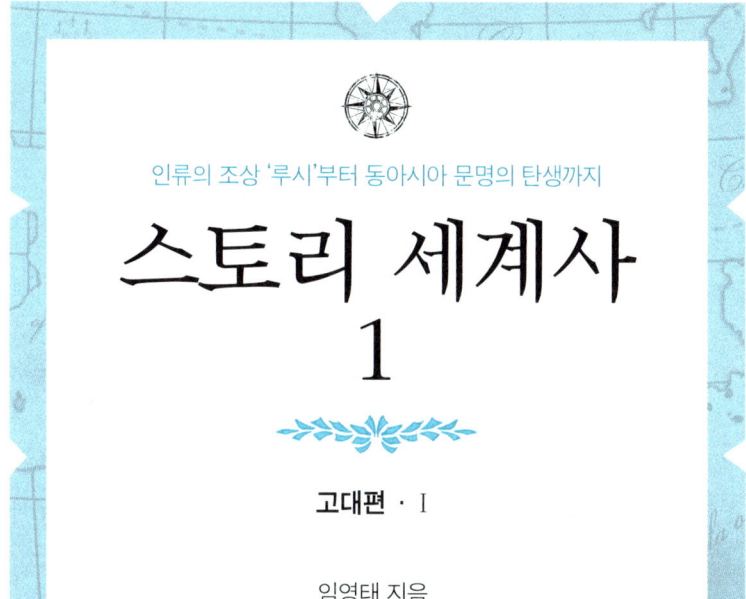

인류의 조상 '루시'부터 동아시아 문명의 탄생까지

스토리 세계사 1

고대편 · I

임영태 지음

21세기북스

| 추천사 |

역사의 삭은 과일에서 희망의 술을 뜨자

이어령

　역사의 수레바퀴는 뒤로 돌리지 못한다. 그러나 역사의 녹화 테이프는 뒤로 돌릴 수 있다. 미래를 준비하기 위해 역사를 되돌아보는 일은 필수불가결한 일이다. 요즘 사람들은 과거의 일을 쳐다볼 겨를이 없다. 앞만 보고 달려가기에도 바쁜 탓이라 말한다.

　그러나 역사를 되돌아보지 않고 앞만 보고 달려나가다 보면 사달이 나게 마련이다. '세월호' 사건이 그렇고 인사 난맥이 그렇고 우리의 경제가 그렇다. 과거에 이미 해답이 다 있는데도 불구하고 그 해답을 굳이 찾아보지 않은 채 앞으로 내달리기만 하기 때문에 큰일이 벌어지는 것이다.

　앞만 보고 달리는 일을 잠시 멈추고 숨을 고르는 시간이 필요하다. 역사책을 읽는다는 것은 그런 의미에서 큰 가치가 있다. 그러나 요즘은 역사책마저도 요약본이 대세다. 몇 년도에 어떤 일이 있었고 누구누구는 몇 년도에 태어나서 몇 년도에 세상을 떠났다는 것만 아는 것은 역사를 제대로 이해한 것이 아니다.

역사에는 원인과 결과가 있다. 역사는 누구에게 어떻게 영향을 미쳤는지 분석하고 판단하는 총체적인 과정을 거쳐야 비로소 우리에게 필요한 길잡이가 되는 것이다. 역사를 아는 사람과 모르는 사람은 아주 큰 차이가 있다. 역사에 세상살이의 이치가 녹아 있기 때문이다.

따라서 이번에 출간되는 『스토리 세계사』는 가뭄 끝의 단비와 같다. 역사를 겉핥기식이 아니라 속속들이 깨물어 먹게끔 해주기 때문이다. 처음부터 편안하게 읽어나가기만 하면 재미와 함께 세계사의 장면 장면들이 오롯이 떠오르기 때문이다. 또한 행간마다 녹아 있는 저자 특유의 분석력은 각 사건이면 사건, 인물이면 인물들의 인과관계를 일목요연하게 보여주면서 역사의 인과관계를 조감도로 그려낸다.

기존의 역사책들, 우리가 교과서를 통해 배우고 책을 통해 알던 역사는 그리스에서 시작된 서양식 역사관에 의해 만들어진 것이다. 예를 들어 동양과 서양이 전쟁을 벌인 장면도 서양식으로 쓴 역사는 '동양의 누가 서양의 아무개 나라를 침입했다'는 식의 설명이 고작이다. 전쟁의 원인을 제공한 것이 서양 쪽의 '아무개'라면 더욱 그렇다.

『스토리 세계사』는 이제까지 서양인의 시각으로 본 세계의 역사를 동양인, 그것도 극동아시아의 작은 나라인 한국 역사학자의 시각으로 쓴 것이다. 그렇다고 해서 이 책이 국수주의적으로 쓰인 것은 아니다. 다만 세계 역사 속에서 한국인이 서야 할 정당한 자리를 차지하고, 보다 중립적인 시각으로 보편적인 인류의 삶을 이야기하고자 하는 것이다.

『스토리 세계사』는 인류 역사의 시작인 오스트랄로피테쿠스부터 2011년 12월 말 미국 오바마 행정부가 이라크 주둔 미군을 철수하고 아프가니스탄에 증파했던 일에 이르기까지 방대한 역사를 다루고 있다. 이것은 기존에 우리가 익히 알고 있던 반 룬이나 곰브리치의 역사서와 확연히 다른 점이다. 인류가 과거 천 년 동안 생산해낸 정보가 근래의 십 년 동안 생산해낸 것보다 적다고 한다. 시간은 빛의 속도로 흘러가는데 우리는 근 백 년쯤 전에 나온, 그것도 서양인의 시각으로 본 세계사의 늪에 빠져 있었던 것이다.

『스토리 세계사』는 이밖에도 또 하나의 미덕을 갖추고 있다. 세계사 자체의 기술을 사건, 혁명, 인물, 테마 등으로 잘게 분류하여 하나의 사건이라도 입체적으로 바라볼 수 있게 도와준다는 것이다. 시간의 흐름에 따라 평면적으로 서술된 것이 아니라, 어떤 사건이나 특정한 인물이 어떤 경위로 역사에 등장하게 되었고, 어떤 영향을 끼쳤는지를 균형 잡힌 시각으로 보여준다. 따라서 인류의 과거와 현재를 바로 볼 수 있고, 앞으로 우리 삶이 어떻게 흘러갈 것인지에 대한 안목을 기를 수 있다.

역사, 그것은 나와 같으면서도 다른 사람들이 동시대를 살아가는 수평적인 기록들을 수직적으로 바라본 작업의 결과물이다. 씨줄과 날줄로 엮여 있는 삶의 궤적들을 엄정한 눈으로 잘라내고 그 의미를 찾아내려고 노력한 『스토리 세계사』가 여러분에게도 많은 통찰을 안겨 줄 수 있었으면 한다.

역사가 내포하고 있는 역설은, 행동으로 역사를 만들어가는데 그것을 말로 기술한다는 데에 있다. 저자는 비록 글로써 『스토리 세계사』를 서술했지만 그의 삶 자체가 양심과 함께 부단한 실천으로 일관된 것이었기에 이 책이 더욱 믿음을 준다는 점을 강조하고자 한다.

이제 우리는 『스토리 세계사』를 통해 역사의 삭은 과일에서 희망의 술을 떠야 할 시간이다.

| 머리말 |

사건, 인물, 주제를 이야기처럼 읽는 세계사

먼저 이 책이 나오기까지의 과정을 간단히 설명하는 것이 필요하겠다. 지금으로부터 10년 전 한 출판사에서 이 책의 모태가 되는 『인류이야기 현대편』을 처음 출간했다. 그 다음 해에는 『인류이야기 근대편』을 역시 같은 출판사에서 펴냈다. 그 책들은 독자들의 호응이 있어서 여러 쇄를 거듭 찍었다. 나로서는 대단히 감사한 일이었다. 하지만 마음 한편에서는 여러 가지로 개운치 않은 점이 있었다.

왜냐하면 그 책들은 온전히 나의 독자적인 작품이라고 보기는 어려웠기 때문이다. 그 책들은 헨드릭 빌렘 반 룬의 『인류이야기』의 후속편 내지는 보강을 위해 기획된 것이었다.

반 룬의 책은 50만 년 전부터 제1차 세계대전까지를 다루었으나 그 이후의 현대 세계사가 누락되었다. 그래서 『인류이야기 현대편』은 그 뒷부분을 보강하는 차원에서 기획되었다. 반면, 『인류이야기 근대편』은 근대 세계의 변화를 주도한 혁명과 전쟁, 그리고 제3세계로 불리는 나라들에서 일어난 중요한 사건을, 반 룬과는 다른 시각으로 그리고 중요하지만 빠졌다고 여겨지는 내용을 보강하는 차원에서 기획되었다.

그 때문에 나는 마음 한편에 늘 내 책을 읽어준 독자들에게도 미안하다는 생각을 갖지 않을 수 없었다. 나는 이런 미안함을 떨쳐버리기 위해서 언젠가는 세계사 전체를 일관된 시각으로 정리한 책을 내놓을 생각이었다.

그런데 그 언젠가의 기회가 의외로 빨리 찾아왔다. '21세기북스'에서 인류의 탄생에서부터 현재까지의 세계사 전체를 정리하기로 한 것이다. 이를 위해 고대편과 중세편은 완전히 새로 썼다. 근대편과 현대편은 기존 원고를 손질하고 일부는 다시 추가했다. 하지만 추가한 내용이 기존의 원고량보다는 많지 않다. 이 책을 구입하려는 독자들은 이 점을 염두에 두기 바란다.

다음으로는 이 책의 특징을 간략히 설명해야 할 것 같다. 인류의 탄생에서부터 현대까지 세계사에서 중요한 의미가 있는 사건, 인물, 그리고 역사적 주제테마를 다루었다. 사건, 인물, 주제를 선택하는 데서는 기존의 역사적 평가, 즉 역사학자나 대학·고등학교역사 교과서의 평가를 많이 참고했지만 기본적으로는 필자의 주관이 작용했다고 말할 수밖에 없겠다.

세계사 전체의 흐름을 잃지 않으면서도 각각의 사건, 인물, 역사 주제가 자체로 어느 정도 완결성을 가질 수 있도록 구성했다. 각각의 사건, 인물, 주제가 일정하게 독립적이면서도 완결성을 가짐과 동시에 세계사라는 하나의 연작처럼 읽을 수 있게 쓸 생각이었지만, 그건 아무래도 과욕이었던 것 같다. 세계사 전체를 하나의 일관된 흐름 속에서 파악하면서 각각의 사건과 주제, 인물을 독립적으로 다룬 연작 형식으로 글을 쓴다는 것은 대단히 어려운 일이다. 역사는 소설이나 픽션이 아니기 때문이다. 그럼에도 그런 방식으로 역사를 읽을 수 있다면 하나의 엔터테인먼트가 될 수 있을 것이라는 생각이 들었다. 누군가 그렇게 글을 쓸 수 있다면 정말 많은 사람들이 흥미진진하게 읽을 것이다.

또한 각각의 사건, 인물, 주제를 다루면서 최대한 생동감 넘치는 이야기 방식으로 글을 쓰려고 마음먹었지만, 막상 써놓고 보니 그렇게 되지 못한 경우가 더 많았다. 그래도 그런 생각은 일관되게 갖고 이 책을 썼다는 것을 이야기하고 싶다.

덧붙여서 이 책의 구성에 대해서 이야기하는 것이 필요하겠다. 세계사의 시대 구분은 매우 복잡하고, 학자들마다 의견이 다른 경우가 많다. 그럼에도 가장 일반적으로 쓰이는 시대 구분법은 고대, 중세, 근대, 현대로 나누는 것이다. 그러나 언제부터 언제까지가 고대, 중세, 근대, 현대인지는 차이가 많다.

이 책에서는 일반적인 기준에 따랐다. 고등학교 교과서나 대학의 교양 교재 및 역사 개론서에서 가장 널리 사용되고 있는 시대 구분을 따랐다는 이야기다. 이 책이 일반 대중의 역사교양서라는 점을 감안할 때 가장 무난한 선택이다. 거기에 따를 때 약간의 시차는 있지만, 대체로 고대는 인류의 출현부터 400년경까지, 중세는 1500년경까지, 근대는 20세기 이전까지, 그리고 현대는 20세기부터로 구분할 수 있을 것이다.

기간으로 본다면 고대 시기가 인류 역사의 거의 90퍼센트 이상을 차지하지만, 역사는 시간만으로 바라볼 수 없는 측면이 있다. 역사를 배우는 것도 현재를 살아가는 사람들을 위한 것이다. '모든 역사는 현재의 역사'라는 말도 있다. 우리가 살아가고 있는 현재와 가까울수록 그 의미 또한 훨씬 더 클 가능성이 높다. 그런 사실 때문에 아무래도 우리의 삶과 직접적인 연관성이 높은 현대와 근대의 비중이 상대적으로 높은 편이다. 『스토리 세계사』는 모두 10권이다. 그 가운데 1~3권은 고대, 4~5권은 중세, 6~7권은 근대, 8~10권은 현대로 구성되어 있다.

이제 감사의 말씀을 드려야 되겠다. 출판 환경이 점점 더 힘들어지는 상황에서도 큰 부담을 무릅쓰고 출판을 결정한 21세기북스 김영곤 사장님과 임병주 부사장님께 감사드린다. 또한 부족한 원고를 꼼꼼하게 손봐주신 함성주 주간님과 정지은 팀장님, 그리고 장보라, 양으녕 두 분께도 감사드린다.

마지막으로 개인적인 이야기를 간단히 해야겠다. 집필 기간이 촉박하다 보니 거의 매일같이 밤 12시에나 집에 들어가야 했고, 주말에도 출판사에 나와서 작업을 하지 않을 수 없었다. 그 바람에 가족들의 얼굴을 보기도 힘들었고, 집에서 내가 해야 할 의무도 다하지 못했다. 그동안 나를 대신해서 집안일을 책임진 아내와 큰 아들 경훈에게, 그리고 세상을 향한 첫 발걸음을 힘겹게 시작한 딸 경민과 입시 경쟁의 중압감 속에서 살아가고 있는 막내아들 경원에게 사랑과 감사의 말을 전한다.

올해는 나의 인생 멘토이자 첫 역사교사이셨던 아버지 임석희 선생이 세상을 떠난 지 만 10년이 되는 해이자 어머니 김정순 여사가 팔순을 맞는 해다. 아버지의 영원한 안식과 어머니의 건강을 축원하며, 이 책을 두 분께 바친다.

2014년 7월　임 영 태

| 목차 |

추천사 : 역사의 삭은 과일에서 희망의 술을 뜨자 • 4
머리말 : 사건, 인물, 주제를 이야기처럼 읽는 세계사 • 7

1. 인류의 등장과 이동 | 인류, 어디서 시작되어 어떻게 퍼졌나?
직립보행 원시인 루시의 발견 • 18
인류의 조상은 어디에서 시작되었나? • 20
'손재주가 있는 사람' 호모 하빌리스 • 22
불을 사용한 원시인 호모 에렉투스 • 24
현생인류 호모 사피엔스 사피엔스 • 26
언어능력과 큰 두뇌를 가진 현생인류 • 28
아프리카를 벗어나 세계로 확산되다 • 30
인류, 예술의 세계를 펼쳐 보이다 • 32
이동을 마무리하고 변화를 준비하는 인류 • 35

2. 신석기 혁명 | 정주생활을 가져온 인류 최초의 혁명
점진적으로 일어난 신석기 혁명 • 39
인류, 떠돌이에서 정주생활로 • 41
정주생활을 가능하게 한 조건들 • 42
인류 최초의 농업과 목축업 지대 • 45
처음 벼농사가 시작된 중국 양자강 유역 • 48
분업과 함께 계급이 발생하다 • 50
사유재산, 계급, 가족, 그리고 약탈 전쟁 • 52

3. 문명의 속성 | 교류인가 충돌인가
문명은 야만과 대립되는 개념인가? • 54
문명과 문화의 관계는? • 56
문명의 충돌을 말한 헌팅턴 • 59
인류 역사에서 생성, 소멸, 현존하는 문명 • 62
문명의 공존을 말하는 밀러 • 64
문명교류를 역설하는 정수일 • 67

4. 도시 혁명 | 고대 문명의 서막이 열리다
인류 역사의 획기적 사건 '도시 혁명' • 70
인간의 노동으로 창조된 초기 도시들 • 72
대지에 속박되기 시작한 정주민들 • 74
직업의 분화와 상호의존적인 경제체제 • 76
축력과 풍력, 그리고 바퀴의 발명 • 78
정복 전쟁과 노예의 발생 • 81
정복과 종교적 권위에서 탄생한 왕 • 83

5. 고대 문명 | 고대 문명이 탄생하다
인류 최고最古의 문명이 탄생하다 • 86
수메르에서 도시 혁명이 일어나다 • 89
왕과 국가가 탄생하다 • 91
인류 최초의 도시 에리두 • 94
우루크의 유적에서 알 수 있는 것들 • 97
길가메시 서사시가 말해주는 것 • 100
고대 문명 발생의 일반성과 특수성 • 103

6. 메소포타미아 문명 | 고대 문명의 시원과 발전을 보여주다

기원전 2000년경 수메르 학생의 생활 모습 • 105

수메르가 남긴 인류 최초의 것들 • 107

역동적이고 현세적인 메소포타미아 문명 • 109

수메르 문명의 중심 도시 우르와 라가시 • 111

1천 5백 년의 역사를 가진 수메르 문명 • 115

바빌로니아 제국의 상징 함무라비 법전 • 118

함무라비 법전이 알려주는 것들 • 122

바빌로니아 제국이 남긴 것들 • 125

역사의 중심이 이동하는 소용돌이 • 129

7. 이집트 문명 | 피라미드와 태양력과 고대 과학의 원조 문명

아비도스의 옛 포도주와 투탕카멘의 무덤 • 131

나일강에서 시작된 이집트 문명 • 133

문명은 여러 곳에서 생겨나 이동한다 • 136

통일 왕국과 고대 이집트 역사의 전개 • 139

고왕국 피라미드의 시대 • 140

테베, 이집트 문명의 중심이 되다 • 144

태양신 파라오가 통치하는 나라 • 147

이집트의 몰락, 그리고 그 문명이 남긴 것 • 150

8. 히브리 문명 | 서양 문명의 한 기둥이 된 위대한 작은 문명

서양 문명의 뿌리가 된 히브리 문명 • 152

우르에서 가나안, 그리고 다시 이집트로 • 154

모세의 출애굽과 이스라엘의 정체성 • 158

야훼 하느님에 대한 유일신 사상의 발전 • 162
이스라엘의 왕국과 유대인의 디아스포라 • 166
히브리인들이 남겨놓은 것은? • 170

9. 히타이트와 페르시아 | 바빌로니아 이후 오리엔트 지역의 여러 문명들

강력한 철기 전사 국가 히타이트 • 173
히타이트의 절정과 몰락 • 176
리디아인과 페니키아인의 활약 • 180
메소포타미아 지역에서 아시리아의 부흥 • 185
아시리아의 멸망과 신바빌로니아 제국 • 189
아케메네스 왕조 페르시아 제국 • 192
조로아스터교와 페르시아 문화 • 197

10. 에게 문명 | 최초의 유럽 문명이 열리다

소년 시절의 꿈을 이루기 위해 • 201
마침내 트로이 유적을 찾아내다 • 203
트로이 전쟁의 실제 모습 • 206
크레타섬의 미노스 문명 • 209
미케네 문명이 에게해를 지배하다 • 212
서양 문명의 새로운 전환기 • 214

11. 인도 문명 | 위대한 정신의 제국 인도의 고대 문명사

1920년대까지 공백으로 남은 인도의 선사 시대 • 218
수천 년 역사의 장대한 문명국 인도 • 221
산스크리트어 경전이 말해주는 것 • 225

기원전 3000년경에 꽃핀 하라파-모헨조다로 문명 • 229
인더스 문명의 기원에 대한 혁명적 발견 • 233
아리아인의 침입과 그들이 남긴 것 • 237
갠지스 문명과 인류 정신사의 새 지평 • 242

12. 중국 문명 ㅣ 교류와 확장으로 형성된 다원적 복합 문명
우연한 곳에서 확인된 상 나라의 실체 • 245
중국인의 자국 중심주의적 역사관 • 249
동아시아의 다원적 신석기 문명 • 252
여러 종족이 함께 이룩한 동아시아 문명 • 256
초기 중원 국가의 성립과 하 왕조 • 260
상 왕조의 전개와 주 왕조의 등장 • 264

13. 요하 문명 ㅣ 동아시아 여러 민족의 공동 문명
고래 싸움에 끼인 새우, 한반도의 운명 • 268
만주 지역 요하 문명과 고조선의 상관성 • 272
세계사 교과서를 바꿔야 할 놀라운 발굴 • 276
중국의 다민족 국가론과 요하 문명 • 279
동이족의 세력권 안에 있는 요하 문명 • 283
요하 문명의 주된 담당자는 한국인의 조상 • 285
동아시아 여러 민족 공동의 문명 • 288

주석 • 293

| 고대편 목차 |

2권 | 고대편 · II

1. 고대 그리스의 민주정치 | 근대 서구 민주주의의 뿌리가 만들어지다
2. 페르시아 전쟁과 펠로폰네소스 전쟁 | 서로 다른 세계의 충돌이 낳은 두 개의 전쟁
3. 그리스 철학 | 서양 철학 사상의 원형이 마련되다
4. 그리스 문학과 예술 | 서양 문학과 예술의 출발점이 되다
5. 알렉산드로스와 헬레니즘 문명 | 알렉산드로스, 새로운 문명을 탄생시키다
6. 로마 공화정 | 로마는 하루아침에 탄생하지 않았다
7. 스파르타쿠스 | 인간 해방의 영웅인가 노예 반란 지도자인가
8. 율리우스 카이사르 | 로마의 구원자인가, 아니면 독재자인가?
9. 아우구스투스 | '로마의 평화' 시대가 찾아오다
10. 예수 그리스도 | 기독교, 로마의 종교를 넘어 세계 종교가 되다
11. 제국의 쇠퇴와 위기 | 제국의 쇠퇴와 위기는 어디서 왔나?
12. 서로마 제국의 멸망 | 천 년의 제국이 무너지다
13. 로마 문명 | 근대 유럽 문명의 토대가 되다

주석

3권 | 고대편 · Ⅲ

1. 춘추전국 시대 | 고대 중국의 새로운 질서를 향한 투쟁
2. 공자와 제자백가 | 중국형 사상체계가 마련되다
3. 진시황제 | 중국을 최초로 통일한 '위대한 폭군'
4. 한 제국 | 중국이 미칠 수 있는 한계까지 진출하다
5. 패왕별희와 삼국지 | 중국의 대표적 문화 상징이 된 역사 창작물
6. 흉노 제국 | 한 나라를 괴롭힌 중앙유라시아의 강자
7. 고조선과 열국 | 한민족 최초의 국가 고조선은 어떤 나라였나?
8. 고대 일본 | 한반도에서 받아 고대 일본 문화를 창조하다
9. 석가모니 | 인도를 넘어 세계의 정신사를 바꾸다
10. 마우리아와 굽타 왕조 | 고대 인도 통일 왕국들의 흥망과 성쇠
11. 대월지와 사산 왕조 페르시아 | 끊임없이 변화하는 유목민족의 세계

주석

고대편 참고 자료

1. 인류의 등장과 이동

인류, 어디서 시작되어 어떻게 퍼졌나?

직립보행 원시인 루시의 발견

1975년 미국의 국립과학재단은 아프리카 에티오피아의 하다르^{Hadar*}에서 고인류의 화석과 관련된 현지조사를 실시했다. 그들은 에티오피아 아디스아바바에서 3백 킬로미터가량 떨어진 아와시 강의 메마른 강 바닥이 내려다보이는 아파르 사막 한가운데 탐사 텐트를 쳤다. 처음 탐험에 나선 화석인류학자 도널드 조핸슨$^{Donald\ C.\ Johanson,\ 1943년~}$은 성과가 없으면 어떻게 해야 하나 하는 마음에 초조했다. 그러던 어느날 해질 무렵, 그는 땅 위로 불거져 나온 하마의 갈비뼈처럼 생긴 물건을 하나 발견했다. 그는 근처에서 다른 뼈 두 조각을 더 발견했다.

조핸슨이 발견한 뼛조각을 맞춰보니 서로 딱 들어맞았다. 그것은 원시인의 대퇴골과 정강이뼈였다. 인간과에 속하는 영장류 동물인 호미니드^{hominid**}의 초기 종인 '오스트랄로피테쿠스 아파렌시스

---

* 아랍어로 '땅'의 의미를 지닌다.

Australopithecus Afarensis'유골의 일부였던 것이다. 그 뼈들은 대략 290만 년 전의 것으로 측정되었다. 탐사단은 이 놀라운 발견에 흥분해 자축 파티를 벌였다. 그때 카세트 녹음기에서는 비틀즈의 노래 〈다이아몬드 와 함께 하늘에 있는 루시Lucy in the sky with diamonds〉라는 노래가 흘러 나오고 있었다. 그들은 그 화석에 '루시'라는 이름을 붙였다.[1] 루시라 고 불리는 이 종은 두 발로 걷는 직립 원시인이었다. 이 원시인은 키가 120센티미터밖에 안됐다. 직립보행 원시인의 흔적은 그 뒤에도 또 발 견되었다.

1978년 고고학자 메리 리키Marry Leakey, 1913~1996년일행은 탄자니아 의 선사 유적 라에톨리의 응회암에서 356만 년이나 된 발자국을 발견 했다. 초기 원시인들이 걸어가다가 발자국을 남겼는데, 그것이 근처 화산에서 날아온 화산재를 뒤집어쓰면서 그대로 남은 것이다. 또 1999 년에는 고인류학자 제레세네이 알렘세지드가 아프리카 에티오피아에 서 오스트랄로피테쿠스의 두개골을 발견했다. 세 살짜리로 여겨지는 이 인간은 직립보행을 했지만 주로 나무에서 놀며 시간을 보냈을 것으 로 추정되고 있다. 두 발로 서서 걷는 직립보행인의 등장은 초기 인류 가 원숭이과의 유인원에서 진화해서 인간으로 갈라져 나오는 중요한 진보였다.[2]

고고학자들은 하다르의 발견을 통해 인류의 계보에 진화의 새로운 곁가지가 있을지도 모른다는 느낌을 받았다. 루시의 발견 이후 원시인 과 인류 조상의 화석이 상당히 많이 발견되었다. 루시의 발견으로 현

** '인간을 닮은 것'이라는 뜻으로, '인간을 닮은 영장류 동물'을 지칭할 때 쓰는 말이다.

인류의 등장과 이동 **19**

재까지 우리가 확인할 수 있는 호미니드의 기원과 인류의 선사 시대는 360만 년 전까지 거슬러 올라가게 되었다. 이런 화석 자료들은 오늘날 현생인류의 조상으로 알려지는 '호모 사피엔스 사피엔스'를 비롯해 아프리카 유인원으로부터 갈라져 나온 적어도 십여 개의 서로 다른 종들이 수백만 년에 걸쳐 지구를 걸어 다녔음을 암시한다. 오늘날에는 그 가운데 10만 년 전쯤에 진화한 호모 사피엔스 사피엔스만 남았다.[3]

인류의 조상은 어디에서 시작되었나?

지금까지의 고고학 지식에 따르면 인류의 조상은 아프리카에서 출발했다. 그런 점에서 본다면 우리 모두는 어디에 살던 아프리카인이다. 그러나 이런 사실이 우리 가슴에 충분히 와 닿지는 않는다. 지금 우리의 상상력으로는 도무지 가늠도 되지 않는 이야기다. 아주 먼 옛날, 우리의 사고 범위 안에서는 도무지 계산도 잘 안 되는 그 옛날, 그러니까 최소한 수십 만 년에서 수만 년 전 사이에 아프리카에 살던 어떤 인간 집단이 수만 년에 걸쳐 세계 도처로 이동을 했고, 그 결과 오늘날의 5대양 6대주에 걸쳐 온갖 사람들이 살게 되었다는 이야기이다. 그런데 이런 이야기를 들을 때, '정말 그럴까?' 하는 의문이 앞서는 것은 어쩔 수 없다.

세계의 모든 인류가 같은 조상에 뿌리를 두고 있다지만 오늘날 우리가 보는 세계인의 생김새는 너무나 다르다. 인종주의자들은 아예 이런 주장 자체를 인정하지 않을 수도 있다. 어쩌면 그들은 고고학자들이 말하는 '과학이라는 것도 도무지 믿을 게 못 된다'고 생각하는지도 모르겠다. 실제로 19세기와 20세기 초반 서구의 백인우월주의자들이 생물학과 역사학을 주도하던 시대에는 이른바, 백인과 흑인, 황인의 조상이 각각 다를 것이라는 믿음이 광범위하게 유포되어 있었다. 그러나 유전자 지식과 인류의 기원에 대한 많은 사실이 알려진 오늘날에는 그와 같은 '인종'적 사고는 무지의 소치로밖에 인식되지 않고 있다. 인류의 고고학적 지식과 과학은 그것이 명백한 진실임을 알려주고 있다.

인류가 지구상에 언제 출현했고, 그 조상은 누군가 하는 문제는 오랫동안 연구의 주제가 되어 왔다. 그 결과 완전하지는 않지만 어느 정도는 의문을 풀어줄 수 있는 답변에 접근해가고 있다. 지금까지의 연구 결과를 바탕으로 추론해보면 인류의 조상은 지금부

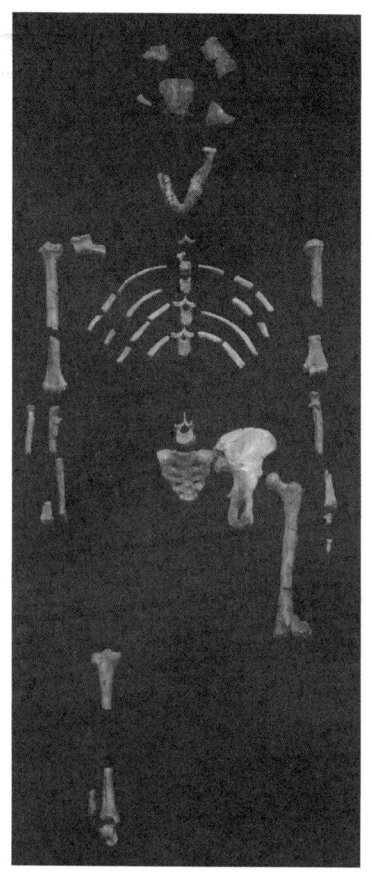

루시의 유골 | 에티오피아 하다르에서 프랑스와 미국의 발굴팀이 찾아낸 오스트랄로피테쿠스 아파렌시스라는 종으로 분류된 호미니드의 유골. 직립보행을 한 이 여성 고생인류에 '루시'라는 별명이 붙여졌다.

터 약 1억 년 전에 진화를 시작한 영장류靈長類 가운데서 인류와 가장 가까운 유인원 무리에서 찾을 수 있다. 지금까지 발견된 화석 가운데 가장 오래된 유인원은 약 1천 4백만 년 전에 살았던 드리오피테쿠스 Dryopithecus 무리다. 이 유인원은 '사람과'와 '원숭이과'가 갈라지기 전으로 인류만의 조상은 아니다. 이 무리는 1856년 프랑스에서 처음 발견된 후 인도, 중국, 그루지야, 동아프리카 등 여러 지역에서 발견되었다. 이것이 발견된 화석층은 2천만~8백만 년 전 사이에 속한다.[4]

그러나 이 드리오피테쿠스는 인류의 진정한 조상이라고 볼 수는 없다. 이 영장류는 인간이 가진 가장 중요한 특징 가운데 하나인 두 발로 걷는 존재가 아니었다. 현재까지의 고고학 성과로서는 최초의 보행 영장류 동물, 즉 고생인류로 '오스트랄로피테쿠스 아파렌시스', 즉 속칭 '루시'가 있다.

'손재주가 있는 사람' 호모 하빌리스

지금 우리로서는 도무지 상상할 수 없는 오랜 시간에 걸쳐 원시 인간은 천천히 진화했다. 직립보행 원시인, 즉 루시와 같은 인종이 처음 나타나고 1백만 년쯤 지난 뒤, 그러니까 지금부터 260만 년 정도 될 무렵에 초기 인류가 석제 도구를 사용하기 시작했다는 사실이 확인된다. 에티오피아의 카다고나 강가 협곡에서 '올두바이 석기'로 명명된 최초의 석기가 발견되었다. 이 석기들은 멸종한 코끼리를 비롯한 다른 동물들의 화석뼈와 함께 있었다. 여기에는 육식동물의 뼈를 물었던 흔적과 도구를 문질러 긁었던 흔적이 겹쳐져 나타났다.

이것은 초기 인류가 직접 사냥을 하지 않고 육식 동물들이 남긴 고기 찌꺼기를 뜯어먹고 살았다는 사실을 말해준다. 지능이 발달하기 전의 인간과 그 조상이 되는 영장류는 육체적인 힘이나 사냥 능력에서 그다지 뛰어난 동물이 아니었다. 그들은 직접 사냥하는 데 석기를 이용하지는 못했지만, 새로운 세상을 향한 문을 넘어서고 있었다.[5] 자연이 제공해준 것들을 인간의 필요와 목적에 따라 가공할 수 있게 된 것은 엄청난 발전이었다.

원시인류는 직립보행을 하면서 두 손을 사용할 수 있게 되었다. 두 손의 사용은 인류의 생활에 엄청난 변화를 가져다주었다. 바로 도구를 사용하고 제작할 수 있게 된 것이다. 190만 년 전에 나타난 호모 하빌리스Homo Habilis[*]는 '손재주가 있는 사람'이었다. 이들의 유적은 동·남 아프리카에서 발견되었다. 이들의 두개골 용량은 다른 초기 고생인류와 확연히 구분될 만큼 커졌다. 그들이 남긴 석기 더미에서 발견된 이빨들은 그들이 어금니와 함께 잘 발달된 앞니와 송곳니를 가졌음을 알 수 있게 해준다.

이들은 돌과 뼈뿐만 아니라 나무, 식물뿌리처럼 썩기 쉬운 도구로 재료를 만들어 사용했을 것이다. 아마도 그랬기 때문에 지금까지 그들의 유적이 전해지지 않는 것으로 보인다. 또한 그들은 도구를 개조하는 데 필요한 특정 형태의 돌을 구하기 위해 먼 거리를 여행하기도 했다. 물론 먼 거리라고 해도 그들이 충분히 알고 있는 곳까지였을 뿐이

---

[*] '손을 쓸 줄 아는 사람', '도구를 사용하는 사람'이라는 뜻도 있으며 북한에서는 문화어로 '손쓴사람'으로도 부른다. (위키 백과 참고)

다. 그들의 그러한 행동은 조만간 등장하게 될 원시인들의 진취적인 이동생활의 전조라고 할 수 있었다. 그러나 이들은 아프리카에서만 1백만 년을 살고 멸종했다. 다른 대륙으로 이동하지는 못했던 것이다.

불을 사용한 원시인 호모 에렉투스

호모 하빌리스보다 약간 늦게 약 160만 년 전에 등장해 호모 하빌리스와 약 50만 년 동안 공존한 인류로 호모 에렉투스Homo Erectus가 있다. 이들은 인류 최초로 아프리카 지역을 벗어나 지구의 다른 지역으로 이동했다. 이들은 두 발로 달리기를 할 수 있는 튼튼한 신체 구조를 가지고 있어서 처음 서아시아와 유럽 등지로 이동했으며, 점차 아시아 대륙 전체로 퍼져나갔다. 이들은 '직립원인' 또는 '곧선사람'이라고 불리는 화석인류化石人類인데, 베이징원인, 자바원인 등이 대표적이다. 카프카스 지역에서도 이들의 화석이 발견되었다. 이를 통해 이들이 이미 유라시아 대륙 전체와 남방 지역에까지 확산되었음을 알 수 있다.

호모 에렉투스는 이전의 오스트랄로피테쿠스보다 두뇌용량이 확연히 크고 도구와 더불어 불을 사용했다. 불을 최초로 사용한 집단은 베이징원인이다. 약 46만 년 전 이들이 사용한 것으로 추정되는 화덕이 베이징 근교의 저우커우뎬周口店에서 발견되었다. 이들은 부싯돌flint, 燧石*, 처트chert**, 규암을 이용하여 조악하지만 손도끼를 비롯한 각종 도구들을 만들어 썼다. 신장과 두뇌 크기로 보아서 이들은 호모 하빌리스와 현생인류의 중간 단계였던 것으로 보인다. 또 현대 언어에

비해서는 원시적이지만 언어능력도 갖추고 있었을 가능성이 있다.[6]

우리나라의 구석기 시대 유적인 상원군 모루동굴 유적과 단양군 금굴 유적 등이 이들 직립원인 호모 에렉투스의 주거유적으로 알려져 있다.[7] 이들은 대략 170만 년 전부터 10만 년 전까지 아프리카와 아시아 대륙에 넓게 존재했으나 그 뒤 멸종했다. 왜 멸종했는지, 그리고 이들과 현생인류의 조상인 호모 사피엔스와는 어떤 관계에 있는지 등에 대해서는 아직까지 정확히 알 수가 없는 상태다.

30만 년 전에는 이미 죽은 사람을 매장하는 습관이 처음 나타났으며, 그 전통관습은 오늘날까지 세계 대부분의 지역에서 그대로 이어지고 있다. 놀라운 일이 아닐 수 없다. 이미 이때 비로소 내세에 대한 관념이 생겼으며, 이는 죽은 자에 대한 경건한 예를 갖추는 것으로 표현되었다고 볼 수 있다. 매장의 가장 오래된 흔적은 30만 년 전 스페인 북부의 아타푸에르카에서 발견된다. 그곳에는 석회암 벽이 수직으로 갈라진 틈 사이의 깊은 자리에 최소 29명의 초기인류가 묻혔던 흔적이 남아 있다. 그로부터 20만 년 후의 일로 추정되는 이스라엘의 스쿨과 카프체 동굴에서도 매장과 더불어 제례의식이 거행된 증거품들이 확인되었다.

---

* 수석은 단단한 규질의 미정질 퇴적암으로 석영의 하나다. 부시로 쳐서 불을 일으키는 데 쓴다. 흔히 우리나라에서는 '차돌'이라고도 부른다.

** 규질의 화학적 퇴적암으로 일명 각암이라고 한다.

현생인류 호모 사피엔스 사피엔스

현생인류의 조상으로 여겨지고 있는 호모 사피엔스 사피엔스Homo Sapiens Sapiens, 슬기슬기사람가 등장하는 것은 약 15만 년 전이다. 이견이 없는 것은 아니지만, 일반적으로 이 현생인류는 40만 년 내지 50만 년 전에 나타난 호모 사피엔스의 아종亞種으로 보고 있다. '아종'이란 생물들이 발생적으로 어느 정도 가까운지를 나타내거나 진화의 계통을 밝히기 위해 사용하는 생물 분류 단계의 하나다. 종種의 아래 단계이고 변종變種의 위 단계에 속한다. 종으로 독립할 만큼 차이가 크지는 않지만 변종으로 보기에는 다른 점이 많은 한 무리의 생물을 말한다.[8]

그러니까 간단히 말하면 호모 사피엔스에서 현생인류인 호모 사피엔스 사피엔스가 진화해 나온 것이라는 이야기인 셈이다.

현생인류의 기원에 대해서는 여러 지역설과 아프리카 지역설이 있다. 여러 지역설은 아프리카와 아시아 여러 지역에 존재했던 호모 에렉투스에서 현생 인류가 진화해 나온 것으로 추정한다. 반면 아프리카 기원설은 15만 년 전 초기 호모 사피엔스의 화석은 아프리카 지역에서만 발견된다는 것을 근거로 호모 사피엔스가 아프리카에서 발생했으며, 이들이 서아시아, 동아시아, 유럽 등으로 이동하여 각 지역에 살고 있던 기존의 인류를 대체하여 오늘날 현생인류의 조상이 되었다고 주장한다.[9]

현재는 아프리카 기원설이 다수설을 이루고 있다. 이에 따르면, 호모 사피엔스 사피엔스라는 현생인류는 동아프리카 지역에서 처음 등장해 아프리카 전역으로 퍼져나갔다. 그리고 이들은 다시 아시아와 유럽 등지로 이동했다. 이들은 대체로 6~7만 년 전에는 서아시아 지역에, 약 5만 년 전에는 동아시아에, 약 4만 년 전에는 유럽 지역으로 이동해서 빙하가 없는 대부분의 지역에서 살았다. 또한 이들은 2만 5천 년 전 처음으로 아메리카 대륙으로 이동하여 북쪽 지역에서 살았다. 이때는 대륙이 서로 연결되어 있었다. 그런데 약 1만 2천 년 전 빙하기로 바다가 얼어붙으면서 다시 시베리아와 알래스카를 연결하는 길이 열렸고, 이때 대륙을 건넌 인류는 보다 남쪽으로 진출했다.

현생 인류의 이동에서 중요한 변수가 된 것은 적절한 기후조건, 인구밀도의 증가, 낯선 환경에 대한 적응력 등이었다. 이들은 더 오래 견딜 수 있는 주거형태를 개발했고, 따뜻한 옷을 지었으며, 나무나 뼈로 만든 손잡이를 끼울 수 있는 작은 돌칼 등의 도구를 제작했다.[10] 이들과는 계통이 다르지만 같은 시기에 존재했던 인류로 네안데르탈인 Homo Neanderthalensis이 있었다. 인류학적으로 이들은 전 시대의 인류에 비해 현대인류에 매우 근접하고 있다. 하지만, 뇌 용량이라든지 두개골 모양이 여전히 현대인과 다르기 때문에 고생인류에 포함시키기도 한다.[11]

호모 사피엔스와 네안데르탈인의 관계에 대해서는 여전히 논쟁 중이다. 처음에는 유사성에 주목하여 호모 사피엔스의 아종亞種으로 여겼으나 최근에는 미토콘드리아 분석 결과 관련성이 없다는 쪽이 우세한 상황이다. 네안데르탈인은 20만~3만 년 전에 유럽과 서아시아 전역에 살았으나 멸종되어 현생인류로 연결되지 못했다. 3만 5천 년~1만 년 전에 유럽 지중해 지역에 살았던 화석인류 크로마뇽인은 호모 사피엔스에 가까운 것으로 확인되지만 이들의 계통이 어떻게 되는지는 확실하지 않다.

호모 사피엔스 사피엔스가 현생인류라고 해서 이들이 15만 년 전에 진화를 갑자기 멈추었다는 이야기는 아니다. 현생인류는 그 뒤에도 진화를 계속했다. 피부색이나 모발조직과 같은 외견상의 변화뿐만 아니라 지적 능력이나 언어 능력에서도 큰 변화가 일어났다. 그러나 10만 년 전의 인류가 현재의 인간과 매우 흡사한 신체 구조를 갖고 있었다는 것은 분명하다. 또한 그 뒤 많은 변화와 진화 과정이 있었지만 이미 그 시기에 인류는 언어능력, 종교적 믿음과 실천, 사회적 관계, 예술적 능력, 음악과 춤 등 지금 우리가 갖고 있는 문화적 활동 능력을 어느 정도는 갖추고 있었던 것도 분명하다.[12]

언어능력과 큰 두뇌를 가진 현생인류

그러면 15만~10만 년 전 동아프리카에 살았던 이 현생인류는 어떻게 생활했을까? 그들은 옷도 입고 있었고, 제법 그럴 듯하게 치장도 했다. 오늘날 프랑스 면적의 두 배 정도 크기의 동아프리카 일대에 산 사람들의 수는 1만여 명에 지나지 않았다. 그 드넓은 지역에 띄엄띄엄 산재해 살고 있던 1만여 명이 오늘날 세계에 흩어져 살고 있는 70억 명의 직계조상이 되었다는 이야기다. 과연 그랬을까? 실감이 잘 안 되지만 그밖에 다른 증거가 나오기 전에는 그렇게 믿을 수밖에. 이들은 침팬지와 마찬가지로 20명 혹은 30명 정도의 가족 단위로 떠돌이 생활을 했다. 그들이 먹은 주식 또한 채소처럼 땅에서 나는 것들이었다. 육류는 작은 짐승을 잡아먹거나 사자나 표범 같은 육식동물들이 먹다 남긴 것을 섭취했다.[13]

그러나 현생인류는 다른 영장류에 비해 주위 환경과 자신들의 삶을 통제하는 능력이 월등히 뛰어났다. 그들은 현대인과 비슷한 1500~1600cc의 큰 뇌 용량을 가졌다.* 따라서 그들은 제법 복잡한 방식의 의사소통이 충분히 가능했다. 그들은 두뇌용적이 작고 언어능력이 결여된 침팬지보다 훨씬 효율적으로 의사소통과 정보를 교환할 수 있었다. 그 덕분에 식용 가능한 식물에 대한 정보도 쉽게 공유할 수 있었다. 인간과 비슷하거나 그보다 큰 덩치의 거대 동물들을 구덩이를 파 함정에 빠뜨리거나 절벽, 또는 구석으로 몰아넣은 뒤 안전한 거리에서 돌을 던져 잡을 수도 있었다. 아프리카의 무더운 날씨도 인간이 사는데 좋은 환경 조건이 되었다. 다른 포유류 동물들은 심하게 땀을 흘리다가 기진맥진해서 쓰러지는 경우가 많았다. 인간은 참을성 있게 기다리면 사냥의 수확을 손쉽게 거둘 수도 있었다.

인간의 언어능력과 큰 두뇌는 무리생활과 사냥을 가능하게 했을 뿐만 아니라 현대의 인간에게서 볼 수 있는 많은 것들을 가능하게 해주었다. 인간의 생각을 공유할 수 있게 되었고, 새로운 아이디어를 짜낼 수도 있었다. 언어는 앞선 세대의 경험과 지식을 후대에게 전달할 수 있는 수단이 되었다. 인간은 불과 같은 수단을 사용함으로써 따뜻한 생활도 유지할 수 있었고, 음식을 익혀 먹을 수도 있었다.

---

* 현대인의 평균 뇌 용량은 1450cc 정도라고 하니까 현대인보다 뇌용량이 더 큰 셈이다.

어쩌면 지금 우리가 생각하는 것보다 당시의 인간들의 삶은 그렇게 불행하거나 척박하지 않았을 수도 있다. 그들은 하루에 몇 시간만 일하면 충분히 살 수 있는 생필품을 확보할 수 있었으며, 나머지 시간은 공동체 사람들과 즐기고 여가 시간을 보낼 수도 있었다. 지금처럼 하루 종일 돈벌이에 매달리느라 아이들 얼굴도 못 보고 살 일은 없었다. 사자나 표범과 같은 맹수들의 습격에서 안전하게 피할 수 있는 방법만 터득한다면 10만 년 전 아프리카 초원의 생활은 매력적인 면이 없지 않았다.

아프리카를 벗어나 세계로 확산되다

아프리카 대륙은 대부분이 바다로 둘러싸여 있어서 그곳을 벗어나기 힘든 지형이지만, 홍해 유역을 통해서 아프리카는 아시아와 만날 수 있다. 현생인류가 최초로 아프리카를 벗어나 다른 대륙으로 이주를 시작한 것은 대략 6~7만 년 전이었다. 처음에는 소수가 아프리카를 떠나 아시아 남동부로 이주를 했다. 일부는 유럽 쪽으로 나아갔다. 지금보다 해수면이 낮았던 5~6만 년 전, 당시에는 육지였던 곳이 지금은 바다로 변한 곳이 많다. 따라서 당시 현생인류의 이동경로를 정확히 추적하기는 어렵다. 아시아 남동쪽으로 이동한 무리 가운데 일부는 해안을 따라서 지금의 동남아시아를 거쳐 오스트레일리아까지 이동했다. 그곳에서 5만 년이나 된 그들의 화석이 발견되는 것은 그 같은 사실을 말해준다.

당시 해수면이 아무리 낮았다고 하더라도 그들의 여정에는 때로는 50킬로미터가 넘는 바다를 건너는 일도 포함되었을 것이다. 이때 오스트레일리아에 들어간 현생인류는 아무런 방해도 받지 않고 그들만의 고유한 문화를 발전시켰다. 그 뒤 또 다른 무리가 바다를 건너려고 했을 때는 빙하가 녹아내려 많은 육지들이 바다에 잠겼다. 그 때문에 바다를 건너 그곳에 가는 것은 무리였다. 상당한 시간이 흐른 뒤 먼 훗날 인간의 항해술이 발달한 뒤에야 비로소 그러한 어려움을 극복하고 오스트레일리아에 들어갈 수 있었다.

현생인류가 다른 지역으로 퍼져가는 데는 많은 시간이 필요했다. 그 이전 수백만 년의 세월을 거쳐서 원시인들이 진화를 이루었던 것과 비교한다면 그 시간은 아주 순간처럼 느껴질 수도 있을 것이다. 하지만 오늘의 우리의 눈으로 보면 1만 년의 시간은 거의 인간의 상상 속에서만 존재할 수 있는 기간이다. 현생인류가 서남아시아와 유럽 지역에 모습을 드러낸 것은 4만 년경이다. 그리고 그들이 서유럽에 나타나기 시작하는 것은 네안데르탈인이 존재를 감추기 시작하는 기원전 3만 년경이었다.

네안데르탈인은 강인하고 지적 능력도 있었으나 빙하기 날씨 변화에 적응하지 못해 3만 5천 년 전 무렵에 사라지고 말았다. 현생인류는 원시의 자연에서 채집, 사냥을 통해 먹을 것을 얻는 데 네안데르탈인보다 앞선 경쟁력을 갖고 있었다. 정교한 언어를 구사해 복잡한 생각을 전달하고 발전된 도구를 제작, 사용할 수 있었던 현생인류는 오랫동안 거주할 주거지를 마련하고 옷감을 짰다. 이를 바탕으로 점점 추워지는 대륙의 날씨에도 훨씬 나은 생존력을 지닐 수 있었다.

2003년 오스트리아 학술팀은 인도네시아 플로레스섬의 한 석회동굴에서 피그미 인간의 화석을 발견했다. 그들에게 호모 플로레시엔시스 Homo Floresiensis라는 종명과 더불어 톨킨의 소설에 나오는 소인족의 이름 '호빗'을 별칭으로 붙여주었다. 호빗족은 대략 기원전 7만 년 전부터 1만 2천 년까지 그 동굴을 점유하고 있었던 것으로 보인다. 이를 통해 우리는 아직 화석이 발견되지는 않았지만 그 무렵 지구상에는 또 다른 종들이 존재했을 수 있다는 사실을 추측해볼 수 있게 한다.[14]

인류, 예술의 세계를 펼쳐 보이다

인류는 3만 8천 년 전부터 악기를 만들어 사용했다. 처음 인간의 목소리에서 멜로디를 확인했을 것이다. 그러나 인간은 경험을 통해 갈대, 속이 빈 나뭇가지, 소라껍데기, 맞부딪치는 소리 등 자연적인 소재를 이용하는 단계에 이르게 된다. 명백하게 최초의 악기로 보이는 것은 유럽에서 발견된 3만 8천 년 전의 뼈로 만든 피리와 호루라기다. 이 것들은 프랑스 피레네 산맥의 이츠리츠 동굴에서 발견되었는데, 아마도 수천 년에 걸쳐 사용되었을 것으로 보이는 17개의 뼈 피리였다.

인간의 다른 예술 표현도 악기가 사용되고 얼마 지나면서부터 시작된다. 대략 3만 5천 년 전부터 1만 년 전까지의 시기에 이 같은 예술적 표현들이 만발했다. 그러한 증거는 인간이 살았던 곳이라면 세계 곳곳에서 쉽게 발견되고 있다. 이 시기 아프리카, 유럽, 오스트레일리아 등

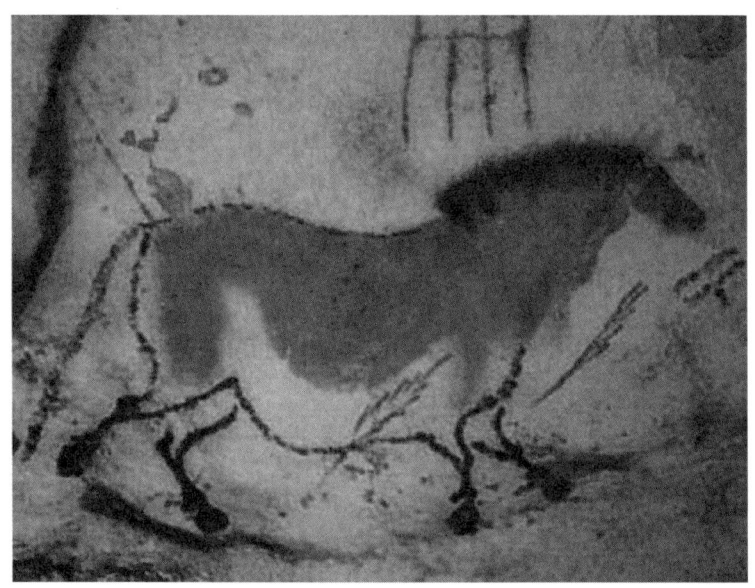

프랑스 도르뉴 라스코 동굴 벽화 | 선사 시대 인류는 세상 어디서나 그림으로 자신들을 표현했다. 동굴벽화, 조각, 모래그림, 비석들은 자신의 삶의 방식을 문자로 남기지 못했던 이 시대 인류의 문화를 들여다 볼 수 있는 중요한 창窓이다.

15곳이 넘는 지역에서 말, 맘모스, 들소 등 큰 동물을 묘사하거나 인간이 손에 물감을 묻혀 찍는 다색채의 동굴벽화가 나타난다. 이 그림들은 선사 시대의 장인들이 황토, 석탄, 돌가루 등의 천연물감을 물이나 침에 개어 손가락, 나뭇가지, 이끼, 동물의 털 등으로 그린 것이다.

세계적으로 널리 알려진 스페인의 알타미라Altamira와 프랑스의 라스코Lascaux 동굴 벽화는 대상의 세세한 묘사가 압권이라 할 만하다. 그곳에는 동물기름을 태워 동굴 내부를 밝혔던 램프도 있었다. 동굴 벽을 깎아내 3차원으로 돋을새김을 한 조각도 이 시기의 벽화들과 함께 등장한다. 손에 들고 나닐 수 있는 조각상과 돌, 뼈, 상아, 조개껍

구석기 시대의 비너스상 분포 지역 | 후기 구석기 시대의 비너스상은 피레네 산맥부터 러시아 시베리아까지 광범위한 지역에 걸쳐 분포되어 있다. 이것은 이 지역에 문명교류가 있었으며 그에 따라서 공통된 문화적 상징을 공유했던 것을 의미한다.

질, 구운흙에 새긴 그림들도 여러 지역에서 발견되었다. 이는 당시 인류가 추상적인 상징 표현과 제의적인 행위를 하는 성향이 강했음을 보여준다.[15]

 재미있는 것은 이 시기 인류의 이동과 더불어 문명교류가 이미 시작되었다는 사실이다. 이러한 사실을 잘 보여주는 것이 바로 여인의 나체상인 비너스^{Venus}상이다. 유사한 모양을 한 비너스상이 유라시아 대륙 곳곳에서 발견되고 있다. 많은 문명교류학자들은 이 비너스상의 출현과 전파를 인류의 문물교류의 효시로 파악한다. 원래 비너스는 사랑과 미, 풍요를 상징하는 로마 신화에 나오는 여신의 이름이다. 그런데 19세기 말부터 서유럽과 동유럽, 시베리아의 여러 곳에서 후기 구석기 시대에 속하는 여러 가지 형태의 나체상 유물이 발굴되었다. 학자들은 이 여인상을 여성의 원형으로 간주하여 그 이름을 신화에서 따와 '비너스'라고 붙였다.

이 비너스 상은 서쪽은 프랑스 브라쌍푸이에서부터 동쪽은 바이칼 호 부근에 이르기까지 북방 유라시아의 광활한 지역에 동서로 산재해 있다. 이 유물들의 제작연대는 지금부터 약 2만 5천 년 ~2만 년 전 후기 구석기 시대 으로 추정되며, 이는 유럽의 크로마뇽인이 창조한 문화였다. 비너스상은 대부분 아주 작은 조각품이지만 크기는 각기 다르다. 이것이 의미하는 바가 무엇인지에 대해서는 학자들 간에 이견이 존재하지만, 어쨌든 분명한 것은 "여성모성에 대한 추앙과 숭상을 뜻한다."는 것은 틀림없다.[16] 이 가운데 가장 유명한 것은 빌렌도르프Willendorf의 비너스상이다.

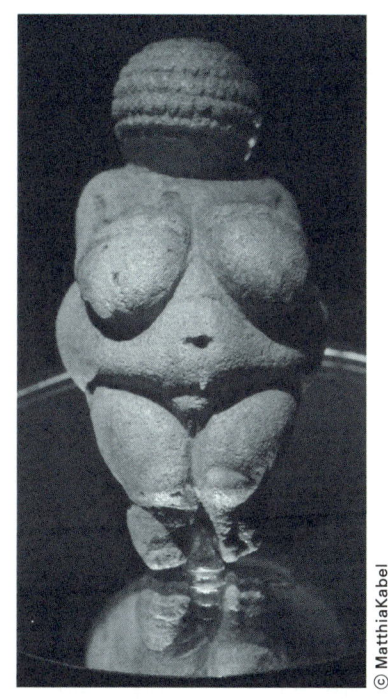

빌렌도르프의 비너스상 앞 모습

이동을 마무리하고 변화를 준비하는 인류

인간이 세계 곳곳으로 퍼져나가면서 그 수도 점차 늘어났다. 3만 년 전 세계 인구는 대략 50만 명 정도 되었을 것으로 추정된다. 그들 가운데 물가에 자리를 잡고 산 사람들도 있었지만 대부분은 수렵채집생활을 했다. 그들은 주변 식량자원이 고갈되면 다시 다른 지역으로 주거지를 옮겨 다니며 살았으며, 주로 수렵보다는 채집을 하며 살았다. 우리가 구석기 시대 생계를 책임지는 임무가 남성의 수렵에 있었던 것처럼 생각하는 것은 잘못이다. 채집에 의존하는 삶이었기 때문에 여성의 역할이 더 컸다고 봐야 할 것이다. 남성의 역할이 커지는 것은 그 다음 수렵이 중심을 이루면서부터다. 이 무렵의 인간들은 바구니를 짜고 팔찌와 목걸이를 착용했으며 상아조각품을 만들었다.

3만 년 전의 인류는 그들의 조상들이 그랬던 것처럼 작은 가족집단이나 무리생활을 했다. 그들이 남긴 도구나 물건을 보면 상당히 먼 거리까지 교역망이 형성되었음을 알 수 있다. 그들은 현재의 인간들이 그러는 것처럼 수백 명이 한꺼번에 모여 친목 모임을 갖고 노래와 춤, 만담을 즐기며 놀았다. 장마가 지는 곳에서는 몇 주씩 물웅덩이 주변에서 함께 생활하기도 했다.

석기 시대의 인류가 지구상의 거의 전역으로 이동하는 데는 1만 5천 년의 시간이 더 필요했다. 그 속에는 마지막 빙하기가 극에 달해 인간의 생존 자체가 힘들었던 기원전 2만 8000년에서 2만 5000년까지의 기간도 포함되어 있다. 그러나 인간은 그 같은 어려움을 극복하고 마침내 1만 8000년경에는 중앙아시아를 거쳐 오늘날의 시베리아 바이칼 호수까지 진출했다. 인간이 아메리카 대륙에 언제 건너갔는지는 아직도 논쟁 중이지만, 기원전 1만 3000년경에는 시베리아와 베링해를 건너 알래스카와 북아메리카 지역에 들어간 것이 확실하다. 또한 기원전 6000년이 되기 전에 인류는 남아메리카의 끝까지 도달해 있었다.

 이렇게 해서 아프리카에서 시작된 인류의 이동은 마침내 기원전 6000년경, 그러니까 지금부터 약 8천 년 전에 마무리되었다. 이 무렵 인간의 발길이 닿지 않는 곳은 태평양의 작은 섬들, 그리고 북극과 남극뿐이었다. 기원전 6000년경 인간은 아프리카를 비롯하여 아시아와 남북 아메리카, 그리고 유럽에 이르기까지 인구의 이주망을 형성했다. 그 무렵 세계 인구는 1천만 명을 헤아렸을 것으로 추정되고 있다.

 기원전 6000년경 1천만 명에 이른 인류는 10만 년 전의 인간과 마찬가지로 여전히 수렵과 채집을 하며 살았다. 하지만 그들의 삶의 내용은 훨씬 다양하고 풍부해졌다. 아프리카 동부에 살고 있는 사람들의 삶은 식량 채집이 중요한 일이었으나 옷을 만드는 일은 그다지 중요하지 않았다. 그러나 시베리아와 캐나다 북극 지방에 살고 있는 사람들의 삶은 수렵과 고기잡이, 그리고 동물 가죽으로 옷을 만드는 일이 생사를 가르는 중대사가 되고 있었다. 러시아 남부 사람들은 매머드 사냥과 매머드의 뼈로 만든 천막의 말뚝과 장대를 세우고, 냉동고$^{영구\ 동토}$$_{층을\ 파서\ 만든\ 저장\ 구덩이}$에 고기를 저장해뒀다가 불에 녹여 먹으면서 동물 가죽으로 만든 천막에서 겨울을 지냈다.[17]

 인류는 기원전 1만 5000년경에는 활과 화살을 만들어 사용하고 있었으므로 사냥 기술에서 획기적인 발전을 보여주었다. 활과 화살뿐만 아니라 창, 작살, 부메랑과 같은 도구들도 사용했다. 일부 지역에서는 정착생활도 시작되고 있었다. 기원전 1만 년경부터는 토기도 만들어 쓰기 시작했다. 토기는 음식의 가공과 식량의 저장을 위해 필수적인 도구였다. 그러나 지구상의 인류가 어떤 음식물을 섭취하고 어떤 도구

를 사용하든 상관없이 대부분의 지역에서는 여전히 20~30명의 어른들과 몇 명의 아이들로 구성된 소규모 무리생활을 하고 있었다. 아직 영구정착은 지극히 예외적인 경우에 속했다. 이동 생활에서 많은 아이들은 생존에 위협이 되었다. 맹수들의 습격에서 무리를 지켜야 했고, 식량 수급도 문제였다. 그 때문에 많은 아이들이 유아 상태에서 사망했다.

    그러한 악조건 속에서도 3만 년 전 50만 명 정도였던 인구는 기원전 6000년경에는 1천만 명으로 20배 이상 늘어났다. 그것은 지금 보면 별 게 아닐 수도 있지만 당시로서는 엄청난 변화였고, 인류의 역사에서 고무적인 현상이었다. 그것은 인간이 지구상의 중심으로 확고히 자리를 잡기 시작한 것을 의미했으며, 동시에 새로운 시대가 시작되고 있음을 알리는 징조였다. 바야흐로 인류의 역사에서 '혁명'이라고 부를 만한 대단한 사건이 도래하고 있었던 것이다.

2. 신석기 혁명

정주생활을 가져온 인류 최초의 혁명

점진적으로 일어난 신석기 혁명

현대 고고학의 새 기원을 열었다고 평가받는 고든 차일드는 신석기 혁명에 대해 이렇게 말한 바 있다.

> 신석기 혁명의 의미는 자연에 대한 종속적 입장에서 자연을 통제하기 시작했다는 사실에 있다. 신석기 혁명은 생업경제를 변화시킨 최초의 경제혁명으로, 인간이 스스로 식량 공급을 통제할 수 있는 길을 열었다.[1]

여기서 말하는 신석기 혁명은 우리의 머릿속에 들어 있는 혁명과는 다른 모습이다. 우리가 혁명을 생각할 때 가장 먼저 떠오르는 단어는 투쟁, 피, 과격, 급진, 급변과 같은 말들일 것이다. 혁명은 급격한 사회 변화를 수반한다. 대중들의 집단 봉기와 투쟁도 함께 한다. 우리가 생각하는 혁명은 근대 시민 혁명과 그 이후에 일어난 사건들이 거의 전부라고 해도 과언이 아니다.

혁명이란 이름이 붙기는 하지만 일반적인 혁명의 이미지와는 전혀 판이한 성격의 사건이 있다. 바로 '신석기 혁명'이다. 신석기 혁명의 핵심 내용은 정주생활을 가능케 한 '농업 혁명'이다. 기원전 8000년쯤부터 인류는 정착생활과 함께 농사를 짓기 시작했다. 식량을 저장하기 위한 토기를 사용했고, 가축을 키우기 시작했다. 농기구 수준도 한 단계 높아졌다. 그 전까지는 뗀석기타제석기를 사용했으나 이때부터 돌을 갈아서 만든 간석기마제석기나 호미, 도끼 같은 농기구를 만들어 썼다.[2]

농업 혁명은 후에 산업 혁명 직전 영국에서도 일어난다. 농업 혁명은 영국 농촌에서 인클로저Enclosure, 울타리 치기 운동을 통해 공동경작지를 배제하고 농토를 사유화함으로써 농업생산력의 획기적인 발전을 가져온 사건을 말한다. 이는 광범위한 농민층 분해를 가져왔고, 이를 통해 산업예비군이라는 산업 혁명의 기본 조건이 준비되었다.

그러나 신석기 농업 혁명은 지금까지의 혁명들과는 달리 매우 점진적으로 진행된 사건이다. 영국의 농업 혁명과 산업 혁명을 포함해 숱한 혁명들은 급격하게 진행되었다. 신석기 혁명은 사회 전체 구조를 근본적으로 바꾸었다는 점에서는 가히 '혁명적'이었지만 그것은 긴 기간 동안 '점진적으로' 진행되었다. 신석기 혁명이 이룩되는 데는 수천 년이나 걸렸다.[3]

인류가 채집과 수렵을 할 때는 유랑생활이 기본이었다. 그러나 가축을 기르고 곡식을 재배함으로써 유랑생활은 끝나고 정주생활이 시작된다. 정주생활은 인간의 역사를 획기적으로 변화시킨다. 신석기 농업 혁명은 인류가 떠돌이 생활에서 탈피하여 한 곳에 정착해 살 수 있게 만든 사건이라는 점에서도 혁명적이었다.

인류, 떠돌이에서 정주생활로

인류는 어떻게 떠돌이 생활에서 한 곳에 정착해서 사는 정주생활로 삶의 방식을 근본적으로 전환할 수 있었을까? 그것을 가져온 바탕에는 가축 기르기와 곡식 재배가 있었지만, 이러한 일들은 순식간에 일어나지 않았다. 적어도 수천 년간에 걸쳐 서서히 일어났다. 농업 혁명은 점진적이면서도 여러 차례에 걸쳐 일어났다.

인류는 초기 주로 동굴과 산림 지대에 살았으나 시간이 지나면서 물가에서 주로 생활하기 시작한다. 물가는 식물 채집도 용이하고 동물들도 물을 먹으러 찾기 때문에 사냥에도 좋았다. 게다가 냇물에는 큰 짐승보다 잡기 쉬운 물고기들이 많이 있었다. 물가에서 생활하는 날이 늘어가면서 사람들의 활동에도 어느 정도 여유가 생겼다. 그런 여유 시간에 일부 사람은 빈둥거리며 놀았지만 그 시간에도 새로운 먹을거리를 찾아다니는 사람도 있었다. 그들은 미식가였을 수도 있고, 요리에 재능이 있는 사람일 수도 있다. 그런 과정에서 사람들은 물가에 야생곡식들이 널려 있음을 알게 된다.

탐구욕과 창의력이 뛰어난 사람들은 야생곡식을 가지고 새로운 요리를 만들었다. 죽도 만들고, 또 다른 무언가를 첨가해서 새로운 음식을 만들었을 것이다. 그걸 위해서 야생 곡식들 중에서도 알맹이가 크고 튼실한 것을 주로 찾았다. 그들은 돌아오는 길에 강물이 범람한 곳에 씨앗을 흘리기도 했을 것이다. 그 다음 그들은 그곳에서 새로운 씨앗이 나오는 것을 보게 되었다. 그때 뛰어난 두뇌를 가진 사람은 이걸 계속 다시 재배할 수 있을 것이란 생각을 해내게 된다. 지금 그가 살았다면 빌 게이츠나 스티브 잡스 같은 인물이 됐을지도 모르지만 지금 우리는 그가 누군지 확인할 수는 없다.

인류가 온순한 동물을 찾아내고 그 동물들의 습성을 알게 되는 학습과정에도 엄청난 시간이 소요되었다. 지금 사람들이라면 수백 년이 걸릴지 수천 년이 걸릴지 모르는 그런 일을 대를 이어가면서까지 하려고 들지 않을 것이다. 그러나 인간의 삶이란 매양 계획적으로만 진행되지는 않는다. 순간순간의 삶이 계속 겹쳐지다 보면 수백 년, 수천 년의 긴 시간도 금방 지나가기 마련이다. 곡식 재배도 마찬가지였다. 어떤 식물이 인간의 배고픔을 해결해주는 데 유용하며, 그것이 주로 어떤 지역에서 잘 자라는지를 알아가는 과정도 우리의 사고 범주를 벗어나는 시간을 요하는 일이었다. 어느 정도 정착생활이 가능한 지점에 자리를 잡기 시작했을 무렵에는 이미 농경생활을 위한 지식을 웬만큼 갖게 되었을 것이다.[4]

정주생활을 가능하게 한 조건들

신석기 시대 농업 혁명은 인류가 생활하고 있던 곳곳에서 일어났다. 각 지역마다 처한 자연환경과 조건에 따라 각기 다른 모습을 띠고 나타났다. 그 중 가장 대표적인 곳이 바로 서아시아의 '비옥한 초승달 지역 Fertile Crescent'이다. '비옥한 초승달 지역'은 메소포타미아와 지중해 지역의 문명 발상지로서 인류 역사에서 빼놓을 수 없는 중요한 지역이다. 말 그대로 초승달처럼 생긴 지역으로 미국의 동양학자

신석기 시대

신석기 시대新石器時代, The Neolithic Age는 석기 시대 후기로, 돌을 갈아 만든 간석기와 질그릇 토기를 도구로 사용했다. 이때 정착생활과 농업을 통해 인간이 스스로 식량을 생산할 수 있는 단계에 이르렀다. 인류 사회는 구석기 시대의 수렵, 채집경제로부터 신석기 시대의 농업과 목축업 생산경제로 발전하는데 이러한 생산경제로의 전환은 인류 역사에서 새로운 발전을 가져온 획기적인 사건이다. 그 때문에 이러한 전환을 신석기 혁명이라고도 한다. 이러한 비약을 가능케 한 조건으로 기후의 변화를 들 수가 있다. 신석기 시대와 함께 빙하기氷河期가 끝나고 간빙기間氷期에 들어오면서 오늘날과 같은 기후로 변해 농업 생산에 적합한 시기에 돌입했기 때문이다. 지금까지 알려진 가장 이른 신석기 문화는 팔레스티나의 예리코Jericho와 이라크의 자르모Jarmo다. 이들 중동의 문화는 석기 시대의 말기인 기원전 9600~9500년 전에 시작되었다.

구석기 시대

구석기 시대舊石器時代, The Paleolithic Age는 석기 시대 초기로, 돌을 깨서 만든 뗀석기타제석기를 도구로 사용했다. 시대적으로는 지금부터 1만 2천 년 전까지를 말하며, 구석기 말기에서 신석기 시대로 넘어오면서 농경이 시작되었다. 호모 하빌리스손재주 있는 사람와 같은 원시 인류가 석기를 사용한 것까지 구석기로 분류한다면, 250만~260만 년 전까지로 거슬러 올라간다. 구석기Paleolithic라는 용어는 1865년 고고학자인 존 러벅에 의해 만들어졌다. 이것은 오래된old 것을 뜻하는 그리스어 παλαιός, palaios와 돌을 뜻하는 그리스어 λίθος, lithos의 합성어다. 구석기 시대는 전기 구석기, 중기 구석기, 후기 구석기로 구분되며, 시기는 지역에 따라 차이가 있다.

제임스 헨리 브리스테드J. H. Brestead, 1865~1935년가 처음 사용한 용어다. 이 지역은 지금의 모습과는 달리 신석기 시대에는 기후와 토질이 뛰어나서 집단, 세력 간의 쟁탈전이 많이 벌어진 곳이기도 하다. 그곳은 팔레스타인 남부 지역에서 시리아, 터키 남부, 이라크 북부를 거쳐 이란 서부 지역까지 이어지는 곳으로 유프라테스 강과 티그리스 강을 끼고 있는 넓은 지역이다. 이밖에도 중국의 황하강 유역과 양자강 유역, 멕시코 중부, 콜럼비아에서 페루를 거쳐 칠레 북부에 이르는 안데스 고원 지대, 아프리카의 사하라 이남 지역에서도 농업 혁명이 일어났다.[5]

농업 혁명은 인간이 농작물을 재배하고 동물을 길들여 가축으로 기를 수 있게 되면서 가능했다. 각 지역마다 지형과 기후가 다르고 이용할 수 있는 동물이 달랐지만 이러한 원칙만은 동일했다. 인류는 오랜 기간에 걸쳐 동물과 식물 중에서 우수한 품종을 선별해냈다. 인류는 온순하면서도 육질이 좋고 젖도 많이 내는 그런 동물의 종을 찾아내고, 양과 질에서 좋은 곡식 품종을 골라내기 위해 노력했다. 인류의 그러한 노력이 대를 이어 가면서 쌓인 결과 지식과 기술이 되었다. 가장 먼저, 인간은 돼지, 소, 양, 염소 같은 가축들을 확보하게 된다. 이와 함께 늑대를 잡아서 훈련시켜 여러 대를 지나면서 인간과 가장 가까운 개라는 동물이 만들어졌다.

그러나 당시 사람들의 지식과 기술은 매우 제한적이었다. 따라서 많은 경우 우연적 요소가 새로운 좋은 품종을 만들어내는 역할을 하게 되었을 것이다. 짐승의 경우 덩치가 너무 커거나 성질이 사나운 종은 인간들이 잡자마자 우선적으로 처리했을 것이고, 그 때문에 이런 동물들은 도태되었을 것이다. 온순하고 덩치도 적당한 동물들이 인간과 더불어 가깝게 살아남아서 개량되었다. 식물 또한 마찬가지다. 재배하는 과정에서 알갱이가 튼실하고 수량이 많은 것을 주로 골라 심었을 것이므로 우량종이 살아남았을 것이다.

인간의 정주생활이 먼저였는지 농업이 먼저였는지에 대해서는 논쟁이 남아 있다. 농업적 기반이 없이 도시는 존재할 수 없다는 점에서 농업이 먼저였다고 주장하는 사람도 있지만, 그건 규모가 큰 도시의 경우이고, 작은 촌락은 그와는 다르다고 봐야 할 것이다. 작은 규모의 주거지는 정착생활이 시작되면서 농업이 따랐다고 보는 것이 더 타당할 것이다. 그런 점에서 볼 때 촌락은 진정한 의미에서 문명의 근원이라고 말할 수 있다.[6]

　인류의 최초의 촌락 가운데 하나는 예리코에서 북쪽으로 25킬로미터가량 떨어진 팔레스타인 서안지구에서 발견되었다. 그곳의 고대도시 예리코 유적지, 20층으로 쌓인 후대의 정주지 밑에서 기원전 8000년경 최소한 3백 명은 거주했을 것으로 추정되는 촌락의 잔해가 발굴되었다. 그곳에 살았던 사람들은 호수로 흘러드는 샘물가에 진흙벽돌로 집을 짓고, 무화과, 두 종류의 밀, 두 종류의 보리를 재배하면서 돌칼 낫으로 수확하고 살았다. 또한 그들은 주변의 야생 양과 가젤을 사냥하며 삶에 활력을 불어넣었다.

인류 최초의 농업과 목축업 지대

　예리코는 지금까지 발견된 석기 시대의 촌락으로서는 가장 오래된 곳이다. 아마도 고고학의 성과가 지금보다 더 많이 쌓이게 되면 그보다 앞선 지역이 나올 가능성도 배제할 수 없을 것이다. 특히 동북아시아 지역이나 중국에서 그 가능성이 있지만 현재까지는 아니다. 예리코와 비슷한 시기에 비옥한 초승달 지역에도 그와 비슷한 촌락이 존재했다. 고고학자들은 그것을 '레반트Levant 회랑 지대'라고 부른다. 지금은 이 지역이 황폐해졌지만 당시에는 강우량이 풍부하고 농사를 짓기에 좋은 기후 조건이었다. 그곳은 짙푸른 수목이 우거져 사냥감도 널려 있었다. 기원전 1만 년경 시리아에는 코끼리가 살고 있었으니까.

비옥한 초승달이라고 했지만 토질 자체가 비옥했던 것은 아니었다. 큰 강이 범람하면서 평원 지대는 계속 물을 공급받았기 때문에 토양이 비옥했지만 비가 오지 않으면 금방 말라버렸다. 반면, 비옥한 초승달 지역 주변의 산기슭 구릉 지대는 연중 비가 내려 야생 밀과 보리 재배에 완벽한 생육 조건을 갖고 있었다. 그래서 당시 터키 남부 지방에서는 야생 보리와 밀 같은 곡식이 자랐고, 요르단 계곡에서는 밀의 일종인 에머밀이 자라고 있었다. 기원을 따져보면 오늘날 우리가 먹는 밀, 보리는 모두 이 지역에서 나왔다는 것을 알 수 있다. 땅을 갈아서 농사를 지은 것은 아니었지만 소아시아 지역에서는 기원전 9500년경 야생 식물을 수확한 증거가 확인되고 있다.[7]

과학자들은 야생 곡물을 조작해서 인간이 재배하는 작물로 만드는 과정에 걸리는 기간을 3백 년 정도로 본다.[8] 석기 시대 인류는 몇 세대에 걸쳐 인내심을 갖고 품종 개량을 거듭해 마침내 야생곡물을 작물화하는 데 성공한다. 역시 '역사는 하루아침에 이루어지지 않았다'는 말이 실감난다. 이처럼 농업의 발달은 야생곡물을 식용 재배 작물로 만드는 것에 의해 좌우되었다. 반면, 축산업의 발달은 가축화하기에 적합한 동물의 원활한 공급에 달려 있었다. 비옥한 초승달 지역에는 양순하면서도 동작이 느려 잡기에 좋은 동물들이 많았다. 양, 염소, 소가

요르단 강 서안 예리코 유적지의 원형 석탑 | 탑의 높이는 9미터로 기원전 8000년경 만들어졌다. 이를 통해 이미 신석기 시대 초부터 일부 농경 사회에서는 외부의 침입을 막기 위해 복잡한 요새 시설을 갖추었다는 것을 알 수 있다.

그런 동물이었다.

 지금의 터키, 이라크, 이란의 산악지대 그러니까 비옥한 초승달 지역의 동쪽 끝에서는 야생 양 길들이기가 시작되었다. 사냥꾼들은 성질이 고약한 녀석들은 보는 족족 없애고 얌전한 녀석만 살려서 양을 순하게 만들어나갔다. 이렇게 몇 대를 지나자 마침내 암양은 사람이 젖을 짤 수 있을 정도로 유순해졌다. 사람과 양은 사이좋게 지냈고, 사람들은 몇백 년이 지나면서 산악지대를 누비던 양 떼를 가축으로 기를 수 있게 되었다. 사람들은 비슷한 방식으로 염소와 소도 길들였다. 이렇게 해서 이곳 사람들은 이들 동물의 가축화에 성공한다. 라포

신석기 혁명   47

니안 지역Laponian Area 사람들은 순록을, 페루 사람들은 라마를, 중국 사람들은 돼지를, 아프리카 사람들은 젖소를, 아라비아 사람들은 낙타를 길들였다.[9]

최초로 농업 정주지가 만들어지고 곡물의 작물화가 이뤄진 곳은 비옥한 초승달 지역의 서쪽 끝부분이었다. 그러나 밭작물과 가축, 그러니까 농업과 목축업의 혼합 농업체계가 처음 등장한 곳은 비옥한 초승달 지역의 동쪽 끝부분이었다. 기원전 7000년경 것으로 보이는 이란 중서부 간즈다레Ganj Dareh 유적에서 염소를 가축으로 기르고 보리를 작물로 재배한 증거가 나타났다. 야생 염소를 기른 오랜 역사를 지닌 그곳에서는 후에 레반트 회랑 지대로 염소 사육법을 전해주었다.

처음 벼농사가 시작된 중국 양자강 유역

중국 중부 지역 양자강 유역에서는 비옥한 초승달 지역과는 또 다른 농업이 출현했다. 그곳은 강우량이 풍부해서 열대 지역을 제외하고는 보기 힘든 습지대와 물웅덩이가 합쳐져 호수들이 곳곳에 만들어졌다. 그곳에서 야생 벼가 자라기 시작했다. 기원전 1만 2천 년경 야생 벼를 채집한 증거가 유적 속에 남아 있다. 벼에게 필요한 물은 양자강 유역에서 차고 넘쳤으므로 이 야생 벼들을 개량하고 이것들이 자랄 수 있도록 두렁을 만들어 물을 가두었다. 그렇게 해서 오늘날 우리가 볼 수 있는 벼농사가 처음으로 시작된다.

양자강 유역에서 발견된 가장 오래된 촌락의 흔적은 기원전 6000년 무렵의 것이다. 이것은 레반트 지역에서 발굴된 곡물 재배보다 약 1천 년 정도 늦은 것이지만 앞으로 고고학 발굴 성과에 따라서는 이보다 더 빠른 시기에 조성된 촌락의 흔적을 찾을 수 있을지도 모른다. 지금 중국 양자강이나 황하강 유역보다 훨씬 앞서는 것으로 드러나고 있는 동북아 지역의 요하 문명을 생각해볼 때 그 가능성은 얼마든지 있다.[10]

양자강과 함께 중국에서 가장 큰 강 중의 하나인 황하강 유역에서도 또 하나의 농업생활이 이뤄지고 있었다. 양자강 유역에서 북쪽으로 650킬로미터나 떨어진 이곳은 강우량이 부족하고 겨울에는 몹시 추워 벼농사를 짓기에는 부적합했으나 이곳에서는 메마른 땅에서도 잘 자라는 야생 기장이 여러 종류 나왔다. 이곳 사람들은 물고기와 사슴, 각종 야생 식물과 더불어 야생 기장을 개량하여 작물로 재배하여 얻은 곡물로 식단을 더욱 풍부하게 만들 수 있었다. 야생 기장에서부터 오늘날 동남아시아에서 쌀 다음으로 중요한 작물이 된 수수와 조가 파생되어 나왔다.

양자강과 황하강 유역에 살던 사람들은 배와 기장을 곡물로 재배했을 뿐만 아니라 야생동물들을 가축화하여 정주생활을 안정적으로 유지하게 된다. 특히 수수와 조는 사람의 식량으로도 쓰였지만 돼지와 닭의 사료로도 쓰였다. 이렇게 해서 기원전 5000년 무렵에는 그 지역에 살던 사람들은 농업과 더불어 닭과 돼지를 축사에서 기르며 생활하게 되었다.

분업과 함께 계급이 발생하다

　농업 혁명은 정주생활을 위한 농업과 축산업을 가능하게 만들었다. 그렇다고 수렵과 채집 활동이 완전히 사라졌다고 말할 수는 없다. 초기에는 정주생활에서도 농업과 더불어 부족한 식량을 확보하기 위한 수렵과 채집 활동을 함께했기 때문이다. 그러나 점차 시간이 지날수록 수렵과 채집 활동은 그 비중이 줄어들었다. 사람들은 농사를 지으면서 무엇보다 많은 노동력이 필요하다는 사실을 깨닫게 되었다. 그래서 사람들은 자식을 많이 낳았다.

　인구가 늘어나면서 생활공간이 부족해졌다. 사는 집도 넓혀야 했고, 튼튼하게 지어야 했다. 집을 짓는 일 뿐만 아니라 하수시설을 만드는 것도 중요했다. 난방도 필수적인 요소였다. 건축 기술과 함께 토목, 난방 기술이 좋아졌다. 추위를 이기고 몸치장을 위해서는 옷감이 필요했다. 물레를 이용하여 실을 잣고 옷감을 짜기 시작한 것도 이 무렵이었다. 사람들은 남는 물건을 다른 것과 바꾸는 일도 했다. 가장 오래된 촌락인 예리코에는 그러한 물물교환의 흔적이 엿보인다. 멀리서 온 물물교환자들, 여행자들이 쉬어갈 객주집과 여관도 있었다.[11]

　사람들은 이제 수를 계산할 필요성도 느끼게 되었다. 수학이라고 할 수는 없지만 덧셈, 뺄셈이 필요했다. 토기도 새로운 것들이 많이 만들어졌다. 그러나 아직도 연장은 모두 돌로 만든 것들이었다. 신석기라고 부르는 이 시대에 이처럼 인류 사회에 획기적인 변화들이 연속적으로 일어났다. 이 시기가 되면 사람들은 자신의 생명을 유지하기 위해서뿐만 아니라 다른 사람이 만든 물건과 바꾸기 위해서도 식량을 생산했다. 그것은 또 다시 사회에 혁명적인 변화의 바람을 몰고 왔다.

토기를 만드는 기술자는 농사를 안 지어도 먹고 살 수 있게 되었다. 상인은 농사를 그만 두고 집을 떠나 장사에만 매달렸다. 전문적인 무당도 생겼다. 하늘과 통하는 제사장은 이 시대 촌락 공동체 안에서 높은 권위를 갖게 되었다. 그는 다른 사람을 다스리는 위치에 서게 되었다. 이들은 점차 권력자로 변신해갔다. 불을 다루다 보니 금속을 녹이는 기술도 개발되었다. 처음에는 기술이 모자라 구리와 주석처럼 다루기 쉬운 금속으로 물건을 만들었다. 도구로서는 그다지 쓸모가 없는 금은 장식품으로 가공되었다. 금이 장식품으로 인기를 얻자 전문적인 황금 사냥꾼이 등장했다.

인류 최초로 대규모로 사용된 금속은 구리였다. 기원전 7000~6000년경 서아시아 카탈 후유크$^{Catal\ Huyuk}$ 지역에서는 불을 사용하지 않고, 큰 망치로 두들기는 방법으로 이미 구리로 된 물건을 만들어 냈다. 구리에 주석을 섞어 청동을 만드는 기술은 기원전 3천 년경 메소포타미아에서 사용되기 시작했다. 청동기 시대가 열린 것이다. 청동기는 농기구와 제사도구, 장식품, 창·검 등의 무기 제작에 주로 사용되었다.

이 시대 신석기 사회는 분업과 더불어 다양한 직업을 가진 사람들이 등장하게 되었고, 그것은 계급의 발생으로 연결되었다.

사유재산, 계급, 가족, 그리고 약탈 전쟁

가족생활에도 변화가 일어났다. 신석기 시대 농업 혁명을 거치면서 부족 집단은 씨족으로 분화되었다. 같은 씨족 내에서는 혼인을 맺지 않았다. 사냥과 낚시, 부족과의 싸움 등은 여전히 남자들의 몫이었다. 처음에는 씨족 내에서 여성들의 파워가 남성들보다 강했다. 그러나 농업 혁명으로 잉여생산물이 생기고, 사유재산이 발생하면서 사정은 바뀌었다. 사유재산의 발생은 사회를 남성 중심으로 변화시켰고, 가족 내에서 남성의 파워를 확대했다. 남성과 여성의 운명이 뒤바뀐 것이다.

평화롭게 살던 작은 공동체는 새로운 운명에 부딪치게 된다. 이웃의 야심가들이 남는 식량과 재물을 약탈하기 위해 싸움을 벌인 것이다. 싸움에서 패배한 사람은 노예가 되었다. 승자는, 남자는 노동력으로 써 먹었고, 재산과 여자는 약탈해서 소유했다. 원시적 약탈 전쟁이 벌어진 것이다. 남의 것을 빼앗아 부자가 된 자는 더 많은 것을 약탈하려 했고, 하늘을 향해 자신의 행운을 계속 지켜달라고 빌었다. 신전이 등장하고, 제사장이 나타났다. 빼앗은 부와 재물의 일부는 제단의 신전에 바쳤다.

진정한 의미의 '권력'이 탄생하기 시작했다. 외부의 약탈자들로부터 농작물과 가축, 그리고 가족과 씨족, 나아가 부족 전체를 보호할 조직이 필요했다. 거기서 정치권력이 생겨났다.[12] 농업 활동에서는 폭력이 필요하지 않았지만 인구가 늘어나고 새로운 농업자원의 필요성이 커지면서 폭력 전쟁이 시작된다. 전쟁은 인간 탐욕의 결과였을까? 아니면 인간 사회 발전의 필연적인 결과였을까?

남의 것을 빼앗고자 하는 인간의 욕심이 없다면 분쟁도 없을 것이다. 그러나 인간에게는 남의 것을 탐하는 욕심이 있다. 그것이 본질인지, 본성인지의 문제는 얼마든지 논란거리가 될 수 있지만, 남의 것을 탐하는 탐욕이 있다는 사실 자체를 부인할 수 없다는 것은 명백하다. 반면 인간에게는 남을 도우고 약자를 배려하는 마음도 있다. 따라서 인간의 이기심만으로 전쟁의 발생을 설명할 수는 없다. 인간의 탐욕이 모든 전쟁의 원인은 아니다. 알지 못하는 집단들 사이에서는 불신이 생길 수도 있다. 가까운 사이도 언제든지 틀어질 수가 있다. 작은 불신이 큰 불신으로 발전할 수도 있고, 시간이 흐르면서 감정이 적대감을 더욱 크게 만들 수도 있다. 이것이 인간 세계다. 특히 선사 시대는 폭력이 난무한 무법 시대였으며 힘의 시대였다.

신석기 혁명을 통해 인류 역사는 새로운 변화를 맞이했다. 정착생활, 인구 증가, 농업 생산력의 증대와 잉여생산물 축적, 돌과 함께 금속의 이용, 상업과 예술의 발전, 제사장과 신전 등 하늘과 통하는 원시적 종교 의식, 약탈 전쟁의 시작, 사유재산과 계급의 발생, 가족의 등장, 그리고 도시의 발전 ……. 그리고 문명의 발전과 함께 국가가 등장하고 고대 사회는 새로운 모습을 드러낸다.

3. 문명의 속성

교류인가 충돌인가

문명은 야만과 대립되는 개념인가?

인도의 독립 운동 지도자 마하트마 간디가 영국을 방문했을 때 한 기자가 물었다. "서양 문명을 어떻게 생각하십니까?" 간디는 대답했다. "매우 훌륭하다고 생각합니다." 간디의 답변은 짤막했지만 많은 것을 함축하고 있었다. 그것은 문명이라는 말에 함축된 다의적 의미와 때로는 그것이 무분별하게 사용되는 정황을 정확히 꼬집은 말이었다. 지난날 많은 사회, 구체적으로는 고대와 중세 중국, 고대 그리스와 로마, 18~19세기의 영국과 프랑스 등의 유럽, 그리고 20세기의 미국은, "우리는 문명인이고 너희는 야만인이야."라는 의미로 문명이라는 말을 사용했다.[1]

이런 사고 방식은 오늘날에도 남아 있다. 문명과 야만이라는 식의 이분법적 사고는 대부분 서구중심주의, 제국주의에서 나온 것이지만 세밀하게 살펴보면 세계 도처 곳곳에 이같은 사고 방식이 존재한다는 것을 알 수 있다. 그러나 이런 시각은 점차 설 자리를 잃어가고 있다.

그런 사고야말로 그들의 말처럼 야만적인 사고가 아닐 수 없다. 지금은 그야말로 '문명적 사고'가 '야만적 사고'를 밀어내고 있는 상황이다.

문명이란 무엇인가? 문명이란 말 만큼 널리 쓰이는 말도 없지만 그것을 정의하는 일은 그리 간단하지 않다. 문명은 일반적으로 비문명과 대비되는 개념으로 자주 사용된다. 문명은 문화와 함께 사용되기도 한다. 문명과 문화는 어떻게 다른가? 문명의 속성을 두고도 견해가 다르다. 문명은 서로 충돌하는 것일까? 아니면 공존하는 것일까? 또는 교류하는 것일까? 헌팅턴Samuel P. Huntington은 문명의 충돌을, 하랄트 뮐러Harald Müller는 문명의 공존을 말한다. 이에 반해 정수일은 문명의 본질은 교류라고 말한다.[2]

문명civilization이란 간단히 말하면 '인간이 정신적·육체적 활동을 통해 만들어낸 결과물의 총체'이다. 문명에는 물질 문명과 정신 문명이 모두 포함된다. 그러니까 문명에는 인류가 이룩한 물질적, 기술적, 사회적 발전과 삶의 양태에 이르기까지 모든 것이 포함된다. 따라서 인류의 역사는 문명사라고 할 수 있다. 그래서 헌팅턴은 "인류의 발전을 문명 아닌 다른 용어로 이해하기란 불가능하다."[3]고 말했다. 또 니얼 퍼거슨Niall C. D. Ferguson은 『시빌라이제이션』에서 "문명이란 매우 복잡한 인간 조직이다. 그림, 조각, 건물이 가장 시선을 끄는 업적일 수 있어도 그것을 발명하고, 창조 비용을 대고, 실행에 옮기고 마지막으로 우리가 볼 수 있도록 보존해준 경제적·사회적·정치적 제도에 대한 이해가 없다면 그것들을 해석할 수 없을 것이다"라고 말했다.[4] 결국 문명이란 그 사회가 이룬 정신적이며 물질적인 모든 것을 포괄하는 개념이라고 보아야 할 것이다.

문명civilization이라는 말은 라틴어의 키비스civis, 시민나 키빌리타스 civilitas, 도시에서 유래했다. 그러니까 도시와 밀접한 관계가 있는 말임을 알 수 있다. 오늘날 우리가 쓰는 의미의 문명이란 말이 사용되기 시작한 것은 18세기 무렵이며, 이는 서구 유럽의 근대 국가 형성과 관련이 있다. 프랑스와 영국 등에서 식민지를 획득하는 과정에서 유럽과 비유럽의 차별성, 또는 '문명'과 '야만'의 차별성을 표현하기 위해 문명이란 말을 사용하기 시작했다. 그것은 위의 간디의 예에서 알 수 있듯이 서구 유럽 사회가 근대화를 통해 자본주의체제를 확립하고 제국주의로 나아가면서 비유럽 사회, 식민지 사회를 '야만'의 상태로 보는 사고체계와 관련이 있었던 것이다.

문명과 문화의 관계는?

문명과 문화는 어떤 관계일까? 문명을 문화와 대치對置되는 것으로 파악하는 입장과 문화의 한 부분으로써 파악하는 입장으로 크게 나누어 볼 수 있다. 전자는 독일 철학이나 사회학에서 전통적으로 볼 수 있다. 그것은 인류가 이룬 정신적이고 가치적인 성격의 생산물을 문화, 물질적이고 기술적인 내용의 생산물을 문명이라고 파악한다. 이러한 견해는 오랫동안 통속적인 용법으로 널리 사용되어 왔고 지금도 사용되고 있다. 후자의 견해는 제2차 세계대전 후 문화인류학의 보급에 따라 일반화되었다. 이에 따르면 문화 중에서 도시적인 요소, 고도의 기술, 작업의 분화, 사회의 계층분화 등의 복합 문화문화의 복합체를 큰 단위로서 파악한 총체를 문명이라고 파악한다. 이것은 문화라는 커다란 범위 속에 물질적 요소를 가리키는 문명이 존재한다고 보았다.

반면 18세기 몽테스키외나 루소 등의 백과전서파는 문명을 야만이 아닌 봉건제·군주제와 대치시켜 보았다. 그들은 문명이란 말 속에 봉건 사회에서 시민 사회로의 진보라는 뜻과 계몽의 의미를 포함시켰던 것이다. 또한 영국의 문명사학자 아놀드 토인비Arnold Joseph Toynbee, 1889~1975년는 고대에서 현대에 이르는 모든 세계 문명을 포괄적으로 다루었는데, 그는 문명의 단위를 국가보다는 크고 세계보다는 작은 중간적인 범위에서 구했다.

일반적으로는 문명civilization이란 "인류가 이루어놓은 인간 삶의 총체적인 기반"을 뜻한다. 따라서 "인간이 습득한 지식, 신앙, 예술, 도덕, 관습 및 기타 모든 능력과 습관들을 포괄하는 복합적 총체"[5]인 문화文化, culture와는 차이가 있다. 이를 테면 초기 원시 인류나 아직도 원시적 삶을 유지하고 있는 미개인들도 나름대로의 문화를 가지고 있지만 문명은 그보다는 더 발전된 문화의 단계를 의미한다. 문명을 거론할 때 문자와 청동기의 사용, 도시의 출현 등이 자주 거론되는 이유가 여기에 있다. 문화culture는 경작cultivation을 의미하는 'culture'에서, 문명은 도시city를 의미하는 'civitas'에서 유래했다는 것을 생각해보면 이런 차이를 쉽게 이해할 수도 있을 것이다.[6]

따라서 문화인류학이나 독일 철학처럼 문명과 문화의 중요한 차이점을 구분하여, 문명은 물질적 발달을, 문화는 정신과 물질을 총칭하는 개념으로 사용하는 경우가 일반화되어 널리 쓰이고 있다. 특히 문화인류학에서는 문화를 정신문화와 물질문화로 구분하고 물질문화를 사실상 문명의 개념과 유사하게 사용하고 있음을 알 수 있다.

물질은 인간의 사상이나 믿음과는 대비되는 것이다. 문화는 물질문화와 비물질문화 혹은 관념적 문화로 구분되는데, 비물질문화가 사상이나 이념, 정신적이고 인지적인 것, 그리고 지적행위와 관련되는 것에 비해 물질문화는 물체나 유물로서 외형적이고 만질 수 있는 것이며, 일상생활과 관계가 있다.[7]

그러나 역사학에서는 이와 달리 문명을 문화보다 포괄적인 개념으로 파악하는 것이 일반적이다. 즉, 문화는 문명을 구성하는 개별적 요소이며, 문명이 표현되는 모습이라고 보는 것이다. 문명교류사학자 정수일 교수는 『고대문명교류사』에서 문명과 문화의 관계를 다음과 같이 설명하고 있다.

문화는 문명을 구성하는 개별적 요소이며 그 양상이다. 문명과 문화의 관계는 위계적位階的 관계가 아니라 총체와 개체, 복합성과 단일성, 내재와 외형, 제품과 재료의 포괄적 관계다. 비유컨대 문명이 총체로서 피륙이라면 문화는 개체로서의 재료인 줄, 즉 씨줄과 날줄에 해당한다. 여기에 부첨附添된 문양 따위는 또 다른 재료로서의 문화현상이기는 하나, 그 바탕은 어디까지나 씨줄과 날줄이다.

개체와 재료로서의 문화도 물질문화와 정신문화로 크게 구분할 수 있다. 물질문화를 씨줄이라고 하면 정신문화는 날줄에 빗댈 수 있다. 마치 씨줄과 날줄이 엮여서 피륙이 되듯이 물질문화와 정신문화가 융합되어 문명이란 하나의 총화물總和物이 형성되는 것이다. 그런데 재료문화로서의 줄도 따지고 보면 또한 몇 가지 재료로 구성된 제품이다. 물론 이 제품은 문명으로서의 제품이 아니고 문화로서의 제품일 뿐이며, 그것을 구성한 재료는 세분문화細分文化라고 할 수 있다. 예컨대 농경문화나 종교문화 같은 것이 이 세분문화에 속한다. 이런 식으로 세분문화는 또 미세분문화微細分文化, 보다 작은 세분화 문화로 분화된다.[8]

이것은 역사학에서 보는 문명에 대한 일반적 관점이라고 말할 수 있을 것이다. 역사 교과서나 역사서에서 우리가 이집트 문명, 메소포타미아 문명, 인도 문명, 중국 문명과 같은 고대 문명이라고 말할 때 그 속에는 기술과 과학 발전 등 물질적인 내용뿐만 아니라 사회제도, 사람들의 생활 관습과 태도 등 문화적인 내용까지 모두 포괄하고 있다. 결국 문명이란 인간이 만든 예술품, 주거지, 건물, 도로, 생활용품 등의 물질문화흔히 문명이라고 말하는뿐만 아니라 사상, 종교, 생활 방식, 의식 등 정신문화흔히 문화라고 말하는까지 포괄하는 개념이다. 그래서 헌팅턴은 "문명은 크게 씌어진 문화"[9]라고 말했다. 앞으로 우리는 이러한 관점에서 문명과 문화를 살펴보게 될 것이다.

문명의 충돌을 말한 헌팅턴

문명은 어떤 속성을 지녔을까? 그것은 다른 문명끼리 충돌할까? 아니면 서로 공존할까? 그것도 아니면 교류를 기본 속성으로 할까? 물론

세 가지 속성을 모두 가질 것이다. 그러나 어떤 점을 주된 측면으로 파악하는가에 따라서 인류의 문명사, 즉 세계 역사를 보는 입장이 달라질 것이다.

우선, 새뮤얼 헌팅턴은 문명을 충돌의 관점에서 본 대표적인 학자다. 그는 『문명의 충돌』이란 책에서 이렇게 말했다.

> 새로운 세계에서는 상이한 문명에 속하는 국가들과 집단들의 관계는 우호적이지 않고 대체로 적대적인 경향을 띨 것이다. 그 중에서도 특히 갈등이 첨예하게 드러날 것으로 예상되는 관계는 문명 간의 관계다. 미시적 차원에서 보면 폭력으로 치달을 가능성이 가장 높은 단층선은 이슬람과 이웃한 정교, 힌두, 아프리카, 서구 크리스트교 문명 사이에 놓여 있다. 거시적 차원에서 보면, 지배적 대립은 서구 대 비서구의 양상으로 나타나겠지만, 가장 격렬한 대립은 이슬람 사회와 아시아 사회, 이슬람 사회와 서구 사회에서 나타날 것이다. 미래의 가장 위험한 충돌은 서구의 오만함, 이슬람의 편협함, 중화의 자존심이 복합적으로 작용하여 발생할 것이다.[10]

헌팅턴은 서구의 보편주의와 나머지 특수가 대립과 충돌을 일으키는 것이 향후 세계의 문명 충돌의 양상이라고 판단하고 있다. 그래서 그는 이렇게 말하고 있다.

> 문명 중 유일하게 서구는 다른 모든 문명에게 대대적인, 때로는 파괴적인 영향력을 미쳤다. 따라서 서구의 힘과 문화, 다른 문명들의 힘과 문

화의 관계는 문명 세계에서 가장 포괄적인 특징으로 나타난다. 다른 문명들의 상대적인 힘이 증가하면서 서구 문화의 매력은 반감되며 비서구인들은 점점 자신들의 고유문화에 애착과 자신감을 갖게 된다. 그러므로 서구와 비서구와의 관계에서 가장 핵심이 되는 문제는 서구 문화의 보편성을 관철하려는 서구-특히 미국-의 노력과 서구의 현실적 능력 사이에서 생겨나는 부조화라고 말할 수 있다.[11]

서구는 자신의 주도적 위치를 고수하고자 지금도 노력하고 있고 앞으로도 노력을 게을리하지 않을 것이다. …… 정치적 독립을 달성한 비서구 국가들은 서구의 경제적, 군사적, 문화적 지배에서 벗어나기를 원한다. 동아시아 국가들은 경제적으로 서구에 필적할 만한 수준에 육박하고 있다. 아시아와 이슬람 국가들은 단시일 안에 서구와 군사적 균형을 맞출 수 있는 지름길을 모색하고 있다. …… 이슬람과 중국은 판이한 문화적 전통을 가지고 있지만 둘 다 서구에 대한 크나큰 우월 의식을 가지고 있다. 이 두 문명의 실력과 자긍심은 서구와의 관계에서 나날이 늘어나고 있으며 가치관과 이익을 둘러싼 서구와의 충돌 역시 다각화되고 심화되고 있다.[12]

현실주의자들은 비서구 문명의 핵심국들이 연합하여 서구의 지배에 맞서는 견제력을 확보해야 한다고 주장한다. 일부 사안에서는 이것이 이미 현실로 나타나고 있다. 그러나 가까운 시일 안에 대대적인 반서구 연합이 출현할 것 같지는 않다. 이슬람 문명과 중국 문명은 종교, 문화, 사회 구조, 전통, 정치, 생활 방식의 뿌리에 놓인 근본적인 가정이 판이하게 다르다. 두 문명의 공통점은 두 문명이 각각 서구와 갖는 공통점보다도 미약하다. 그러나 정치의 세계에서는 공동의 적이 공동의 이해를 낳는다. …… 서구와 이들 국가의 대립을 낳는 사안들이 국제 무대에서 점차 무게를 얻고 있다. …… 이 세 부문에서 서구는 비서구 사회의 이익에 맞서 자신의 이익을 수호하는 데 과거에도 그랬지만 앞으로도 어려움을 겪을 공산이 크다.[13]

인류 역사에서 생성, 소멸, 현존하는 문명

문명은 인류 역사 전체를 관통하는 문제다. 인류의 역사 과정에서 수많은 문명이 생겨나고 발전, 소멸했다. 문명사학자 토인비는 인류가 창조한 문명문명권을 모두 30개로 보았다. 그 중 성장 도중에 정체된 5개의 정체 문명과 태어나기 전 죽어버린 4개의 유산 문명을 제외하면 제대로 성장한 문명은 21개다. 이 가운데서 14개는 이미 죽어 사문명이 되었고, 아직도 살아 있는 생존 문명은 7개에 불과하다. 그것은 인도, 이슬람, 극동중국, 비잔틴, 남동유럽, 그리스 정교, 서구 문명이라고 했다.

캐럴 퀴글리Carroll Quigley는 지난 1만 년간 24개 문명이 나타났다고 했다. 아다 보즈먼Adda Boseman은 근대 이전의 문명은 서양, 인도, 중국, 비잔틴, 이슬람 즉 5개라고 보았다. 매슈 멜코Matthew Melko는 이제 존재하지 않는 문명 7개 메소포타미아, 이집트, 크레타, 고대 그리스·로마, 비잔틴, 중앙아메리카, 안데스와 지금도 남아 있는 문명 5개 중국, 일본, 인도, 이슬람, 서양 을 합쳐 총 12

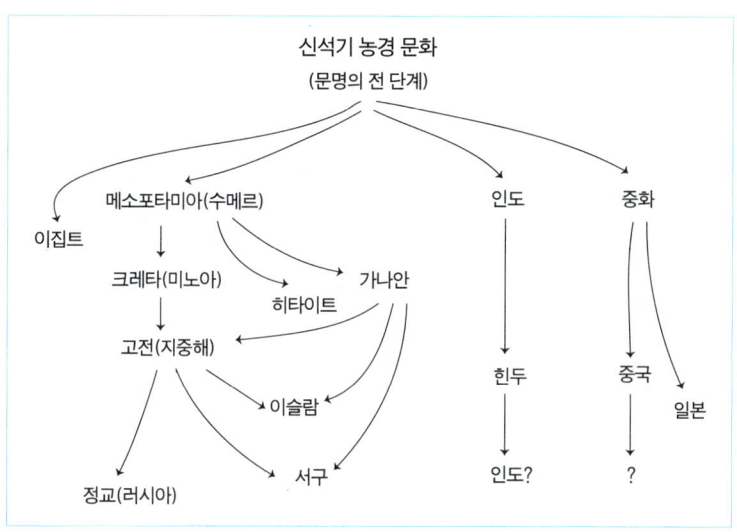

문명의 진화도 | 헌팅턴은 현재 세계에 있는 주요 문명을 중화, 일본, 힌두, 이슬람, 정교, 서구, 라틴아메리카, 아프리카로 나누었다. 주요 문명에 대해서는 여러 견해가 있지만 일단 이것은 헌팅턴의 분류라는 점을 염두에 둘 필요가 있다. 그는 아프리카를 제외하고 모든 문명이 이른바 고대의 4대 문명(이집트, 메소포타미아, 인도, 중화)에서 시작되었다고 파악하고 있다. (새뮤얼 헌팅턴 지음, 『문명의 충돌』, 김영사, 58쪽 그림)

개 문명이 있다고 주장했다. 슈무엘 아이젠슈타트 Shmuel Eisenstadt 는 여기에 유대인 문명을 덧붙여 여섯 개라고 본다.[14]

또한 헌팅턴은 현재 존재하는 문명을 중화, 일본, 힌두, 이슬람, 그리스 정교, 서구, 아프리카의 7개로 보고 있다. 그는 라틴아메리카 문명이 독자적인 것인지, 서구 기독교 문명에 속하는 것인지 불분명하게 말하고 있다. 서구에 포함된다고 하면서도 독자적이라고 말해 정확히 구분하지 못하고 있다. 그리고 일본을 동아시아 한자 문명권에 포함시키지 않고 독자적으로 분리하여 보았다. 일본은 한자 문명권 안에서도 16세기 이후 상대적 독자성을 확보한 것이 분명하지만, 완전히 독자적인 문명권 헌팅턴에 따르면 '주요 문명'을 형성할 정도인지는 여전히 논란거리다.

이밖에도 문명권을 동양 문화권과 서양 문화권으로 나누는 2분법, 유럽 서구 기독교 문명권과 중근동 이슬람 문명권, 동아시아 한자 문명권으로 나누는 3분법이 있다. 또한 토인비의 7개 생존 문명을 5개의 문명권, 즉 서유럽 문명권, 러시아 정교 문명권, 힌두 문명권, 이슬람 문명권, 동아시아 문명권으로 나누는 방식도 있다.[15]

그렇다면 세계의 수많은 문명 중에서 하나의 문명권 주요 문명을 형성하기 위한 조건은 무엇일까? 문명교류사학자 정수일은 그 조건을 세 가지로 이야기했다. 그것은 다음과 같다.[16]

첫째, 문명의 구성 요소에서 독특성 상이성이 있어야 한다. 즉, 다른 지역 문명과 구별되는 일련의 구성 요소들을 공유해야 한다.

둘째, 문명의 시대성과 지역성이 보장되어야 한다. 즉, 시대적으로 장기간 존속해야 하고 지역적 공간적으로 한정된 국가나 민족의 범위를 벗어나서 비교적 넓은 지역에 유포되어야 한다.

셋째, 문명의 생명력이 유지되어야 한다. 즉, 장기간에 걸쳐 지역사회 전반에 영향력을 지속적으로 행사해야 한다.

문명의 공존을 말하는 뮐러

헌팅턴은 현재 세계에서 '문명 충돌'을 주요한 측면으로 파악하고 있다. 하지만 역사적으로 볼 때, 문명은 충돌할 뿐 아니라 공존하며, 서로 교류하는 속성을 지니고 있다. 어느 측면이 주요한 측면인가도 시대적 상황과 조건에 따라서 다르다. 헌팅턴은 현재 미국이 주도하고 있는 일극적 세계가 무너지고 다극적 세계가 펼쳐지려고 하는 이 상황을 서구 문명에 대한 비서구 문명의 도전으로 파악했다. 그 때문에 헌팅턴은 문명 충돌의 관점에서 세계를 바라보았다. 그는 서구 문명의 우위를 지키기 위한 투쟁의 관점에서 역사를 보았다고 말할 수 있을 것이다.

그러나 그의 문명 충돌론은 많은 학자들의 심각한 비판을 받았다. 독일의 하랄트 뮐러가 쓴 『문명의 공존』도 그러한 책 가운데 하나다. 뮐러는 헌팅턴의 『문명의 충돌』이 미국의 국제관계학의 산물이라고 말한다. 미국의 국제관계 이론 가운데 현실주의는 국제체제가 완전히 무질서한 혼란이며 각 국민 국가는 그 안에서 권력 투쟁에 몰두한다고 전제한다. 이러한 전제 위에서 국내 정치와 국제 정치를 분석하게 되면서 현실주의자들은 매우 단순한 도식으로 세계사를 설명한다. 세계사는 권력의 배분관觀에 의해 유지되는데, 기존의 균형이 깨지면 새로운 동맹관계가 출현하고 만일 다른 수단이 없으면 전쟁이 일어나서 세력 불균형을 수정한다고 보는 것이다. 그러면서 뮐러는 헌팅턴이 '우리 대 그들'이라는 지극히 단순화된 정치 이론의 기본 도식에 매여 있다고 비판한다.[17]

헌팅턴의 주장은 결국 냉전 이론의 범주에서 벗어나지 못하고 있다. 뮐러는 변화된 상황을 제대로 파악해야 한다면서 다음과 같이 말한다.

국제 관계 이론은 오늘날 지구화라는 엄청난 과정이 유발한 '비동시적인 것들의 동시성'을 충분히 고려해야 한다. 단순함과 절약은 비록 미디어 사회, 그리고 미국의 정치 문명에서 시장성 있는 제품을 생산할 수 있겠지만 현자의 시금석은 결코 아니다. 세계 정치를 분석하는 데에 있어서 단순함은 오히려 불행의 전조다. 특히 난해한 과제를 우리 앞에 던지고 있는 복잡한 세계는 복잡한 세계관을 필요로 한다.[18]

밀러가 가장 경계하는 것은 '우리 대 그들'이라는 단순한 도식적 대결 구도의 사고다. 그는 다양한 관계, 다양성에 기반한 창의성을 강조한다. 그런 점은 서구도 마찬가지로 안고 있는 고민이라는 것이다. 그가 말하는 다양성은 상호 존중이며 공존이다. 그는 이를 위해서는 문명의 충돌이 아니라 대화가 필요하다고 말한다.

이 책은 '인간은 불안하다'는 말로 시작되었다. 하지만 불안은 대개 좋지 않은 참모다. 낯선 것에 대응하는 적절한 처방은 '폐쇄'가 아니라 '개방'이다. 서구 사회는 생각보다 훨씬 강하다. 타 지역의 눈으로 보면 서구는 너무 강해서 두려울 지경이다. 강자는 약자에게 다가갈 때 생존의 위협을 느끼지 않는다. 그러니 강자가 먼저 약자에게 다가가야 한다. 바로 이것이 오늘날 서구에게 요구되는 바다. 지구화의 발전이 내보이는 계기들이 상이한 문명권의 사회들 간에 공통점이 줄어들기보다는 확산되리라는 기대를 품게 한다. 어디서나 찾기만 하면 대화와 협력에 관심이 있는 파트너를 발견하게 될 것이다.[19]

서구중심적 사고방식을 완전히 탈피한 것은 아니지만 어쨌든 헌팅턴의 충돌적 사고와는 확연히 다른 주장이다. 이와 비슷한 사고방식으로 비판하고 있는 것이 니얼 퍼거슨이다. 니얼 퍼거슨은 현재 가장 정력적으로 활동하고 있는 금융과 경제사 전문 역사학자이면서 경영사 상가이다. 그는 서양 문명이 5백 년 동안 중국이나 인도, 이슬람 문명을 압도할 수 있었던 요인을 경쟁, 과학, 재산권, 의학, 소비, 직업윤리 등 여섯 가지로 나누어 파악하면서 향후 중국의 도전에 승리할 수 있는 길은 서양 문명의 이러한 강점에 대한 확신을 갖는 것이라고 주장한다. 그러면서도 그는 헌팅턴의 문화 충돌론은 잘못된 분석이라고 비판하고 있다.[20]

문명교류를 역설하는 정수일

문명의 충돌, 문명의 공존을 넘어서 처음부터 문명은 교류하는 속성을 가졌다고 주장하는 학자도 있다. 대표적으로 문명교류사학자 정수일鄭守一이 있다. 그는, 문명은 속성상 자생성과 더불어 모방성을 갖고 있기 때문에 그 생성이나 발달은 필연적으로 타문명과의 교류를 수반한다고 말한다.

문명은 모방이라는 근본 속성으로부터 산생되는 전파성과 수용성으로 인해 그 교류가 불가피하다. 따라서 어떠한 물리적인 힘도 이 당위적인 문명 교류를 막을 수 없다. 간혹 외연적인 요인으로 말미암아 교류가 잠시 멈추게 되는 현상이 발생할 수 있으나, 이것은 어디까지나 일시적인

우연에 불과하며 영원한 정지란 있을 수 없다.[21]

그는 문명교류는 문명의 또 다른 속성인 개별성과 보편성에 의해서도 가능하다고 말한다. 그의 말을 더 들어보자.

문명의 보편성 공통성이란 같은 환경이나 여건 하에서는 물론, 때로는 다른 환경이나 여건 속에서도 시간과 공간을 초월해 내용과 형태에서 유사한 문명이 창조된다는 것을 뜻한다. 인류는 언제나 보편성에 바탕한 문명의 공유를 염원하는데, 이러한 보편성의 형성은 문명교류가 그 첩경이 될 수 있다. 이에 비해 문명의 개별성·고유성이란 매개 문명이 자기 특유의 개성을 가지고 다른 문명과 구별된다는 것을 말한다. 이러한 개별성은 문명 간의 이질성을 조건지어 주기 때문에 문명교류의 결정적 전제가 된다.[22]

문명은 일단 창조되면 물리적 거리나 장애에도 불구하고 주위로 퍼져나가는 속성을 갖고 있다. 문명이 전파되는 과정을 다른 측면에서 보게 되면 결국 문명교류의 과정이 된다. 문명이 전파된다는 것은 그 문명이 다른 곳에서 정착되어 수용되는 것을 의미한다. 이러한 문명의 수용이 바로 문명교류의 징표이자 증거이다. 그러나 문명은 일방적으로 받아들여지는 것은 아니다.

문명은 때로는 충돌하고, 때로는 공존한다. 그러면서도 문명은 서로 간에 끊임없이 교류한다. 문명의 탄생 과정에서부터 이미 다른 문명의 영향을 받게 되는데, 이것은 문명이 출생에서부터 교류를 기본적

속성으로 하고 있음을 의미한다. 이러한 문명교류의 가장 오래된 증거는 후기 구석기 시대의 '비너스상'에서 확인되고 있다.

신석기 시대의 농업 혁명을 거쳐 우리가 말하는 역사 시대가 시작된다. 역사 시대로 진입하기 전부터 인류는 본격적으로 고대 문명을 창조하기 시작했다. 고대 문명의 진전과 함께 역사 시대가 열린다. 이를 통해 인류 문명이 어떻게 탄생하고 발전하며, 다른 문명이 어떻게 교류하고 충돌하는지 보게 될 것이다.

4. 도시 혁명

고대 문명의 서막이 열리다

인류 역사의 획기적 사건 '도시 혁명'

혁명이란 근본적인 사회 변화를 수반하는 사건이다. 신석기 혁명이 가져온 근본적인 변화는 무엇인가? 떠돌이 생활을 청산하고 정착 생활이 시작되었다. 수렵과 채집에서 농업과 목축업으로 생산 활동의 중심이 바뀌었다. 토기가 만들어지고, 새로운 농기구와 석기들이 출현했다. 잉여생산물이 생기고 계급적 분화가 시작되었다. 이것은 사회가 형성되었다는 이야기다. 사회는 처음 촌락 공동체로 시작되었다. 그러다가 도시가 출현하게 된다. 도시의 건설은 또 다른 획기적인 사건이었다.

호주 출신의 영국 고고학자 고든 차일드Vere Gordon Childe, 1892~1957년는 이를 두고 '도시 혁명'이라고 불렀다. 그는 이렇게 말했다.

기원전 6000년에서 도시 혁명이 시작되기 이전인 기원전 3000년 사이에 도시 혁명을 위한 발견과 발명이 이루어졌다. 이는 지식 발달이라는 측면에서는 신속하고 광범위한 진보라 할 수 있다. …… 신석기 혁명은 기나긴 과정의 정점이었다. 고고학은 단지 결과만을 인식할 수 있기 때문에, 신석기 혁명은 단일의 사건으로 제시되어야만 한다. 신석기 혁명에 이르는 여러 단계는 직접적인 관찰이 불가능하다. 제2의 혁명인 도시 혁명은 자급자족적인 농촌을 인구가 조밀한 도시로 바꾸었고, 제조업을 탄생시켰으며, 조직화된 국가를 만들어냈다.[1]

신석기 혁명은 수천 년이 걸려 완성되었다. 도시 혁명에서 산업 혁명이 일어나기까지는 4천 년이나 걸렸다. 그에 비해 도시 혁명은 상당히 숨가쁘게 진행되었다. 기원전 6000년에서 기원전 3000년 사이에 인간은 축력과 풍력을 이용했고, 쟁기와 범선을 발명했으며, 바퀴 달린 수레를 사용할 줄 알게 되었다. 또한 구리광석을 용해할 때 생겨나는 화학적 과정을 발견했으며, 금속의 화학적 성질도 알아냈다. 나아가 태양력도 만들었다. 신석기 혁명 이후 3천 년간의 준비기간이 있었기에 새로운 전달 방식인 문자를 비롯하여 도량형, 수학적 계산도 가능하게 된다.[2]

도시 혁명은 인류 역사의 획기적인 사건이었다. 그것은 우리가 알고 있는 인류의 고대 문명의 출발을 의미했다. 그러나 도시 혁명이 아무리 빠르게 진행됐다고 하더라도 그 또한 많은 시간이 필요했다. 신석기 혁명에서 도시 혁명으로 가는 길은 인류의 고대 문명의 서막이 열리는 과정을 의미했다. 그 과정에서 인간의 진보에 공헌한 수많은 발명품이 만들어졌다. 고든 차일드에 따르면 인간의 진보에 공헌한 19가지의 발명품 중에서 15가지는 도시 혁명 이전에 만들어졌고, 십진기

수법, 산업적 철 제련, 알파벳, 수로 등은 도시 혁명 이후에 발명되었다.

기원전 5000년에서 기원전 3000년 사이의 2천 년간 수많은 발명품들이 만들어졌는데, 그것은 운하와 수로를 사용한 인공 관개, 쟁기, 동물을 이용한 동력, 범선, 바퀴 달린 교통수단, 과수 농업, 양조, 유리 제조, 구리 생산과 사용, 벽돌 생산, 아치, 유약, 인장 등이었다. 특히 도시 혁명이 막 시작되는 단계에서 태양력, 문자, 기수법, 청동기 등이 발명되었다.[3]

인간의 노동으로 창조된 초기 도시들

도시 혁명의 출발점은 신석기 혁명이다. 신석기 혁명이 정점에 이르자 정주생활이 일반화되었다. 신석기 공동체는 나일강 유역, 시리아, 이라크, 동부 지중해, 이란 평원, 인더스 계곡, 중국 황하강과 양자강 유역, 동북 만주 요하강 유역 등 서남아시아와 동아시아 지역에 광범위하게 분포했다. 이런 광대한 지역에 걸쳐 존재한 신석기 문화는 매우 다양했을 것이다. 그 방대한 지역에 수렵집단, 어로집단, 목축민, 이동하는 텃밭 경작 집단, 유목적인 목축 집단, 벼농사 집단 등이 흩어져 살았을 것이다. 하지만 이들에 대한 정보는 아직도 제대로 알려지지 않은 상태이다. 고고학적 발굴의 성과는 주로 신석기 공동체 이후 도시로 발전된 마을 유적에 집중되어 있기 때문이다.

이러한 지역들은 각기 처한 환경적 조건에 따라서 차이가 있지만, 기본적으로 유사한 점을 갖고 있었다. 주민들은 기본적으로 정주생활을 했다. 생활하기에 좋은 조건을 갖춘 지역은 역사 시대까지 지속적으로 사람이 살게 되었다. 공동체가 성장하면서 다른 지역으로 이주하는 집단도 생겨났겠지만, 여건만 허락하면 마을은 팽창하여 도시로 발전했다. 그렇다면 지리적으로 경제적으로 영구주거에 적합한 장소는 어디였을까? 아무래도 서아시아와 북부 아프리카 지역을 중심으로 이를 살펴보는 것이 좋겠다. 이곳에서 인류 최초의 도시들이 생겨났기 때문이다.

한발이 심해지는 지역에서 오아시스와 같은 최적의 거주지는 제한적이었다. 그래서 오아시스에 대한 개발이 필요했고, 그런 개발에는 엄청난 노동력이 필요했다. 식량 수요가 급증함에 따라서 경작지 개간을 위한 지루하고도 고된 노역이 요구되었다. 나일강 유역의 경우, 홍수가 물과 토양 모두를 제공해주어서 풍요로운 생계를 가능케 했다. 하지만 범람이 일어나는 저지대는 소택지沼澤地*면서 갈대가 무성한 지역이었다. 이를 개간하기 위해서는 엄청난 노동력이 필요했다. 이런 노동력을 모으고 조직적으로 동원하기 위해서는 강력한 힘이 필요했다. 이것이 왕이라는 강력한 지배자의 출현을 낳게 되는 배경이 되었다.

이 무렵 수메르 지역으로 불리던 메소포타미아 남부 지역에서도 관개사업이라는 대규모 과업이 주어졌다. 티그리스강과 유프라테스강 사이에는 거대한 소택지, 즉 늪이 펼쳐져 있었다. 이 지역은 사람이 살기에는 적합하지 않았지만 매혹적인 식량자원이 있었다. 수메르 지역의 원주민들은 사냥감과 수산자원, 야생의 가금류, 종려나무 숲 등의 자원에 끌려 유프라테스강과 티그리스강의 삼각주에 정착했다. 그리

---

*　늪과 연못이 있는 낮고 습한 땅을 말한다.

고 그들은 엄청난 노력을 기울여 그곳을 사람이 살기에 적합한 지역으로 개조했다.[4]

고대의 대도시 바빌로니아가 자리 잡았던 지역은 문자 그대로 인간에 의해 창조된 곳이다. 이곳 원주민들의 생활공간은 처음 갈대밭이 무성한 진흙 충적지沖積地* 위에 마련되었다. 『구약성서』「창세기」를 통해 당시 수메르 지역의 주민들이 생활한 곳의 환경 조건을 알 수 있다. 그곳은 늪지와 대지의 경계가 불분명한 '혼돈 chaos'의 공간으로 기록되어 있다. 늪지에서 대지를 분리해내는 '창조 The Creation'의 과정이 진행되었다. 그러나 그 일은 신이 아니라 수메르인들이 했다.

수메르인들은 수로를 파서 경작지에 물을 대고, 늪지의 물을 빼내 습지를 경작지로 바꾸었다. 또한 그들은 제방을 쌓아 범람을 막고 취락과 가축을 보호했다. 갈대숲을 개간하고 개간된 경지 사이에 수로를 만들었다. 그런 노력 끝에 그들은 풍성한 대추야자를 수확하고, 풍성한 곡식을 거두어들였으며, 양과 가축을 방목할 수 있는 영구적인 목초지를 확보할 수 있었다.

대지에 속박되기 시작한 정주민들

힘겨운 노동으로 확보한 경작지에 사람들은 애착을 갖게 되었다. 사람들은 토지를 떠나지 못하고 거기에 속박되어 살았다. 사람들은 다

---

* 물에 의해 운반된 모래나 흙 따위가 쌓여 이루어진 땅을 말한다.

른 곳으로 이주하기보다는 경작지를 확대해나갔다. 마을 규모는 점차 확대되었고, 작은 촌락을 넘어서 도시로 발전해갔다. 수메르 지역을 개조하기 위해서는 상이집트 지역보다 큰 공동체가 요구되었고, 대규모로 조직된 공동작업이 필요했다. 하이집트의 나일강 삼각주 지역도 수메르와 마찬가지의 조건이었다. 시리아의 협곡과 이란의 급류 지역은 자연지형으로 보면 수메르보다는 개간이 쉬웠을 것이다. 그러나 그곳에서도 관개수로와 배수로 시설은 필요했고, 그걸 위해서는 집단적 작업이 요구되었다. 집단노동은 공동체 전체에 이익을 주었고, 한 개인의 능력을 뛰어넘는 결과를 가져왔다.

한편, 집단노동을 위해서는 잉여식량이 필요했다. 잉여식량은 공동체에 의해 생산되고 만들어졌다. 그 처분권한 또한 공동체에 있었다. 배수로 시설과 제방 축조 공사에는 대규모 인력이 필요했고, 이들에게는 식사가 제공되어야 했다. 공사에 동원된 인력은 식량 생산을 직접 할 수 없었다. 공동체 전체의 사업은 시간이 지날수록 늘어났고, 그만큼 잉여식량도 더 필요했다. 잉여식량의 축적은 도시 발생의 선결조건이 되었다. 잉여식량이 있어야 사막과 늪지대를 개척하여 더 많은 경작지를 확보할 수 있었기 때문이다.[5]

오아시스를 포함한 하천 유역의 생활 조건은 자연스럽게 특별한 권력의 탄생을 가져오게 했다. 그렇게 생겨난 권력은 공동체 구성원을 강제하게 되었다. 공동체는 구성원이 자기 마음대로 물을 이용하는 것을 막았으며, 때로는 그의 경작지로 통하는 수로를 통제했다. 이들이 처한 자연 환경은 사회적 결속을 강화시켰다. 그렇게 형성된 사회적 결속은 관개 시설을 개설하고 관리하기 위해서도 필요했다. 이와 같은 사회의 의지는 추장^{혹은 왕}을 통하여 구현되었다. 그들은 도덕적 권위와 함께 구성원에 대한 강제력도 부여받았다. 그들은 순종하지 않는 구성원을 처벌할 수 있는 권력을 쥐게 되었다.[6]

이들이 정착한 지역에는 먹을거리가 다양하고 풍부했다. 기존의 보리와 밀에 새로운 대추야자, 무화과, 올리브, 그리고 다른 과일들이 추가되었다. 과수들을 재배하기 위해서는 재배 기술이 필요했다. 어떻게 재배 기술을 확보했는지 정확히 알 수는 없지만 과일이 재배되기 시작한 것은 선사 시대까지 거슬러 올라가는 것은 분명하다. 종려나무나 과수원은 밀밭과는 차원이 다른 영구재산이었다. 이것들은 수확을 위해서는 4년 혹은 그 이상의 시간이 필요하지만 한번 열매를 맺기 시작하면 수십 년, 혹은 백 년가량 열매를 수확할 수 있다. 결국 과수원 소유자는 더욱 깊게 대지에 뿌리를 내리게 된다.

직업의 분화와 상호의존적인 경제체제

정주생활은 주택시설의 개선을 불러왔고, 이에 새로운 건축 소재로 벽돌이 등장했다. 벽돌이 등장하면서 창의적인 건축물이 가능해졌다. 벽돌이 일반화되면서 응용과학도 발전했다. 벽돌 건축은 바로 응용수학의 탄생에 기여했다. 한 무더기의 벽돌더미에 들어간 벽돌 개수를 알기 위해서는 가로, 세로, 높이를 곱하면 되는 것이다.

충적지 정착민의 경우, 잉여농산물은 풍부했지만 축산물이나 어류, 사냥 고기, 그리고 귀금속은 부족했다. 그들은 주변의 수렵채집인, 유목민들과 교역을 통해 부족한 부분을 보충했다. 이렇게 해서 자연스럽게 신석기 시대의 자급자족적 경제가 점차 상호의존적인 경제체제로 변화되어 갔다. 오리엔트^{Orient*}의 광범위한 지역에서 외제 물품들이 이동한 사실을 확인할 수 있다. 이것은 정주한 농촌마을 주변으로 이동하면서 생활한 집단이 살고 있었음을 말해준다. 이러한 교역은 야금술의 발전에 중요한 바탕이 되었다.

고대 수메르인과 이집트인들에게 귀금속 등은 사치품이 아니라 필수품이었다. 이집트인은 공작석 가루를 눈썹에 발랐는데, 그걸 위해서는 일련의 도구 세트가 필요했다. 그들은 그 일을 주술로 이용했다. 그들은 공작석에 신비한 힘이 내재되어 있다고 믿었다. 금, 옥, 오팔, 마노, 터키석 등의 보석류 또한 주술적 힘이 있다고 간주하여 귀하게 취급했다. 여기서 보석세공 기술이 발전할 수 있는 기반이 생겼다. 마력을 지닌 귀금속, 희귀품을 확보하기 위한 지질학적 탐사 작업과 채굴 작업도 진행되었다.

문명의 발생에서 야금술은 절대적으로 중요하다. 야금술을 위해서는 탐광, 채광, 제련, 주조 등과 같은 일련의 산업 기술이 요구되며, 이런 기술은 고도의 숙련된 전문가만이 할 수 있다. 기원전 4000년 무렵 과학지식이 응용된 야금술이 고대 동양에서 널리 인지되었던 것이 분명하다. 그러나 석기에서 청동기로 대체되는 과정은 매우 느리게 진행되었다. 부싯돌이 풍부한 지역에서는 금방 석제 도구를 만들 수 있었

---

* 해가 뜨는 곳이라는 뜻의 라틴어 오리엔스(Oriens)에서 유래되었다. 유럽에서 볼 때 근동 지역을 말하며 특히 고대사의 경우 이집트, 메소포타미아 지역을 가리킨다. 반대말은 옥시덴트(Occident)다.

고, 그 나름대로 장점도 있었다.

반면, 석재가 부족한 충적평원 지역에서는 금속의 유효성을 쉽게 납득했고, 그에 따라 내구성이 강한 금속 수요가 남달랐다. 하지만 이러한 수요를 충당하기 위해서는 수송수단이 개선되어야 했다. 바로 축력과 풍력의 이용이었다. 금속과 야금술의 발명처럼 축력과 풍력의 이용 또한 시기적으로 도시 혁명 이전에 이룩되었고, 이것들은 도시 혁명을 이끄는 원동력이 되었다.[7]

축력과 풍력, 그리고 바퀴의 발명

소나 당나귀를 이용한 축력과 바람을 이용한 풍력은 인간이 자연의 힘을 활용한 첫 시도였다. 그것은 실질적인 효과를 보았다. 이것을 통해 인간은 자신의 힘을 사용하지 않고서도 지속적인 동력을 관리하고 통제할 수 있다는 사실을 발견했다. 인간은 이를 통해 힘든 육체적 노동에서 해방될 수 있는 지름길을 발견하게 되었다. 그 지름길은 후에 내연기관, 증기 해머, 전동기, 전기굴착기 등의 발명으로 이어졌다. 이러한 과정에서 인간은 기계역학과 물리 법칙을 터득하게 되었다.

축력의 이용은 쟁기의 발명을 전제로 한다. 쟁기는 축력을 사용하기 전부터 이미 사용되었다고 여겨진다. 쟁기의 사용은 농업 혁명을 예고했다. 쟁기의 사용으로 깊이 가는 심경深耕이 가능해져서 비옥토를 뒤집어 올려 수확량을 높일 수 있었다. 황소가 끄는 쟁기를 사용하는 남성은 호미를 사용하는 여성보다 훨씬 많은 농경지를 경작할 수 있었다. 경작 규모가 밭뙈기 수준에서 대규모 들판 차원으로 바뀌었다. 경작 규모가 증대되면서 수확물이 증가하고, 식량이 확대되었으며, 인구가 증가되었다. 동시에 남성이 경작의 주인공으로 등장했다. 소아시아, 이집트, 에게해 연안의 경우 역사 시대 훨씬 전부터 농업 혁명이 완료되었다. 반면 독일에서는 기원전 2000년경까지 여전히 소규모 밭뙈기를 괭이로 경작하는 것이 유일한 영농 방식이었다.

육상운송에서 바퀴가 달린 수레를 사용하는 것은 가히 혁명적인 일이었다. 바퀴는 또한 도자기 생산을 위한 녹로轆轤에도 사용되어 기계 산업의 길을 열었다. 한편 녹로가 사용되면서 도자기 생산의 담당자 또한 여성에서 남성으로 바뀌게 된다. 바퀴가 어떻게 발명되었는지에 대해서는 여러 가지 추측이 가능하지만 믿을 만한 증거는 확보하기 어렵다. 하지만 유물들을 통해 그것이 등장한 연대는 어느 정도 추정이 가능하다.

수메르에서는 기원전 3500년 이전에, 북부 시리아에서는 그보다 더 이전에 바퀴수레가 등장한다. 메소포타미아 등지에서는 기원전 3000년 무렵에 이륜수레, 사륜수레, 1인승 이륜전차 등이 일반화되어 사용되었다. 인더스강 유역과 투르키스탄에서는 바퀴수레가 기원전 2500년 무렵에 사용되었다. 크레타 지역과 소아시아는 기원전 2000년 무렵, 이집트에서는 기원전 1650년경에야 바퀴수레가 등장한다.[8]

*   (1) [공업] 둥근 모양의 물건을 만들기 위해 사용되는 기계. 회전축에 끈 또는 피대가 감겨 있어 회전운동을 할 수 있으며, 칼 따위의 도구를 이용하여 그 위의 물체를 깎는다. 금속 세공용으로도 쓰인다. (2) [공예] 항아리, 독, 병 따위 둥근 모양의 오지그릇이나 도자기를 만들 때 쓰는 회전 원반. 이 위에 흙을 놓고 돌리면서 여러 가지 모양을 만든다. (다음 국어사전 참고)

바퀴는 수송 혁명을 일으켰는데, 기원전 3500년경에는 제조업 분야에도 적용되었다. 바퀴가 얼마나 대단한 생산력 발전인지는 고든 차일드의 다음과 같은 이야기에서 쉽게 확인할 수 있을 것이다.

> 회전판 혹은 녹로 위에서 용기를 만들 경우, 대략 2분 정도면 완성할 수 있다. 동일한 형태의 토기를 손으로 빚거나 태쌓기를 할 경우 수 일이 걸리는 것과는 비교가 되지 않는다. 뿐만 아니라 회전판을 사용할 경우, 좌우 대칭을 맞추기도 쉽다. 바퀴의 회전력을 이용한 토기 제작은 최초의 기계 산업이었고, 회전판 혹은 녹로는 최초의 제조기계였다. 그 결과 직업에 변화가 일어났다. …… 도자 산업에 있어서, 녹로의 사용은 노동의 전문화라는 새로운 지평을 열었다. 바야흐로 도공은 전문가였고 그들은 식량생산이라는 일차적인 책무에서 해방되었다. 그들은 공동체가 생산해 낸 잉여분과 그들의 제품을 교환함으로써 식량을 확보할 수 있었다.[9]

바퀴의 발명과 더불어 나귀, 낙타, 썰매 등이 육상운동 수단으로 중요한 역할을 했으며, 말의 기동성은 신속한 문화 전파를 가능하게 했다. 해상수송도 육상수송에 필적할 만큼 발전했다. 통나무와 카누, 가죽보트 등은 신석기 혁명 이전부터 어부들이 사용했다. 이집트 선사 시대 항아리 그림에서 보트가 묘사된 것이 확인되고 있다. 그것은 파피루스 다발을 묶어서 만든 것으로 40명 내외의 사람이 노를 저었으며, 보트 중심에 선실이 마련되었다는 사실도 확인할 수 있다. 범선은 기원전 3500년 무렵까지는 이집트의 그림에서 확인되지 않지만, 적어도 기원전 3000년 무렵에는 범선이 동부 지중해를 자유로이 항해했을 것이 확실하다. 그리하여 인간은 널판을 이어서 만든 선박은 물론 돛단배도 제작할 수 있게 되었다.

정복 전쟁과 노예의 발생

도시 혁명으로 가는 길은 한 집단 내에서 평온한 과정을 밟아 진행되지 않았다. 정복과 이주를 통해 문화의 전파와 사람의 이동이 도시 혁명의 촉진제 역할을 했다. 정복과 이주가 문화 융합, 문화교류의 계기가 되고 변혁의 촉진제가 되었던 것이다.

이주는 주로 가뭄과 홍수 피해에 취약한 지역에 사는 사람들에 의해 주도되었을 가능성이 높다. 특히 곡물과 사료를 전적으로 자연의 힘에 의존하는 집단의 경우 이주의 확률이 더욱 높다. 기아의 공포에 내몰릴 경우 곡물과 사료가 풍부한 강 유역으로 먹을거리를 찾아서 불가피하게 이주했다. 그들은 구걸을 하거나 목숨을 담보로 노예가 되는 것도 감수했을 것이다. 그게 아니면 정복자가 되어 무력으로 안식처를 확보했을 것이다. 이러한 이주는 원주민에게 동화되거나, 원주민을 정복하거나 아니면, 원주민을 몰아내고 그 자리를 차지하는 등 다양한 방식으로 이루어졌다.

이주와 정복 과정에서 '문화의 충돌'이 발생했고, 이러한 충돌은 기존의 관성을 무너뜨리고 새로운 창조적 아이디어를 제공하는 계기가 되었다. 외부의 문화적 충격은 내부에 기존 관성을 더욱 강화하는 방향으로 작용할 수도 있고, 자극제가 되어 변화의 계기로 작용할 수도 있다. 어쨌든 기존 공동체에 새로운 외부 이주자가 합류하면서 정체된 공동체 내부가 동요되었을 것은 분명하다. 한동안은 두 종류의 규범과 제도, 이념 등이 혼재, 공존하다가 결국은 방향을 찾아가게 된다. 서로 밀접하게 영향을 미치면서 흡수, 변화하거나 경쟁했을 것이다. 그러한 과정을 거치면서 상호에 대한 이해의 폭이 넓어졌을 것이다. 점차 서로는 조금씩 상대를 이해하고 장점을 흡수하는 방향으로 나아간다.

한편, 정복은 사회의 공동자산을 축적할 수 있는 길을 열어주었다. 피정복민에 대한 공물과 노예 노동력을 확보함으로써 잉여생산물을 집중할 수 있게 된다. 이에 따라 지주가 탄생하게 되고 이는 결국 왕권의 확립으로 이어졌다. 정복은 금속제 무기에 대한 열망을 불러왔고, 생산을 담당하는 노예를 확보할 수 있는 주요한 수단이 되었다. 이 경우 전쟁은 일종의 '산업'이 되는 것이다. 그러나 정복만이 더 많은 잉여생산물과 자본을 확보할 수 있는 유일한 길은 아니었다. 군사적 정복은 잉여자산을 축적할 수 있는 확실한 수단이었지만, 그것만이 도시혁명의 절대적 전제조건은 아니었던 것이다.[10] 다른 길도 있었다는 이야기다.

그럼에도 바야흐로 전쟁이 공동체 경제에 중요한 영향을 미치는 시대가 된 것은 분명했다. 무엇보다 전쟁은 금속에 대한 열망을 자극했다. 돌칼로 동물의 가죽을 벗기다가 부러지면 큰 문제가 되지는 않지만, 적과의 교전 중에 무기가 부러진다면 심각한 문제가 되었다. 전쟁을 통해 견고한 금속의 우수성이 충분히 입증되었다. 또한 전쟁은 뛰어난 개인의 용기와 리더십 발휘의 기회를 제공했다. 전쟁은 세속 권력을 행사할 수 있는 족장을 등장시키는 결정적인 요인이 되었으며 나아가 세습 군주를 탄생시켰다.

또한 전쟁은 노예를 대량으로 만들어냈다. 패잔병을 죽이는 대신, 노예로 만들어 생산노동에 투여하면 더 많은 잉여생산물과 부를 축적할 수 있다는 사실을 알게 된 것이다. 이는 동물의 사육과도 비견될 수 있었다. 노예제도는 고대 산업의 기초가 되었고, 자본 축적의 강력한 수단이 되었다. 곧 노예로 전락할 포박 상태의 포로들 모습은 메소포타미아의 그림 문서에 종종 묘사되어 있다. 포로의 묘사는 전투 장면만큼이나 오래된 그림 소재였던 것이다.

정복과 종교적 권위에서 탄생한 왕

그러나 노예의 공급처는 전쟁만이 아니었다. 공동체 내부에서 부자와 빈자가 갈리고, 약자들은 부자로부터 식량과 거처를 제공받는 대가로 노예로 전락하기도 했다. 또한 다른 공동체에서의 도망자도 노예가 되기도 했다. 가뭄을 피해 온 이재민 집단들도 공물을 바치거나 노동을 제공하는 대가로 오아시스 지역에 정착하게 되었을 수도 있다. 당시 기록으로 볼 때 '이스라엘의 자손'뿐만 아니라 아시아의 여러 종족들이 이집트로 피난하여 노예가 되었다.

그렇다면 왕 혹은 족장은 언제부터 존재했을까? 상이집트^{남부 이집트}의 파라오^{Pharaoh}였던 메네스가 이집트를 통합하기 전부터 상이집트와 하이집트^{북부 이집트}는 각각의 왕조를 이어온 전통을 갖고 있었다. 이집트가 통합된 것은 도시 혁명의 시점과 대략 일치하는 것으로 보인다. 따라서 이집트의 경우 도시 혁명 이전에 이미 왕이 존재했다는 걸 분명히 알 수 있다. 또한 동일한 관점에서 볼 때 수메르 지역에도 이집트와 마찬가지로 '노아의 홍수'가 있기 전에 이미 왕이 존재했다고 추정할 수 있다. 결국 왕권이 확립되는 것은 도시 혁명 이전이라고 말할 수 있다. 도시의 삶이 시작되기 전에 이미 왕의 권력이 등장한 것이다.

왕이 되는 길은 정복에만 있었던 것은 아니다. 각종 종교적, 주술적 권위를 통해서도 왕권을 확립할 수 있었다. 제사장*은 최초의 독립적인 직능전문가였고, 육체노동에 참여하지 않고서도 공동체가 만들어낸 잉여생산물에 대해 자기 몫을 요구할 수 있는 최초의 인물이었다. 그리하여 제사장의 지팡이는 왕권의 상징이 되는 것이다. 역사적으로 왕들은 주술적 행위를 직접 수행했고, 그 때문에 그에 필요한 장식과 의상, 상징물들을 많이 보유했다. 한국사 최초의 국가인 고조선의 통치자를 의미하는 단군왕검을 제사장이라고 해석하는 입장도 이와 유사한 것이라고 볼 수 있겠다.

이병도는 단군왕검은 고조선 사회의 제주이자 군장으로, 단군은 대제사장적인 성격을 많이 담고 있으며 왕검은 국가를 통치하는 대군주의 의미를 띠고 있다고 해석했다. 단군왕검은 제정일치의 지도자라는 것이다. 최남선은 무당이 '당골'로 불리는 것을 주목하여 단군을 제사장의 의미로 해석했으며, 단壇을 제터墠의 다른 표현이라 하여 단군을 '壇君단군'으로 표기할 것을 주장하기도 했다. 최남선의 지적에 대해 무녀를 '당골네'라고 부르는 것은 무녀가 서낭당이 있는 고을에 산다

---

* 마법사나 주술사 또는 무녀가 될 수도 있다.

고 하여 '당골네'로 부르는 것일 뿐, 단군과는 관련이 없다는 단군학회의 반박도 제기되었다.[11]

이집트의 파라오 또한 나일강의 범람을 예상함으로써 자신의 권위와 위신을 강화했다. 이 과정에서 이집트는 태양력을 확정하고 공식 역법으로 사용했다. 파라오들은 자신들의 권위를 높이기 위해 홍수가 근접할 시점에 시리우스^{Sirius} 가 떠오른다는 사실을 일반인에게는 비밀로 했다. 파라오는 이집트 농부들에게 나일강의 범람 시기를 알려줄 수 있었고, 자신의 이런 예지력을 보여줌으로써 절기의 변화와 곡식의 생육을 통제, 조절하는 존재로 자신을 포장했던 것이다.

신석기 혁명으로 도시 혁명의 길이 열렸다. 가축과 곡식 재배로 인간의 생존 조건이 나아지면서 잉여생산물이 축적되었다. 잉여생산물은 일하지 않고 노는 계급을 탄생시켰다. 제사장은 최초의 육체노동 없이 자기 몫을 가져간 존재였다. 정치적 지배자의 등장이었다. 정복 전쟁도 벌어졌다. 노예도 발생했다. 이를 바탕으로 왕이 생기고 국가가 탄생했다. 뒤이어 문자가 발견되어 기록이 가능해졌다. 도시 혁명이 본격적으로 진행되면서 고대 문명이 탄생했다. 마침내 역사 시대가 문을 열게 된다.

---

* 밤하늘에서 가장 밝은 별로, 천랑성(天狼星), 낭성(狼星), 큰개자리 알파라고 부르기도 한다. 시리우스라는 이름은 고대 그리스의 Σείριος (세이리오스→ 불탐, 빛남)에서 유래했다. 겨울철 대삼각형의 꼭짓점이다. (위키 백과 참고)

5. 고대 문명

고대 문명이 탄생하다

인류 최고_{最古}의 문명이 탄생하다

문명의 고전적 정의에 따르면, 문명을 구성하는 요소는 도시, 문자, 직업의 분화, 건축 기념물, 수도의 성립 등이다.[1] 그런데 문명의 영어 단어인 'civilization'은 라틴어에서 온 말로 도시^{city}를 의미하는 'civitas'에서 유래했다. 결국 문명이란 도시화와 깊은 관계가 있음을 의미한다. 인류는 기원전 3000년대 후반부터 도시화가 빠르게 진행되었다. 고든 차일드가 말하는 '도시 혁명'이다. 이러한 도시 혁명은 기원전 3000년경에 어느 정도 완성된다.

작은 촌락이 점차 커지면서 도시로 발전했다. 시장과 종교 시설을 중심으로 사람들이 모여들면서 도시가 형성되고, 그 주변에는 농촌 지역이 형성되었다. 도시가 만들어졌다는 것은 단순히 농경만이 아니라 다양한 직업과 계급이 생겨났다는 것을 의미한다. 거기에는 왕^{또는 부족장}, 성직자^{제사장}, 관료, 서기, 전문 기술자, 직업군인, 잡다한 노동자 등이 포함된다. 이들은 모두 더 이상 식량 생산에 매달리지 않는 사람들이

었다. 계급과 도시는 국가가 탄생하는 기반이 되었다.[2]

2004년에 발표된 연구에 따르면 인류 최초의 도시 유적은 메소포타미아 북부, 현재 이라크-시리아 접경지대에 위치한 텔^{tell} 브라크와 텔 하무카르로 연대는 약 기원전 4000년 직전이다. 이 두 도시에서는 벽돌로 쌓은 화덕으로 음식을 대량으로 조리했으며, 물자의 운송 경로를 추적하기 위해 '인장'을 사용했고 문의 '잠금' 장치가 있었다.

인류 도시문명의 기원을 500년 이상 앞당기는 유적이 시리아 북동부 지역에서 발견됐다. 미국 〈뉴욕타임스〉는 23일 미국 시카고 대학 동양학연구소가 시리아 북동부 텔 하무카르 지역에서 약 6,000년 전으로 추정되는 도시문명의 유적을 찾아냈다고 보도했다. 지금까지는 약 5,100~5,500년 전 현재 이라크 땅인, 유프라테스강과 티그리스강 사이의 수메르 지역에서 도시문명이 시작된 것으로 알려져 왔다. 이 신문은 텔 하무카르에서 약 3m 높이의 방호벽과 식량용기에 부착된 표범 형태의 인장 등 도시 문명과 연관성 깊은 유적이 다수 출토됐다고 밝혔다. 또 사회 계층화와 노동 분업을 보여주는 증거인 대형 솥과 요리 항아리, 질 좋은 도자기 등도 발굴됐다.

고고학 전문가들은 이번 발굴로 메소포타미아 남부 수메르 지역에서 문명이 시작돼 메소포타미아 북쪽으로 전파됐다는 기존 이론의 수정도 불가피하다는 견해를 밝혔다. 신문은 이어 이번 유적 발굴로 최근 10년 동안 논쟁을 불러온, 시리아와 이라크 북부지역에서 문명이 시작됐다는

---

* 서남아시아에서 소아시아, 이집트의 일부에 걸쳐 들에 만들어진 인공 언덕을 말한다. 현재는 중동의 도시 이름에 그 흔적이 남아 있다. 대표적으로 텔 아비브가 있다.

학설에 한층 힘이 실리게 됐다고 전했다. 그러나 약 6000여 년 전 이라크 남부에 존재했던 우바이드 유적이 발굴상의 어려움으로 아직 그 실체가 제대로 밝혀지지 않았기 때문에 메소포타미아 북부 문명기원설을 단정지을 수는 없다고 신문은 덧붙였다.[3]

그러나 하르카무는 면적이 12헥타르에 불과할 정도로 작은 도시였다. 최초의 본격적인 도시는 기원전 3400년경에 메소포타미아 남부에서 출현했다. 이곳을 우리는 '수메르Sumer'라고 부르는데, 지금의 이라크 남부 지역에 해당한다. 수메르라는 말은 이들보다 뒤늦게 살았던 메소포타미아 북부 지역, 즉 지금의 이라크 중북부 지역에 살았던 아카드인들이 메소포타미아 남부 지역에 살았던 사람들을 이렇게 부른데서 유래했다. 따라서 수메르는 인류 최고最古, 최초最初의 문명이 발생한 지역과 그 민족을 일컫는 말이다.

티그리스강과 유프라테스강 사이의 충적토로 형성된 이곳 수메르에는 기원전 5000년경부터 농경민이 정착해서 생활했고, 기원전 3000년경에는 세계 최고의 문명을 창조해냈다. 이곳에는 에리두, 우루크, 우르, 움마, 라가시, 슈루파크 등의 도시 유적들이 있다. 기원전 2000년대 말에 이르러 메소포타미아 남부, 즉 수메르의 90퍼센트는 도시 구역이 되었다. 그 중에는 상당히 큰 도시도 있었다. 예를 들어 우루크의 인구는 5만 명이나 되었다.

수메르에서 도시 혁명이 일어나다

도시는 왜 발달하게 되었을까? 지금까지 도시 발전의 원인에 관해서는 많은 의견이 제시되었는데, 그 가장 유력한 것은 '안전'이었다. 그러나 이 주장은 다음 세 가지의 이유로 더 이상 유효하지 않게 되었다. 첫째, 성벽이 없었던 큰 고대 도시들이 있었다. 서아프리카의 말리가 그런 예다. 둘째, 중동 지역에서는 도시의 성벽이 방대하고 매우 정교하지만 여기서도 성벽은 거주지가 형성된 이후에 생겨났다. 예를 들면 우루크는 기원전 3200년경에 대규모로 형성되었으나 성벽을 쌓은 것은 대략 기원전 2900년 이후였다. 덧붙이자면 '우루'는 성벽으로 에워싼 구역이라는 뜻이라고 한다. 마지막으로 가장 설득력 있고, 경험적으로 입증되는 이유가 있다. 그것은 도시가 가장 먼저 형성된 메소포타미아 지역의 기후 변화다.[4]

기원전 3000년대 중반 메소포타미아 지역에서는 소폭이지만 분명한 기후 변화가 있었다. 기후 변화에 따라 주변 지역은 서늘하고 건조한 환경으로 바뀌었다. 티그리스 강과 유프라테스 강 덕분에 이 지역은 비교적 안전하고 관개가 용이했기 때문에 두 강 사이에서 수천 년 동안 농경이 발달해왔다. 기원전 3000년대 중반의 기후 변화로 2백~3백 년 간격으로 방대한 지역을 휩쓰는 홍수를 막고 비교적 짧은 기간에 넓은 토지의 물을 뺄 수 있었다. 그렇게 해서 확보된 지역들은 도시가 들어서기 좋은 환경이었다. 특히 바빌로니아의 대부분 지역은 새로운 영구 거주 지역이 들어서기에 알맞은 곳이었다.

기후 변화에 따라 드문드문 산개한 작은 거주지 대신에 인구가 밀집한 주거지가 발달했다. 이런 지역에서는 관개시설도 발달했다. 아직 관개시설은 정교하지 않았으나 그 덕분에 보리의 산출량이 크게 늘어나면서 사람들에게 협동의 장점과 중요성을 일깨워주었다. 메소포타미아에서는 이처럼 특수한 기후 여건 덕분에 다른 지역과 달리 관개로 농업생산량을 크게 증대시킬 수 있었고, 물이 풍부했기 때문에 도시의 발달이 용이했다. 워낙 물이 풍부했으므로 많은 사람들이 거주했음에도 그 수요를 충족시켜 주었고, 거의 모든 경작지에도 물을 충분히 공급할 수 있었다. 그래서 이곳 사람들은 언제나 풍년이 든다는 낙관적인 사고를 갖게 되었다.[5]

그러나 부족한 부분도 있었다. 메소포타미아 남부의 충적 평원에는 목재, 석재, 광물, 금속 등 다른 물자들이 부족했다. 그래서 이곳 사람들은 남는 잉여식량으로 교역을 통해 다른 지역에서 필요한 물자를 조달했다. 수메르의 고고 유적 속에서 진귀한 외국산 유물이 발견되는데, 이것은 규칙적이고 정기적으로 이런 물건들이 수입되어 일상생활에 사용되었다는 것을 말해준다. 그 결과 조밀한 접촉망이 형성되었고, 도시에서 전문 기술자들이 형성될 수 있는 환경이 만들어졌다. 그에 따라 점차 인구의 직업 구성이 다양해졌고, 단순한 친족 집단을 넘어서는 도시생활이 이루어졌다. 처음으로 식량을 생산하지 않고 자신의 일에 종사할 수 있는 사람들이 생겨나게 되었다. 이것은 놀라운 변화였다. 이렇게 해서 고든 차일드가 말하는 '도시 혁명'이 일어난 것이다.

자급자족적 식량 생산체제에서, 전문화된 제조와 대외무역에 기초한 경제시스템으로 전환한 결과, 인구가 두드러지게 팽창되었을 것으로 판단된다. 인구통계에서 드러나는 두드러진 팽창의 증거는 제1장에서 언급한 혁명의 조건을 갖추었다고 할 수 있다. 다시 말해서, 경제시스템의 변화와 도시의 발달, 그 결과에 의한 인구팽창은 가히 '혁명'이라는 타이틀을 얻을 만하다.[6]

이처럼 도시 혁명은 인간 사회의 진보에 절대적으로 중요한 의미가 있다. 무엇보다도 도시 혁명이 시작된 이후의 2천 년간, 그러니까 기원전 2600년에서 기원전 600년까지의 사이에 인간의 진보에 공헌한 19가지 중 4가지가 발명되었다. 이것들은 이미 그 전에 만들어진 15개에 필적할 만한 것이다. 그것은 바빌로니아의 십진기수법기원전 2000년경, 경제적 철 제련 방법과 공업적인 규모의 생산 기술기원전 1400년경, 알파벳 문자의 실질적인 사용기원전 1300년경, 도시에 물을 공급하기 위한 수로의 설치기원전 700년경 등이다.[7]

왕과 국가가 탄생하다

이러한 도시 혁명이 가능했던 이유는 무엇일까? 그것은 바로 인구의 증가다. 다시 고든 차일드의 말을 한번 들어보자.

선사 시대의 혁명에 대해서도 산업혁명과 마찬가지로 인구 수의 증가와 같은 객관적인 기준에 의거해야 한다. …… 혁명이냐의 여부는 동일한 기준에 의해 판단되어야만 한다. 이 책의 주된 목적은 상기와 같은 시각에서 선사와 고대를 검증하는 데 있다. 나는 혁명에 대한 고찰이 감상주의자나 신비주의자의 주장을 대신하는 한편, 진보의 개념을 입증하는 데 도움이 되리라 기대한다. 왜냐하면 선사와 고대의 사건은 현재로부터 아주 먼 시기에 벌어졌던 일이기 때문에 우리를 화나게 하거나 열광적인 감정에 빠뜨리지 않기 때문이다. 따라서 이 책에서는 선사와 고대에 일어난 혁명에 대해 다루면서, 인구증가라는 객관적인 기준을 제시하여 진보가 이루어졌음을 입증코자 한다.[8]

도시로 인구가 집중되는 것은 시대와 공간을 초월한 현상이다. 인구의 증가와 그에 따른 도시화는 인류 문명 발전의 가장 일반적인 과정이다. 1100년에서 1250년 사이 송대 중국 항주杭州 등 남부 도시들은 인구가 5배나 급증했는데, 이것은 농업 혁명으로 식량조달에 문제가 없었기 때문에 가능했던 일이다. 또한 영국에서도 산업 혁명이 일어나고 단 한 세기만에 인구가 4배로 급증했다. 중세 유럽의 일부 지역에서는 1100년에서 1300년 사이에 인구가 10배나 급증하기도 했다. 이런 일들은 모두 관개시설의 확충으로 새로운 경작지를 개간할 수 있었기 때문에 가능했다. 유럽에서는 도시로의 이동이 결혼 연령을 낮추었고, 그 덕분에 세대 간 격차를 줄임으로써 출생률을 가속화하는 결과를 가져왔다.[9]

역사에 기록된 사례에 비추어볼 때, 우리는 기원전 3000년경 수메르에서도 유사한 형태로 작용했을 것이라는 사실을 짐작할 수 있다. 이 무렵 수메르에서는 관개개선과 농지의 확보로 경작지와 수확량이 늘어나게 되었다. 농업 기술이 발전하고 집약적인 농업으로 농업생산량이 확대되었다. 더 많은 경작지, 더 많은 식량, 더 안전하고 편리한 삶을 위해 사람들은 농촌을 떠나 도시로 모여들었다. 고원지대에서 내려와 남부의 평원지대에 정착했다. 필수품과 사치품을 고루 갖춘 도시의 시장은 인간을 끌어들이는 주요한 매력이기도 했다.

그러나 이러한 변화는 도시민들의 불안감을 높였다. 사람들은 이제 친족이 아니라 타인에게 생존을 의존해야 했다. 이러한 잠재적 불안은 구성원들의 공동체 의식을 높일 수 있는 방안을 강구하게 만들었다. 바로 대규모 노동력이 투여되는 기념 건축물을 만드는 일이었다. 동시에 이와 같은 이유로 종교도 과거보다 훨씬 더 중요한 의미를 갖게 되었다. 이처럼 일체감을 갖고 공동체를 통일적으로 이끌어가기 위해서는 강력한 지배권과 통치권을 가진 왕^{또는 성직자}이 존재해야 했다.

왕의 존재와 더불어 그를 떠받치는 조직들이 존재하고, 관료체제도 성립되었다. 그것은 바로 국가의 존재를 의미했다. 그에 따라 왕과 귀족들, 관료, 성직자는 지배계급으로 잉여생산물을 확보하기 위해 농부들과 다양한 물품을 만들어내는 생산자들에게 가혹한 부담을 지웠을 것이다. 따라서 옛 수메르의 서민들 중에서도 '도시의 기적'을 암울하고 잔인하게 본 사람들도 있었을 것이다. 마치 19세기 유럽에서 산업사회가 도래했을 때 도시의 기적을 그렇게 생각했던 사람들이 있었던 것처럼 말이다.[10]

인류 최초의 도시 에리두

현재 일반적으로 최초의 도시는 에리두^{Eridu}로 알려지고 있다. 에리두는 수메르어로 '최초의 성지'라는 뜻이다. 이 도시는 거의 2천 년 동안 세상에 잊혀졌으나, 1853년 영국인 존 테일러$^{John\ Taylor}$에 의해 발굴되면서 세상에 그 모습을 드러냈다. 테일러는 바스라^{Basra}의 부영사로 아브라함의 도시 '우르^{Ur}'에서도 고고학적 발굴을 이끌었다. 우르에서 사막으로 약 20킬로미터가량 떨어진 곳에 있는 에리두의 언덕을 그 지역 유목민들은 '두 초승달의 아버지'라는 뜻으로 '아부 샤라인'이라고 불렀다.

오늘날 에리두는 바람만이 황량하게 불어대는 버림받은 도시가 되었다. 이란-이라크 전쟁이 한창이던 시기 이라크의 대공포대^{對空砲臺} 진지가 자리 잡았던 곳이지만, 고대 메소포타미아 역사에서 가장 찬란한 문명을 빛냈던 곳 중의 하나였다. 수메르인은 에리두가 창조의 땅, 즉 태초에 원시의 바다에서 솟아오른 최초의 육지라고 믿었다. 따라서 그들은 세상을 다스릴 왕이 하늘에서 이 땅에 처음 내려온 곳도 에리두라고 생각했다. 수메르의 신화에서도 에리두는 언제나 중심에 서 있다. 에리두는 원래 바닷가에 세워졌고, 그 도시를 감싼 물은 남쪽의 압수^{Apsu}*까지 연결되었다. 에리두에 세워진 신전에도 '압수'라는 이름이 붙여졌다. 이 신전은 수메르에서 가장 오래된 신전으로 물을 다스리는

---

* 수메르와 아카디아 신화에서 땅 속 깊은 곳에서 끌어올린 깨끗한 물, 즉 지하수로서 강, 호수, 시내 등 깨끗한 물의 원천을 '압수(Apsu)'라고 했다. 여기서 '심연(深淵, abyss)'이란 단어가 파생된 것으로 여겨진다.

태고의 신이며 지혜의 신인 엔키가 거주하는 곳이다. 또한 엔키는 인간을 비롯한 자연의 모든 생명체가 태어난 태고의 바다를 가리키는 이름이기도 하다.[11]

에리두는 페르시아만에서 내륙 쪽으로 150킬로미터 이상 들어간 곳으로 바다와 육지의 중간 지역이라는 점에서 독특하다. 에리두는 충적 평원 근처에 있고, 주변에 소택지도 많다. 따라서 충적토, 사막, 소택지의 세 가지 생태적 환경으로부터 큰 혜택을 누리고 있었으며, 따라서 농경, 낙농, 어업의 세 가지 생활양식이 고루 발달했다. 그러나 에리두가 발달한 데는 종교적인 이유도 컸다.

이 도시는 분지 안의 작은 언덕 위에 있어서 지하수가 모이는 곳이었다. 주변 지역은 늪지나 다름없었고 우기에는 커다란 호수가 생겨났다. 이런 지형은 지구가 하나의 커다란 원반이며 주변에 많은 물이 에워싸고 있다고 본 메소포타미아의 우주관과 잘 들어맞았다. 지형적 관점에서도 에리두는 성소였다. 고대 수메르인들은 에리두를 모든 지혜의 원천이자 지식의 신이 거처하는 곳이라고 믿었다. 페트로 차르바트는 "최초의 명확한 보편 종교가 에리두에서 탄생했다."고 말한다.[12]

1949년 에리두의 발굴 작업이 대대적으로 시작되었다. 고고학자들은 우르의 왕들이 기원전 2000년경에 건설한 것으로 알려진 지구라트 ziggurat*의 기초석 아래까지 파고들어갔다. 그런데 거기서 깜짝 놀랄 만한 일이 일어났다. 지구라트 아래로 19개 층이 다시 발견된 것이다.

---

* 『구약성서』에 나오는 '바벨탑'은 바빌론의 지구라트를 가리키는 것이라는 해석이 있다.(마이클 우드 지음, 『인류 최초의 문명들』, 중앙m&b, 29쪽 참고) 지구라트는 아시리아어에서 나온 말인데, 정상 또는 산꼭대기를 뜻하는 초기 아카드어의 지구아라투(zigguaratu)가 어원이라고 한다. (피터 왓슨 지음, 『생각의 역사 1』, 들녘, 124쪽 참고)

고대 문명　95

신전의 건설은 기원전 5000년까지 거슬러 올라갔다. 바닥에는 작은 예배실을 갈대로 둘러친 자그마한 모래언덕이 있었다. 그들의 신화에서 그곳이 최초의 땅이었다는 믿음을 상징적으로 드러내 보인 언덕이었다.

땅 속에 묻힌 에리두가 드러나면서 사람들은 이곳이 『성경』에 나오는 에덴동산일 수도 있다고 생각했다. 『성경』에서 낙원을 뜻하는 에덴Eden은 수메르어로 에딘Edin이다. 에딘이란 인간의 손길이 닿지 않는 원형 그대로의 땅, 도시의 인공적인 경관에서 벗어난 자연 그대로의 모습을 간직한 곳을 말한다. 문명 세계는 인간이 에덴에서 추방당하면서 시작되었다. 또한 선악을 알게 해주는 나무의 열매는 우리를 땅의 주인으로 만들어주었고, 결국에는 땅과 함께 우리 자신을 파괴하는 힘까지 보유하게 해주었다. 초기의 우바이드 마을은 원시 상태의 진흙과 갈대로 조성된 성소였다.[13]

그런데 기원전 4000년경 극적인 변화가 일어나 이곳에 웅장한 건축물이 세워지기 시작했다. 기념비적인 건축 형태를 갖춘 거대한 신전이었다. 선택받은 사람들을 위한 웅대한 무덤들은 그 당시에도, 계급제도가 있었음을 알 수 있게 해준다. 황금을 비롯한 세공품과 수입된 사치품에서 선택받은 사람들이 에리두의 넘치는 부를 관리했을 것이라고 짐작하게 해주었다. 지구라트 언덕을 중심으로 에리두에 수천 명이 모여 살고 있었다. 에리두는 조직화된 공동체가 처음으로 형성되고 신전과 도시가 세워지면서 왕권이 성립될 때까지의 역사적 과정을 사실 그대로 보여주고 있다. 에리두는 수메르 문명의 시작이었다.

우루크의 유적에서 알 수 있는 것들

그러나 수메르 문명의 진정한 모습을 완벽하게 보여주는 것은 우루크Uruk다. 우루크의 유적을 처음 찾아낸 것은 영국인 탐험가 윌리엄 롭투스다. 그는 1849년 겨울 소규모 탐사대를 이끌고 바그다드를 출발, 이라크 남부의 광야로 향했다. 롭투스의 첫 탐사대는 종려나무들이 가지런히 늘어선 유프라테스 강둑에 도착했다. 그가 찾았을 때 남쪽의 광야는 대부분 습지였다. 건기 외에는 이 고대 문명의 심장부를 배를 타고서야 접근할 수 있었다. 롭투스 일행은 현지인의 안내를 받아 "해안이 소금으로 덮인 죽음의 바다"를 건넜다. 그가 찾으려고 한 것은 아랍인들에게 와르카르로 알려진 땅이었다. 그곳은 '칼데아의 모든 인공 언덕들 중에서 가장 찬란했고, 중요한 위치를 차지하던 곳' 즉, 와르카의 언덕이었다.[14]

작열하는 태양과 싸우고 사나운 모래바람에 채찍질 당하면서도 롭투스는 마침내 와르카 언덕에 도달할 수 있었다. 바람에 날려온 모래가 커다란 언덕을 만들면서 가로막아버린 9.6킬로미터의 성벽이 여전히 1.5미터의 높이로 그 자리에 굳건히 서 있었다. 중앙에는 거대한 흙벽돌로 쌓은 거대한 피라미드가 있었다. 허물어지기는 했지만 그 도시의 수호신들을 위한 제단이었다는 증거까지 사라진 것은 아니었다. 롭투스는 확신했다. 그곳이 찬란한 문화를 꽃피운 곳이라는 것을.

롭투스는 이렇게 해서 『구약성서』의 「창세기」에서 에렉Erech이라고 소개한 우루크란 고대 도시를 발견하게 되었다. 그곳에서 인간이 살았다는 흔적은 거의 30미터나 아래쪽에 묻혀 있었다. 롭투스는 그곳에서 1천 년 동안 번성했던 문명의 자취를 찾아냈다. 그리고 그 문명이 그리스와 파르티아*와 페르시아의 사산 왕조**가 그곳을 차례로 지배할 때에도 계속되었다는 흔적을 확인할 수 있었다. 그들은 토기와 동전, 부장품, 문자화된 기록을 통해 그런 사실을 남겨두었다.[15]

수천 년 전 우루크는 거미줄처럼 연결된 수로가 비옥한 땅을 적셔주고 종려나무가 그늘을 만들어 주었겠지만, 지금은 황량한 바람만 불어대는 목마른 사막이다. 그럼에도 그곳에서는 인간이 살았던 흔적이 곳곳에서 발견된다. 황폐해진 관개수로, 무수한 토기 파편들, 성문과 지구라트는 그곳이 고대 도시였음을 말없이 증명해주고 있다. 그러한 증거들은 지평선까지 이어진다. 그 중에는 고대인들이 노아의 대홍수 이전부터 존재한 것이라 믿었던 언덕들도 있다. 그 너머로 수메르 시대에 가장 오래된 도시의 하나인 움마, 그리고 중세까지 그 위용을 자랑했던 텔 지드르가 있다. 북쪽으로는 거대한 모래언덕 너머로 수메르 시대에 노아가 살았다는 슈루파크도 어렴풋이 보인다.

지구라트 꼭대기에 올라서면 우루크 전체가 한눈에 들어온다. 거의 10킬로미터에 달하는 성벽이 둥그렇게 도시를 감싸고 있다. 기원전 4000년 이전에는 이곳에 겨우 두 군데의 정착지가 있었으나 그 이후 1천 년 동안 규모 있는 도시로 발전했다. 하지만 성벽은 훨씬 나중

---

* 고대 이란의 왕국(기원전 247~기원후 224년)으로, 처음 카스피해의 남동쪽에 본거지를 두었으나 점차 이란까지 영토를 확장시켰다. 미트라다테스 1세가 등장하면서 박트리아, 바빌로니아, 메디아 등을 정복하여 대제국이 되었으며, 미트라다테스 2세 때에는 아르메니아와 인도의 북부 지방까지 영토를 확장했다.

** 아르다시르 1세가 208년에 세워 651년에 멸망한 중세 페르시아 왕조의 하나로 이란 민족의 전통적인 실력을 가장 잘 발휘한 시대로 평가된다.

에, 그러니까 기원전 3000년경부터 기원전 2700년경 사이에 비교적 짧은 기간 동안 네 번에 걸쳐 비약적 발전을 마무리하던 시기에야 세워졌다.[16]

우루크는 성벽이 세워질 무렵에는 면적이 약 5.5평방킬로미터였고, 최대로 팽창했을 때는 대략 2.5×3킬로미터 규모의 다이아몬드와 비슷한 모양이었다고 고고학자들은 말한다. 인구밀도는 1천 평방미터당 1백~2백 명이었으며, 총 인구는 2만 7천 5백~5만 5천 명가량이었을 것으로 추정된다.

당시 우르의 도심 구역은 면적 40헥타르에 인구 2만 4천 명 정도였을 것으로 추산된다. 약 10평방킬로미터 면적의 주변 지대에는 50만 명의 인구가 살았을 것으로 추정되고 있다. 또 라가시Lagash에 인접한 기르수Girsu는 남자가 3만 6천 명이었다는 것으로 봐서 총 인구가 8~10만 명에 이르렀을 것이다. 이것은 기원전 500년경 면적이 2.5평방킬로미터였던 아테네, 예수 시대인 기원전후 시기에 면적이 겨우 1평방킬로미터에 불과했던 예루살렘과 크게 대비된다. 우루크보다 3천 년이나 후대에 속하는 하드리아누스 시대의 로마도 우루크의 두 배밖에 되지 않았다.[17]

길가메시 서사시가 말해주는 것

당시 이곳의 변화가 얼마나 빨랐는지는 농촌과 도시 지역 인구의 변화를 통해서도 쉽게 짐작할 수 있다. 기원전 3000년대 말까지만 해도 농촌 주거지의 수가 도시 주거지보다 네 배나 많았다. 그런데 6백 년 뒤인 기원전 3000년대 중반에는 그 비율이 완전히 역전되어, 도시 거주지가 농촌 거주지의 아홉 배로 늘었다. 그 무렵 우루크 주변에는 방대한 '후배지'가 형성되었다. 우루크의 영향권에 속하는 농촌 지역은 12~15킬로미터나 뻗어 있었다. 그 옆에 위치한 2~3킬로미터 폭의 지역은 우루크의 영향을 받지 않다가 나중에 다음 도시인 움마의 후배지로 편입되었다. 메소포타미아에서는 이런 도시가 적어도 스무 군데나 있었다.

이 도시와 도시 국가들은 놀라운 발전을 이룩했다. 그러나 우리는 이 도시들의 구체적인 내용은 잘 알지 못한다. 남아 있는 유적을 통해서 추정할 수 있을 뿐이다. 반면, 바빌로니아에 대해서는 잘 알고 있다. 바빌로니아에서는 음악, 수학, 의학이 발달했고, 최초의 도서관이 설립되었다. 최초의 지도가 작성되었으며 화학, 식물학, 동물학이 탄생했다. 이처럼 바빌론이 수많은 것들의 '최초'의 고향이 된 것은 그곳에서 문자가 발명되었기 때문이다. 그 때문에 우리는 그 이전의 역사에 관해서는 이 정도밖에 알 수가 없다.

그럼에도 우리는 그 이후 사람들이 만든 문자 기록을 통해서 이 시대의 사람들이 자신들이 이룬 문명에 대해서 커다란 자부심을 가졌을 것이라고 추측할 수 있다.

우루크의 성벽을 보아라! 잘 닦은 청동처럼 빛나지 않는가. 성벽의 안을 보아라. 세상의 누구도 똑같이 흉내낼 수 없으리라! 우루크의 성벽에 올라 걸어 보아라. 그 기단을 살펴보아라. 정교하게 쌓아진 벽돌들을 보아라. 가마불에 구워진 벽돌 속까지도 꼼꼼히 살펴보아라. 일곱 현인이 그 성벽을 설계하는 것은 아닐까?[18]

　이것은 수메르의 도시 국가 우루크의 왕 길가메시의 전설을 기록한 『길가메시 서사시』에 나오는 대목의 일부다. 『길가메시 서사시』는 19세기 서남아시아 지방을 탐사하던 고고학자들이 수메르의 고대 도시들을 발굴하는 과정에서 발견되었는데, 그것은 호메로스의 서사시보다 1천 7백 년이나 앞선 것으로 평가되고 있다. '수메르 왕 명부'에 따르면 길가메시 수메르어 이름은 빌가메시 Bil-ga-meš 는 기원전 28세기경 우루크를 126년 동안 지배한 왕이었다.

　고고학적 발굴과 『길가메시 서사시』 등을 참고하면 초기 도시 구역이 보통 세 부분으로 나뉘어 있었음을 알 수 있다. 우선 자체의 성벽을 가진 도심이 있는데, 그 내부에는 도시에서 섬기는 신들의 사원, 지배자, 행정관, 종교 지도자의 집들과 수많은 일반 주택들이 있다. 다음으로 도심을 벗어나면 주택, 공원, 축사 등 시민들의 일상생활과 관련된 구역이 나온다. 마지막은 상업 중심지다. '하버 habour'라고 불리는 이 지역은 육로 통상이 이루어지고 토착 상인과 외국 상인이 사는 곳이다. 도시 명칭은 대개 외관에 따라 정해진다.[19]

　초기 도시에서는 신전을 중심으로 생활이 전개되었다. 종교와 관련된 사람들은 사회의 최상층이었다. 에리두와 우루크에 신전의 기단이 있는 것은 그런 건물을 지을 만큼 공공 조직이 충분히 발달했다는 것을 의미한다. 신전은 거석 기념물의 뒤를 잇는 기념 건축물의 대표적인 사례라고 할 수 있다. 세월이 흐르면서 점점 기단은 높아졌다. 이윽고 기단과 망루가 설치되고 그 꼭대기에 성소가 자리를 잡았다. 이것

컴퓨터그래픽으로 재현한 지구라트 모습 | 지구라트는 벽돌단 위에 또 다른 벽돌단을 쌓아 계단식으로 연결했으며, 맨 위에 사원이 있었다. 최초의 지구라트는 우르 제3왕조의 창립자인 우르 남무(기원전 2112~2095년)에 의해 세워졌다.

이 바로 지구라트다. 이처럼 구조물이 정교해지고 거대해지려면 고도로 조직화된 신앙이 필요했다.

당시 사람들에게 신전은 대단히 중요한 것이었다. 뿐만 아니라 초기 도시의 경제생활에서 핵심적인 역할을 했다. 라가시의 여신인 바바 혹은 바우의 신전에는 기원전 2400년 직후 신전이 보유한 토지의 면적이 2.5평방킬로미터를 넘는다는 기록이 있다. 이 토지는 온갖 종류의 농업에 이용되었으며, 신전에서 일하는 1천 2백 명을 부양하는 데 필요했다. 신전에는 제빵공, 양조공, 양모공, 방적공, 방직공, 나아가 노예와 관리까지 다양한 기술자들이 있었다. 소작농부는 노예가 아니었다. 그들과 신전의 관계는 초기 봉건제의 형태를 취했던 것 같다. 이외에도 이발사, 보석상, 금속 기술자, 의상업자, 피복상인, 세탁부, 벽돌 제조공, 정원사, 나룻배 사공, '노래를 파는 사람', 화가 등 수많은 전문가들이 등장했다. 지금 역사를 공부하는 우리의 입장에서 가장 중요한 전문가는 필경사였다.[20] 그들이 지금 우리가 말하는 내용을 점토판에 기록으로 남겼기 때문이다.

고대 문명 발생의 일반성과 특수성

티그리스강과 유프라테스강의 충적토 지역, 그러니까 메소포타미아 남부 지역에 위치한 수메르는 인류의 최초의 문명이 탄생한 곳이다. 현재까지의 고고학적 발굴 성과로는 그렇지만 앞으로 바뀔 가능성은 얼마든지 있다. 이미 메소포타미아 북부 지역에서 이보다 앞서는 도시가 존재했을 가능성을 알리는 유적이 발굴되었지만 아직까지 정확하게 그곳에서 문명이 시작되었다고 단정지을 수 있는 단계는 아니다. 동북 아시아 만주 지역에서 새로운 문명, 요하 문명[21]의 가능성을 보여주는 유적들이 발굴되고 있지만 아직 그 성과가 정확히 정리된 것은 아니다.

인류 문명의 발생에서 일차적으로 주목되는 것은 지리적 조건과 기후다. 메소포타미아 문명 뿐만 아니라 흔히 '4대 문명'으로 일컫는 고대 문명의 발상지가 모두 강을 끼고 있다. 또한 이들은 모두 북위 30도 안팎의 온대 지역이라는 점도 주목할 필요가 있다. 유프라테스강과 티그리스강, 나일강, 인더스강, 그리고 황하강이 세계 주요 문명의 발상지가

최초의 문명 발상지 | 인류 최초의 문명 발상지는 모두 강을 중심으로 비슷한 기후 조건에서, 또한 동일한 위도에서 발달했다. 이라크, 이집트, 이란의 고원지대, 인도의 접촉은 선사 시대까지 올라간다. 반면 중국은 이들과는 다른 완전히 독립된 문명 세계를 구축한 것으로 여겨진다.

된 강들이었다. 물론 이들 문명은 무척 다른 특색을 갖고 있다.

또한 이들 문명의 발생 조건은 유사한 조건과 비슷한 이해관계를 보여주고 있다. 가장 중요한 것은 식량의 확보였다. 식량을 바탕으로 정착생활이 이뤄졌고, 이것은 다시 도시화를 이루었다. 도시화의 과정에서 대규모 분업화와 다양한 계급을 발생시켰고, 이는 다시 통치자와 국가라는 조직을 형성시켰다.

6. 메소포타미아 문명

고대 문명의 시원과 발전을 보여주다

기원전 2000년경 수메르 학생의 생활 모습

잠에서 깬 소년은 빨리 도시락을 싸 달라고 어머니를 재촉한다. 학교에 늦으면 벌을 받아야 하고 잘못하다가는 회초리를 얻어맞을 수도 있다. 소년은 학교에 도착했다. 선생님이 학생에게 묻는다.

"너, 요즘 무얼 했니?" 소년은 대답한다.

"학교에 갔습니다."

"학교에서는 무얼했지?" 다시 소년이 대답한다.

"저는 점토판을 암송하고 점심을 먹었습니다. 그리고 준비해온 새 점토판에 필기를 했습니다. 선생님들은 제게 구두과제를 주었고, 오후에는 필기과제를 주었습니다. 그리고 집으로 돌아와 아버지 앞에서 필기과제에 대해 말하고 점토판을 암송했습니다. 아버지께서 기뻐하셨습니다."

"그럼, 오늘은?" 소년이 대답한다.

"저는 아침 일찍 일어나 어머니께 말했습니다. '점심 싸주세요. 학교에 가야 해요.' 어머니는 빵 두 개를 준비해주셨고, 나는 학교에 갔습니다. 학교에 도착하자 감독관이 말했습니다. '왜 늦었지?' 두려운 마음으로 선생님께 정중히 절을 올렸습니다."

그러나 그날 소년은 퍽 불운했다. 성급한 행동으로 여러 선생님들께 지적을 받았다. 그리고 마침내 필기를 제대로 하지 않았다고 체벌까지 받았다. 소년은 선생님을 집으로 초대했다. 아버지는 선생님과 술잔을 기울이며 식사를 했다. 아버지는 식사 후 선생님께 새 옷을 입혀주고, 선물을 주었다. 손가락에 반지까지 끼워주었다. 인류 역사상 기록으로 남은 '최초의 촌지'는 이렇게 건네졌다.

학부모의 환대로 거나해지고 기분이 좋아진 선생님은 제자를 칭찬하기 시작했다.

"얘야, 너는 내 말을 흘려듣지 말고 신중하게 행동하는 게 좋을 것이다. 그래야 필경술의 최고점에 도달할 수 있을 거야. 너는 형제들 중에서 가장 두각을 나타낼 것이고, 친구들 중에서 우두머리가 될 것이다. 학생들의 지도자가 되고, 학교생활을 잘해왔으므로 이제 지식 있는 사람이 될 것이다."

선생님의 확신에 찬 낙관적인 이야기와 함께 '학교생활'의 에세이는 끝난다. 이것은 기원전 2000년경에 수메르의 어느 학생의 일상생활을 그린 것이다. 이것은 이름 모를 어느 선생님에 의해 쓰여진 작품으로 당시의 생활상을 잘 보여주고 있다.[1]

미국의 수메르학의 권위자 새무얼 노아 크레이머^{Samuel N. Kramer,} 1897~1990년가 쓴 『역사는 수메르에서 시작되었다』라는 책에는 당시 수메르인의 생활 모습을 보여주는 39가지의 이야기가 재미있게 정리되어 있다. 위의 이야기는 그 가운데 '제2장 학교생활-최초의 촌지' 내용을 간략히 정리해본 것이다. 그에 따르면 수메르에는 학생들을 가르치는 정규 학교가 있었고, 교사와 학생들이 있었다. 그에 따라 '촌지'가 있었고, 비행청소년이 있었으며 청소년 문제가 부모들의 고민거리였다.

수메르가 남긴 인류 최초의 것들

당연한 일이지만 수메르Sumer에서는 학교가 있고 공부를 할 수 있었으니 문자도 있었다. 그 문자는 수메르의 역사적 발전 과정을 따라서 변화, 발전했다. 기원전 3000년경 수메르인은 문자를 생각했고, 그것은 처음에 상형문자에 가까웠다. 문자는 시간의 흐름에 따라 점진적으로 수정, 발전되어 기원전 2500~2000년 사이에 수메르의 문자 기술은 가장 복잡한 역사적·문학적 작품도 어렵지 않게 완성하여 표현할 수 있는 충분한 감각과 유연성을 갖추게 되었다. 그것은 설형문자楔形文字, 즉 쐐기문자였다. 쐐기처럼 생겼다고 해서 후대 고고학자들이 붙인 이름이다.

기원전 2000년대가 끝나기 전 수메르인들은 점토판, 기둥, 원주 등에 당시까지 구전되어 내려오던 문학적 창작물들을 새겼다. 그러나 아쉽게도 이 시대의 경제적·행정적 내용의 점토판과 종교적 비문은 수없이 발굴되었지만 동시대의 문학적인 기록은 아주 적은 수가 발

길가메시 전설 | 루브르 박물관에 있는 길가메시 부조를 바탕으로 그린 삽화. 길가메시가 사자와 싸우는 모습이다.

굴되었을 뿐이다. 하지만 기원전 1000년대 전반기의 문학작품이 담긴 점토판은 수천 개나 발굴되었다.[2]

수메르에는 인류 최초의 서사시인『길가메시 서사시』가 있었고, 도서관이 있었다. 의학과 농업이 발전했고, 의학서와 농업서도 있었다. 법전이 있었고, 재판이 있었다. 철학과 윤리학도 있었다. 우주의 기원과 그 작용 원리에 대해 사색하는 사상가와 교사들이 나타나서 우주론과 신학을 발전시켰다. 최초의 정치적 의회도 있었다. 기원전 3000년경 연장자들의 회합인 '상원'과, 전투에 임할 수 있는 남자시민들의 회합인 '하원'이 있었다. 이 회합은 전쟁과 평화의 갈림길을 결정하기 위한 '전시의회'였다. 회합은 무조건적으로 평화와 전쟁 둘 중 하나를 선택해야 했다. 수메르에는 전쟁을 기록하는 역사가도 있었다.

수메르에는『구약성서』에 나오는 많은 이야기들의 원형이 존재했다. 욥기의 원형으로 보이는 이야기가 담긴 점토판이 발굴되었고, 에덴의 동산 이야기는 수메르 낙원신화를 닮았다. '성서의 땅'에서 이루어진 모든 고고학적 발굴 성과 가운데 하나는 『성서』 자체의 배경과 근원에 대한 새롭고 찬란한 빛을 던져주었다. 성서의 위대한 문학적 성과는 진공 속에서 갑자기 나타난 것이 아니라는 것을 수메르의 역사와 문화, 문학, 신화가 보여주고 있다. 성서의 뿌리는 형식과 내용 모두에서 수메르와 메소포타미아 지역에서 일찍 꽃피웠던 문명들에 의해 창조된 문학과 매우 유사하다.[3]

수메르인이 히브리인에게 직접적으로 영향을 미쳤다고 말하기는 어렵다. 수메르인은 히브리인이 역사 무대에서 본격적으로 활동을 하기 전에 이미 역사에서 그 영향력을 상실했기 때문이다. 그러나 수메르인들이 히브리 민족보다 그 땅에 먼저 살았고, 어떤 식으로든 후일 팔레스타인으로 알려지는 가나안 사람들에게 심대한 영향을 미친 것은 분명한 사실이다. 이스라엘 민족이 자신의 조상으로 삼는 아브라함은 수메르의 도시 국가 '우르'에서 하느님의 말씀에 따라 가나안 땅으로 이주한 것으로 알려지고 있다. 『구약성서』에는 우르가 '갈대아 우르'로 나온다. 성서에 나오는 '노아의 홍수'의 설화도 『길가메시 서사시』가 그 출발점이다.

역동적이고 현세적인 메소포타미아 문명

메소포타미아 문명은 늦어도 기원전 3500년경에 시작되었다. 티그리스강과 유프라테스강 계곡에서 시작된 이 문명은 수메르인, 바빌로니아인, 아시리아인에 의해 건설되고 발전했다. 수메르의 문명이 제대로 알려지기 전 이 문명은 바빌로니아-아시리아 문명이라고 불렸으나 이제는 이 문명 전체를 포괄하는 지리적 용어인 '메소포타미아 문명'으로 사용되는 것이 일반적이다. 메소포타미아Mesopotamia는 고대 그리스어 'Μεσοποταμία'에서 온 말로 '두 강 사이에 있는 지역'라는 뜻을 가지고 있으며, 기원전 4세기 후반 알렉산드로스 대왕 시대 이래로 역사, 지리학 및 고고학적 명칭으로 사용되기 시작했다.[4] 이 문명은 오늘날 이라크와 시리아, 이란 북부 고원 지대를 포괄하는 지역에서 발전했다.

메소포타미아 문명은 티그리스강과 유프라테스강을 끼고 발전했기 때문에 이 지역의 자연적 조건에 특히 영향을 많이 받았다. 이 두 강은 이집트의 나일강과 달리 불규칙적으로 범람했고, 그 때문에 때로는 참혹한 재앙을 가져다주기도 했다. 이곳에서 문명을 건설한 주역들은 이러한 힘든 자연 조건과 싸우면서 새로운 것들을 창조했다. 더욱이 이 지역은 자연적 조건이 외적을 침입으로부터 보호하기에도 부적절했다. 그래서 이곳 사람들의 삶과 생활은 다른 지역에 비해 한층 투쟁적이었다.

이와 같은 환경적 조건 때문에 메소포타미아 지역의 정치사는 가까운 이집트와는 달리 훨씬 심한 굴곡과 단절을 경험했다. 이 지역의 문화 또한 이집트인보다 더 호전적이고, 암울하고, 비관주의적인 면이 강했다. 이집트인들은 인간의 불멸을 믿고 내세를 준비하는 데 많은 힘을 쏟았으나, 메소포타미아 사람들은 현세적인 삶에 충실했고 내세에 대해서는 거의 희망을 갖지 않았다. 그들은 이집트인처럼 유일신교를 발전시키지도 않았고, 그들의 신에 대해서도 사랑보다는 두려움으로 대했다. 예술 또한 메소포타미아는 이집트보다 훨씬 더 격렬하고

역동적이며 비인격적이다.[5]

그러나 메소포타미아 문명과 이집트 문명은 차이도 있었지만 유사성도 갖고 있었다. 두 문명은 윤리와 사회 정의라는 차원에서 새로운 발전과 진보를 이루었다. 두 문명은 노예제와 제국주의, 그리고 전제적인 왕과 사제를 갖고 있었다. 또한 두 문명은 모두 관개 수로와 영토의 경계라는 공통의 문제를 안고 있었기 때문에, 수학과 과학의 놀라운 발전을 이룩했다. 작은 도시 국가들 사이의 대립과 경쟁은 마침내 동맹과 세력의 결속, 그를 바탕으로 한 강력한 제국의 성장을 가져왔다. 특히 이런 점은 메소포타미아에서 더욱 두드러졌다.

수메르 문명의 중심 도시 우르와 라가시

메소포타미아 문명에서 출발점이 되는 곳은 남부 지역인 수메르다. 수메르인들이 어디서 발원했는지는 정확히 알 수 없지만 중앙아시아 고원 지대일 것으로 추정된다. 그들의 문화는 인도의 초기 문명과 어느 정도 유사성을 보여주지만 언어는 오늘날까지 알려진 그 어떤 것과도 연관성이 없다. 그들은 평화적인 교류를 거쳐 유프라테스강과 티그리스강 하류 지역에 정착했고, 그곳에서 새로운 문화와 문명을 발전시켰다. 기원전 2800년경에서 2340년경에 이르기까지 수메르인이 건설한 수많은 도시 국가들이 메소포타미아 하류 지역에서 번성했다. 그 가운데 가장 중요한 도시는 우르^{Ur}와 라가시^{Lagash}였다.[6]

우르는 『구약성서』에도 나오는 도시로서 '갈대아 우르'로 기록되어

우르의 수메르 왕 무덤에서 발굴된 유물 | 이 유물은 전쟁과 평화의 서로 상반된 장면을 모자이크화로 묘사하고 있다. 모자이크화는 조개껍데기와 청금석으로 만들었다. 여기서 보는 이 그림 모습은 수메르 군대의 보병과 전차병들이 전쟁에 나가는 장면이다.

있다.[7] 이스라엘 민족의 조상이며, 아랍인의 조상이기도 한 '믿음의 조상' 아브라함은 신의 말씀에 따라 자신이 살던 발달된 이 도시에서 척박한 땅 가나안으로 이주한다. 그 무렵 유대인들의 눈으로 보면 문명이 발달한 수메르는 타락한 땅이었다. 도시가 번창하면서 물질이 넘쳐나지만 우상숭배가 만연하고 영적으로 회복하기 힘든 상황이었다. 그래서 아브라함은 하느님의 말씀 한 마디에 모든 것을 버리고 그곳을 떠나 약속의 땅 가나안으로 향한다. 유대인들은 이를 통해서 아브라함이 하느님의 선택을 받았다고 생각한다.[8]

우르가 수메르의 많은 도시 국가 중 최강의 도시로 평가되는 것은 그들이 남긴 유물과 유적을 통해서 확인되기 때문이다. 그들이 남긴 거대한 지구라트와 도시 유물, 그리고 전차 그림, 황금 투구, 황금 보검, 청동제 화살, 하프, 도미노 게임판, 주사위 등은 찬란했던 고대 왕국의 모습을 잘 드러내준다. 우리가 수메르의 유물로 알고 있는 다수

부분 복원된 우르의 지구라트 모습 | 이 지구라트는 기원전 2100년경에 지어진 것으로 추정된다.

가 우르에서 나온 것들이다. 우르의 법전은 후일 함무라비 법전의 모태가 되었다고 알려진다. 당시 우르는 운하로 연결된 항구도시로 국제교역이 발달해 있었다.

라가시는 유프라테스강과 티그리스강이 만나는 곳의 북서쪽에 위치하고 있으며 수메르와 바빌로니아의 중심 도시 국가였다. 이곳은 현재 텔 알히바Tell al-Hiba로서 25킬로미터가량 떨어진 위치에 있는 기르수Telloh, 현재의 텔로흐는 라가시의 종교 중심지였다. 텔로흐에서 발견된 비문 기록에 따르면, 라가시는 기원전 3000년경 수메르에서 가장 중요한 도시 국가의 하나였다.

수메르인의 지배는 북방에서 아카드의 사르곤기원전 2334~2279년 재위이 강력한 군대를 동원해 침입하면서 일시적으로 중단되었다. 아카드인은 셈족이었는데, 이들은 근동 지방에서 같은 계통의 언어를 사용하는 거대한 집단이었다. 오늘날의 대표적인 셈족으로는 아랍인과 유대

구데아 왕의 조각상 | 구데아는 기원전 2100년경 라가시의 왕으로 그의 조각상이 곳곳에서 발견된다. 그는 아카드 제국의 멸망 후 신(新) 수메르 시대의 통치자였다.

인이 있다. 아카드인의 침입으로 수메르는 아카드의 사르곤 왕과 그 후계자들의 속국이 되었다. 하지만 여전히 라가시는 수메르의 문화와 예술의 중심지 역할을 했다. 수메르 문명은 라가시 왕조와 우르, 우르-구르, 둔기 왕조 때에 예술적으로 최고조에 달했다. 동북쪽의 구티족의 압박으로 사르곤 제국이 붕괴되자 라가시는 다시 번성했고, 국제 교역의 중심지가 되었다.

구데아 왕은 아마누스와 시리아의 레바논 산맥에서 삼나무를 들여왔고, 동부 아라비아로부터 섬록암을, 중부와 남부 아라비아와 시나이로부터 구리와 금을 들여왔다. 그의 군대는 동쪽의 엘람과 치열한 전투를 벌였다. 엘람Elam 또는 엘람 제국은 기록이 남아 있는 가장 오랜 문명 중 하나다. 엘람은 오늘날 이란의 서쪽 끝 일람 주와 남서쪽 끝의 후제스탄 주 저지대 그리고 오늘날 이라크의 남부를 중심으로 한 문명 또는 제국이었다. 엘람은 오늘날의 이라크에 위치했던 수메르 문명과 아카드 제국의 동쪽에 위치했다. 엘람 제국은 기원전 2700년경부터 기원전 539년까지 존재했다.[9]

구데아는 사르곤 이후로 스스로를 신격화한 첫 번째 지도자였다.

수메르의 여러 사원들에서 그의 조각상들이 발견되는데, 그것은 이전과 달리 사실적으로 표현되어 있어서 그의 얼굴을 쉽게 알아볼 수 있다. 구데아 왕이 통치하던 시기 라가시의 수도는 기르수였다. 왕국의 영토는 대략 1천 6백 평방킬로미터에 달했으며, 17개의 큰 도시들과 여덟 개의 지방 수도, 수많은 마을*을 거느리고 있었다. 라가시는 기원전 2075년부터 2030년 사이에 가장 거대한 도시였다. 구데아 이후 라가시는 세력을 잃었다. 텔로아에서 발견된 유물들은 현재까지 바빌로니아에서 발견된 보물들 중에 가장 값진 것들이다.

1천 5백 년의 역사를 가진 수메르 문명

오늘날 고고사학자들과 역사학자들은 수메르를 포함한 메소포타미아 역사 대부분을 논리적으로 꿰맞춰 놓았지만 그 가운데 상당부분은 여전히 논쟁을 불러일으키는 내용들로 채워져 있다. 연대 또한 어림잡은 것에 불과하다. 수메르는 1천 5백 년의 역사를 갖고 있다. 그러나 그 긴 기간 동안 수메르의 역사는 조용히 이어지지 않았다. 오늘날 우리가 보기에는 그 시간이 너무도 느리게 진행되어서 정지해 있는 것처럼 보일 수도 있지만 실제로는 그렇지 않았다. 수메르의 역사 1천 5백 년은 격동과 격변의 시기였다.

지금까지의 연구 결과를 종합하면, 수메르의 역사는 크게 세 시기

---

* 이름이 알려진 것만 40개 정도 된다.

로 구분해볼 수 있다.[10]

첫 번째 시기는 기원전 3360년부터 기원전 2400년까지 지속되는 '고대 시기'다. 이 시기는 도시국가들 간의 전쟁과 이들의 흥망성쇠가 대부분을 차지한다. 그 증거로 요새처럼 만들어진 도시와 바퀴를 군사 기술에 응용해서 만든 초기의 사륜전차를 들 수 있다. 9백 년간 지속된 고대 시기 중반에 이르면, 각 지역의 왕조들이 세력을 확장하기 시작한다. 이 무렵 수메르 사회는 고대 민주주의의 토대라고 할 수 있는 대표를 선출하는 대의제가 정착해 있었던 것으로 파악된다.

그러나 사회의 규모가 커지면서 성직자를 겸한 이전의 통치자들과는 다른 왕이 등장한다. 아마도 왕들은 처음에는 군대를 지휘하도록 임명된 왕이었을 것이다. 하지만 그들은 군대를 지휘해야 할 긴급한 상황이 끝난 뒤에도 자신의 권력을 계속 유지했다. 그들로부터 왕조가 시작되었고, 세력을 키운 왕들은 끝없이 싸웠다. 그러다가 새로운 인물의 등장으로 새 시대가 열렸다.[*]

두 번째 시기는 셈족이 통치하는 '아카드 제국 시대'다. 셈족의 왕 아카드 1세는 기원전 2400~2350년에 수메르의 도시들을 정복해서 아카드의 패권을 확립했다. 사르곤 1세로 추정되는 얼굴 조각상이 남아 있는데 만일 이게 사실이면 사르곤 1세는 우리가 얼굴을 확인할 수 있는 최초의 왕이 될 것이다. 그는 멀리 이집트와 에티오피아까지 군대

---

[*] 이와 관련하여 고든 차일드는 이렇게 말했다. "전쟁은 한편으로 특출한 개인의 용기와 리더십을 발휘할 수 있는 기회를 제공했을 뿐만 아니라, 그가 명예와 권위를 얻을 수 있는 특별한 기회도 마련해주었다. 그리하여 전쟁은 세속 권력을 행사할 수 있는 추장을 등장시키는 결정적인 요인이 되었고, 종국에는 세습 군주를 탄생시켰다." (고든 차일드 지음, 『신석기혁명과 도시혁명』, 주류성, 193쪽 참고)

를 보냈던 것으로 보이며, 아마도 최초로 제국을 건설한 왕이었을 것이다. 그는 여러 도시국가를 하나로 묶어 통일된 제국을 건설했다.

아카드 제국은 수메르의 멸망이 아니라 수메르 역사의 두 번째 시기를 의미한다. 아르곤 왕과 그 후예들은 수메르를 장악해서 새로운 예술을 남겼다. 그 예술의 주제는 전쟁에서 거둔 승리였다. 그들의 활약은 막간 연극처럼 짧은 기간에 그쳤지만 새로운 차원의 집단이 만들어진 점에서 매우 의미가 깊었다. 마침내 진정한 의미의 국가가 탄생한 것이다. 그 전 시대에 이미 시작되었던 종교적 권위와 정치적 권위의 분리도 이때 정착되었다.

아카드 제국에서는 전쟁과 군대가 사회의 중심을 이루었다. 고대 메소포타미아 남부의 우르에서 출토된 비석에는 훈련이 잘 된 보병부대가 등장한다. 그들은 밀집대형으로 방패를 겹쳐 들고 창을 수평으로 겨누고 있다. 밀집대형은 병사들이 좁은 간격으로 줄을 이루는 대형으로, 병사들에게는 두려움을 줄여주고 지휘관에게는 병사들을 효율적으로 지휘할 수 있도록 해준다. 이것은 병사들이 도망가지 못하게 하는 수단으로 이용되기도 했으나, 측면 공격에 쉽게 무너지는 단점도 있었다. 사르곤의 궁전에서는 왕이 보는 앞에서 5천 4백 명의 병사들이 식사를 하기도 했다.

세 번째 시기는 '신수메르 시대'라고 부르는 수메르인의 통치 시기다. 아카드 제국의 통치기간은 짧았다. 2백 년 뒤 사르곤 1세의 증손자가 다스리고 있던 아카드 제국은 쿠티족이라는 산악민족에 의해 멸망했다. 그 뒤 기원전 2000년까지 약 2백 년 동안 다시 수메르인들이 권력을 차지했다. 이 시기의 중심지는 우르였다. 우르 제3왕조를 일으킨 초대 왕은 자신을 '수메르와 아카드의 왕'이라고 불렀다. 이것은 아마도 강대했던 두 제국의 이름을 통해 왕권을 강화하기 위해서였을 것이다.

신수메르 시대의 예술은 왕들을 찬양하는 내용을 담았다. 신전은 더욱 웅장한 모습을 띠었고, 왕들은 지구라트를 지어 자신의 위엄을 나타내려 했다. 행정 문서와 문학에는 아카드 제국의 영향이 남아 있었다. 아마도 왕권을 강화하려는 야심에서 나온 것이리라. 신수메르 시대 마지막 전성기의 우르 왕은 티그리스강 남부 엘람과의 경계 지역인 수사에서부터 레바논 연안의 비블로스까지 공물을 받았다.

그러나 수메르는 거기까지가 끝이었다. 수메르 국경 지역에는 그들을 노리는 적들이 많았다. 결국 기원전 2000년경 이란 지역의 엘람인들이 쳐들어와서 우르는 멸망하고 말았다. 엘람인들은 현재 이란의 남서 지역에 살았던 민족으로 메소포타미아 지역과 밀접한 관계를 맺고 있었다. 이들은 처음에는 우르의 지배를 받았으나 세력이 약해진 틈을 타고 독립했다가 결국에는 우르를 멸망시키는 역할을 맡았다. 우르의 종말과 함께 수메르의 독특한 전통은 여러 문명이 뒤섞인 혼란스러운 세계로 휘말려 들어갔다.

바빌로니아 제국의 상징 함무라비 법전

수메르인이 인류 최초의 문명을 건설하는 동안 서아시아 전역에 새로운 왕국과 민족이 등장했다. 그들은 메소포타미아 남부에서 발전된 문명을 눈으로 확인했고, 거기에 큰 자극을 받았다. 그들은 수메르에서 배운 것을 바탕으로 스스로의 문명을 열어갔다. 원래 셈족이 살던 아라비아 지역에서 올라온 아카드인들은 메소포타미아의 역사 무대 위에서 한바탕 신나게 놀더니 다시 역사 속으로 사라졌다. 아카드인들을 물리친 산악민족 구티족은 카프카스인들이었다.

이런 가운데 아모리인들이 역사의 무대에 그 모습을 새롭게 드러냈다. 셈계의 아모리인들은 엘람인과 힘을 합쳐 우르의 군대를 물리친 뒤, 자신의 힘으로 메소포타미아 북부에 아시리아 왕국을 세웠다. 이들은 다시 다마스쿠스와 바빌론에도 여러 왕국을 세웠다. 그들의 왕국은 팔레스타인 해안까지 뻗어 나갔다. 아나톨리아^{Anatolia*} 지역에는 히타이트인들이 있었다. 그들은 기원전 3000~2000년 사이에 발칸 반도를 지나 남쪽으로 내려온 인도-유럽계 민족이었다. 또한 이 거대한 혼란의 주변에는 또 다른 고대 문명인 이집트가 자리하고 있었다. 그리고 이란은 인도-유럽계 민족들이 차지하고 있었다. 당시 이 지역은 혼

---

* 서남아시아의 한 지역으로, 오늘날 터키 영토의 대부분을 차지하는 반도(半島)를 말한다. 아나톨리아는 이전에는 소아시아(Asia Minor)라고 불렸다. 이 지방의 북쪽에는 흑해, 북동쪽에는 카프카스, 남동쪽에는 이란 고원, 남쪽에는 지중해, 서쪽에는 에게해가 있다. 아나톨리아는 인류 역사에서 수많은 문명의 터전이었다. 아카드, 아시리아, 히타이트, 아르메니아, 로마, 셀주크 투르크, 오스만 제국은 아나톨리아에 있었던 중요한 나라들이었다. 아시아와 유럽을 연결하는 입지조건을 갖추고 있어 수많은 문화적 교류와 충돌의 장(場)이 된 곳이기도 하다. 지리상으로 아나톨리아 반도의 삼면은 흑해, 에게해, 지중해와 접하고 있고, 지역의 대부분은 넓은 고원 지대다.
아나톨리아의 북쪽과 동쪽에는 산이 험하다. 흑해와 에게해가 이어지는 보스포루스 해협과 차나칼레 해협 사이에 마르마라해가 있다. 마르마라해 북쪽은 유럽 대륙이며, 보스포루스는 유럽과 아시아를 이어주던 지점이다. 이 지역의 유구한 역사 덕분에 인구 역시 매우 다양하다. 아나톨리아 남동부에 주요 무슬림 소수 집단을 이루고 있는 쿠르드족이나 아나톨리아 남쪽에 주로 사는 아랍인 외에도 아나톨리아 각지에 알바니아인, 보스니아인, 유대인, 조지아인, 그리스인, 아르메니아인이 소수 집단을 이루어 살고 있다. (위키 백과 참고)

돈 그 자체였다. 다양한 민족이 뒤얽힌 이 혼란의 양상은 곧 사방으로 퍼져나갔는데, 그 양상은 더욱더 파악하기 어려워졌다.[11]

이런 가운데 메소포타미아에 새로운 제국이 등장한다. 바로 바빌로니아다. 우리는 바빌로니아 하면 '법전'으로 유명한 함무라비가 떠오른다. 함무라비가 만든 법전은 "눈에는 눈, 이에는 이"라는 '복수의 법칙'이 천명된 가장 오래된 법전이다. 이를테면 그 내용은 이렇다.[12]

제1조 만약 사람이 다른 사람에게 죄를 덮어씌우고도 그것을 입증하지 못할 때에는 모함한 사람을 사형에 처한다.

제2조 만약 다른 사람이 누군가를 고발했는데, 고발당한 사람이 강물에 뛰어들어 그대로 빠져 죽으면 고발한 사람이 그의 집을 갖는다. 그러나 만약에 그 강이 고발당한 사람의 무고함을 입증하여 그가 다치지 않고 물에서 빠져나온다면, 그때는 고발한 사람을 사형에 처한다. 그러면 강물로 뛰어든 사람이 자신을 고발한 사람의 집을 소유한다.

제11조 만약 소유자라고 주장한 사람이 잃어버린 물건임을 입증할 증인들을 데려오지 못할 경우, 그 사람은 악인이 된다. 그러면 그는 다른 사람을 비방한 죄인이 되어 사형에 처한다.

제209조 만약 사람이 자유의 몸으로 태어난 여자를 때려 뱃속의 아기를 죽게 한다면, 그는 그녀에게 보상금으로 10셰켈을 지급해야 한다.

제210조 만약 그 여자가 죽었다면, 그 사람의 딸을 죽인다.

제229조 만약 건축업자가 다른 사람의 집을 튼튼하게 짓지 않아 집이 무너져 집 주인을 죽게 했다면, 그 건축업자는 사형에 처한다.

제230조 만약 그 사고로 집 주인의 아들이 죽었다면 그 건축업자의 아

함무라비 법전이 새겨진 비석의 부조

들을 죽인다.

제231조 만약 그 사고로 집 주인의 노예가 죽었다면, 건축업자는 집주인에게 노예로 갚아야 한다.

제282조 만약 노예가 자기 주인에게 "당신은 나의 주인이 아니오"라고 말하면, 그 주인은 그가 자기 노예임을 증명한 뒤에 그의 귀를 자른다.

무시무시하지 않은가? 지금처럼 거짓말과 사기로 농치다가는 바로 사형당하기 십상이다. 함무라비 법전의 내용을 보면, 수메르의 관습법에 비해 무척 가혹하다는 것을 알 수 있다. 그러나 여성에게 관대했다는 점에서는 수메르의 전통은 여전히 바빌론에 계승되고 있었다. 법의 목적이 무엇인지는 몇 조항만 보아도 금방 느낌이 올 것이다. 그것은 간단히 말해 정의를 확립하기 위한 것이었다. 함무라비 법전 비문을 보면 법을 만든 목적을 금방 알 수 있다.[13]

"시름 있는 자는 탄원할 일이 있다면
내 조각상이 서 있는 곳으로 와서
내가 새겨놓은 비문을 주의 깊게 읽으라."

함무라비 법전이 알려주는 것들

함무라비Hammurabi, 기원전 1810~1750년경 왕*은 법전이 아니더라도 역사적으로 매우 중요한 위치를 차지하는 인물이다. 그는 최초로 메소포타미아 전역을 통일한 통치자였다. 그가 세운 바빌로니아 제국은 오래가지는 못했지만 제국의 수도였던 바빌론은 함무라비 시대부터 메소포타미아 남부 지역에서 셈족의 상징적인 중심지가 되었다. 우르가 멸망한 뒤 혼란스러워진 시기에 아모리 부족이 경쟁자들을 모두 물리치고 바빌로니아 제국을 세웠다. 함무라비는 기원전 1792년에 바빌로니아의 왕이 되었다. 그의 후계자들은 2백 년간 제국을 유지했으나 곧 히타이트에게 멸망당했고, 그 뒤 메소포타미아는 다시 곳곳에서 밀려온 여러 민족들에 의해 분할되는 운명에 처하게 된다.

바빌로니아 제국은 정교한 행정체계를 갖추고 있었다. 함무라비 법전도 그 가운데 하나였다. 함무라비 법전은 대중들이 언제라도 볼 수 있게 돌에 새겨 신전의 안뜰에 세워두었다. 그 전의 법률도 그랬을 것이다. 함무라비 법전이 현대까지 그 명성을 떨치는 데는 충분한 이유가 있다. 함무라비 법전은 그 전의 법전보다 훨씬 더 길고 알기 쉽게 잘 정리되어 있다. 약 282개 조항으로 이루어져 있고, 임금, 혼인, 의료비 같은 다양한 문제를 폭넓게 다루고 있기 때문이다.

함무라비 얼굴 조각상 | 섬록암으로 만든 이 얼굴 조각상은 기원전 2000년경 메소포타미아 왕들이 쓰던 모자가 어떻게 생겼는지 잘 보여 준다.

수메르와 바빌로니아의 많은 이야기가 성서의 전조가 되었듯이 이 함무라비 법전도 모세의 율법을 예고하고 있다. 예를 들면 함무라비 법 제117조는 이런 내용으로 되어 있다. "채무로 구금된 사람이 아내나 아들이나 딸을 양도했을 경우, 혹은 채무로 가족이 압류되었을 경우 그들은 3년 동안 구매자나 압류자의 집에서 일해야 하며, 4년째 되는 해에 자유를 얻을 수 있다." 이것은 『구약성서』 「신명기」 15:12에 나

* 바빌로니아 제1왕조 아모리 왕조의 제6대 왕으로 기원전 1792년부터 기원전 1750년까지 바빌로니아 제국의 왕이었다. 메소포타미아에서 바빌로니아의 영향력을 확대하고 강력한 중앙집권적인 제국으로 키웠다. 인류 역사상 두 번째로 오래된 성문법전 중의 하나인 함무라비 법전으로 유명하다.

오는 다음과 비교된다. "네 동족 히브리 남자나 히브리 여자가 네게 팔렸다고 하자. 만일 6년 동안 너를 섬겼거든 7년째에 너는 그를 놓아 자유하게 하라."[14]

함무라비 법전은 지금까지 알려진 가장 오래된 법전 중 하나다.* 모세의 율법보다는 거의 4백 년이나 앞서고, 고대 인도의 마누 법전보다도 빠르다. 그의 법전은 지금까지 존재하는 인류 역사의 유물 중에서 가장 중요한 랜드마크의 하나로 통하며, 그것이 없었다면 알기 힘들었을 나라와 국민, 문명에 대한 많은 지식을 전해주는 유물이 되고 있다. 사실 이 유물을 통해 그 전까지는 안개에 가려져 있던 인간 삶의 많은 부분이 세세하게 그 모습을 드러내고 있다는 점에서도 큰 의미가 있다.[15]

그러나 함무라비 법전은 새롭게 만든 것은 아니었다. 그것은 기존의 법이나 규범을 공식적으로 선포한 것에 지나지 않았다. 함무라비는 이미 습관이나 관행으로 굳어져 있던 내용들을 한데 모아 법으로 정리한 것이다. 함무라비가 정리한 법의 내용은 메소포타미아 역사에 일관성을 유지해주는 중요한 토대가 되는 것들이었다. 함무라비 법전은 가

---

* 함무라비 법전은 1940년대에 우르남무의 법전(Code of Ur-Nammu)이 발견되기 전까지는 가장 오래된 법전으로 알려졌었다. 그러나 우르남무 법전 점토판이 발견됨으로써 그것은 현존하는 가장 오래된 법전이 되었다. 그것은 기원전 2100~2050년 사이에 수메르어로 기록되었다. 비록 서문이 우르 제3왕조의 우르남무 왕을 직접적으로 지목하지만 일부 학자들은 그의 아들 슐기에게 그 공이 있다고 생각한다. 니푸르에서 발견된 두 조각에 들어 있는 법전의 첫 사본은 1952년 샤무엘 크레이머에 의해 번역되었다. 그때는 단지 프롤로그와 법의 5개항만이 구별 가능했다. 추가 점토판이 우르에서 발견되었고 1965년 번역되어 57개항의 법 중 40개항이 재구성되었다. 시파르에서 발견된 또 하나의 복사본은 약간의 변종을 포함하고 있다. 우루카기나 법전 같은 초기 법전이 존재한다고 알려졌지만, 확인되지 않고 있다. 따라서 이것은 오늘날까지 현존하는 최초의 법문서로 남아 있다. 이것은 함무라비 법전보다 약 3백 년 정도 앞선다.

족, 땅, 거래를 중요하게 다루고 있다. 이는 이미 그 사회가 공동체나 혈족 중심으로 움직이는 단계를 훨씬 뛰어넘었다는 것을 말해준다. 이 시대가 되면 재판 절차는 신전 밖에서 이루어졌고, 국가가 세운 법정이 재판을 주관했다. 법정에는 각 지역의 고위 인사들이 앉아 있었고, 사람들은 거기서 바빌론이나 왕에게 탄원을 했다.[16]

함무라비 법전을 통해서 우리는 이 시대가 노예제 사회였다는 것을 확인할 수 있다. 법전에 노예와 관련된 내용들이 많이 있기 때문이다. 그 사회가 노예제 사회였다는 것은 그들이 남긴 유물을 통해서도 확인된다. 기원전 2500년 무렵 우르의 '금으로 된 기념물'에서부터 1천 5백 년 뒤 아시리아의 정복을 묘사한 돌로 만든 조각상에 이르기까지 수십 점의 기념물들이 정복 국가 왕 앞으로 끌려가는 포로들의 비참한 모습을 묘사하고 있다.

노예제는 대체로 정복 전쟁을 통해 확립되었다. 고대 사회에서 전쟁에 패배한 자는 노예가 되는 운명에 처해졌다. 남자뿐만 아니라 여자와 아이들도 마찬가지였다. 고대 문명은 거의 전적으로 노예 노동에 기초해서 건설되었다. 심지어 현대 문명조차도 많은 부분 노예 노동에 의존해서 창조되었다. 아메리카와 유럽의 많은 문명들이 그렇다.

바빌로니아 제국이 남긴 것들

바빌로니아 문명은 노예 노동으로 창조되었으나 후대에 찬란한 전설이 되어 전해진다. '바빌론'은 『구약성서』에 나오는 이야기 등으로 인해 쾌락과 사치가 넘치는 부도덕한 도시로 흔히 알려져 있다. 이런 바빌론의 이미지는 대부분 후대의 기독교도들에 의해 만들어진 것이지만, 어쨌든 이를 통해서라도 바빌로니아 문명이 얼마나 대단한 규모였고 풍요로웠는지를 짐작할 수 있게 된다. 실제로 바빌론의 이 같은 이미지를 확인시켜주는 유적도 있다. 유프라테스강 근처 마리의 거대한 왕궁이 그 예다. 왕궁은 안뜰이 12미터 두께의 성벽으로 둘러싸여 있었고, 3백 개 남짓한 방이 있었다. 9미터 깊이의 바닥에는 한쪽 면에 원유를 가공해서 만든 역청*을 칠한 배수관이 갖춰져 있었다. 왕궁이 차지하는 면적은 약 2만 5천 평방미터에 달했다.

마리의 왕궁은 당시 군주가 누렸던 권위를 상징하는 건축물이다. 그런데 여기서 또 수많은 점토판이 발견되었다. 이를 통해 당시 국가가 관여한 사업과 그 구체적인 내용들을 알 수 있다. 이들이 남긴 점토판의 글과 그림 덕분에 우리는 바빌로니아에 대해 더 많은 것을 알 수 있게 되었다. 바빌론에서 보통 사람들이 어떻게 살았는지도 알 수 있다.

또한 바빌로니아 제국은 그 밖에도 후대에 엄청난 문화적 유산들을 남겨주었다. 바빌로니아인들은 음절에 기초한 쐐기 모양의 설형楔形 문자로 그들의 생각을 기록했다. 이로써 설형문자는 훨씬 더 다양하고 풍부한 표현이 가능해졌다. 『길가메시 서사시』가 오늘날 우리가 알고 있는 모습으로 자리를 잡은 것도 이때였다. 우리가 알다시피 길가메시 서사시Epic of Gilgamesh는 고대 수메르 남부의 도시국가 우루크의 전설

---

* 역청(瀝青)은 천연으로 나는 탄화수소 화합물을 통틀어 이르는 말이다. (위키 백과 참고)

적인 왕 길가메시Gilgameš의 이야기를 다룬 세계 최초의 서사시다. 이것은 19세기 고고학자들이 수메르의 고대 도시들을 발굴하는 과정에서 점토서판이 발견되면서 알려지게 되었으며, 그것은 호메로스의 서사시보다 1천 7백 년 정도 앞선다.[17]

길가메시는 기원전 2800년경 우루크를 126년 동안 지배한 전설적인 왕이다. 길가메시 왕의 이야기는 신비화된 채 오랫동안 구전으로 전해졌다. 그 내용의 많은 부분은 기원전 2100년경 우르 왕 슐기 때 시로 만들어졌을 것으로 추정되고 있다. 기원전 1800년경 기록된 것으로 추정되는 『길가메시 서사시』의 일부가 실려 있는 수메르어 점토판이 발견되었다.

함무라비 왕의 바빌로니아 제국에서도 길가메시에 대한 전설을 기록했다. 지금까지 알려진 아카드어 판본 중 가장 오래된 것은 "모든 다른 왕들을 능가하는" 함무라비 왕 때에 기록되었다고 알려진다.

기원전 1300년경에 시인 레키우닌니는 그때까지 전해지던 길가메시 전설을 하나의 서사시로 편집했다. 이것이 오늘날 『길가메시 서사시』의 표준판본이다. 거기서 우리는 바빌로니아 문학에서 가장 유명한 비관적 세계관이 담긴 가장 유명한 구절을 읽을 수 있다.

> 길가메시여, 그대가 찾는 것을 결코 찾을 수 없으리라. 신들이 인간을 창조할 때 죽음을 인간의 숙명으로 안겨주고 영생의 삶을 거두었기 때문이오. 그대가 살아 있는 시간을 즐겁고 충만하게 보내오. 그대의 손을 잡는 어린이를 사랑하오. 그대의 아내를 품에 안고 즐겁게 해주오. 기껏해야 이런 것들만이 인간이 해낼 수 있는 것이기 때문이오.[18]

바빌로니아인들은 과학 발전에도 크게 기여했다. 그들은 별자리를 통해 자신의 운명을 점치는 기술을 발전시켰다. 그들은 천문학의 확립과 발전에 기틀을 만들었다. 우르에서 시작된 천문학적 지식이 틀을 잡는 데는 수세기가 걸렸지만 기원전 1000년경에는 월식의 예측이 가능하게 되었다. 그로부터 2~3백 년 후에는 태양과 몇몇 행성의 궤도를 상당히 정확히 표시할 수 있게 되었다.

이러한 과학적 전통은 수학에도 반영되었다. 수메르의 60진법은 바빌로니아의 수학을 통해 우리에게 전해지고 있다. 원의 내각을 360도로 한다든지, 1시간을 60분으로 나누는 것은 수메르의 60진법에서 유래했다. 바빌로니아인들은 일상생활에서 쓸 수 있는 로그표, 삼각함수표와 같이 수학에서 사용하는 특정한 수를 정리한 표, 즉 수표數表와 대수 기하학도 만들어냈다.

바빌로니아의 종교에는 수메르의 전통이 여전히 살아 숨쉬고 있었다. 종교의식은 모두 수메르어로 진행되었으며, 그들이 섬긴 다양한 신들과 그들의 역할도 수메르의 그것과 비슷했다. 바빌로니아의 우주론 역시 수메르와 마찬가지로 탁한 물에서 천지가 창조된다고 보는 것으로 시작된다. 바빌로니아인들에게 인간은 신의 노예로 창조되었다. 신이 진흙으로 만든 거푸집에서 인간을 벽돌처럼 찍어냈다는 이야기도 있었다. 이러한 우주론은 왕 중심의 절대군주제에 적합했다. 절대군주제에서 왕은 신처럼 노예에게 권력을 행사했다. 노예는 왕궁을 짓고 하늘의 질서를 반영한 현실 사회를 떠받들었다.[19]

역사의 중심이 이동하는 소용돌이

그러나 함무라비의 위업은 오래가지 못했다. 함무라비는 우르의 세력이 끝날 무렵 아시리아에 터를 잡고 있던 아모리족 왕국을 굴복시켰다. 아시리아는 거의 1천 년 동안 바빌로니아에 눌려 지내다가 마침내 새로운 강자로 등장하게 된다. 이제 역사의 무게 중심은 옛 수메르 지역에서 완전히 북쪽으로 옮겨간다.

아시리아가 패권을 장악하게 되는 것은 그들이 전사 국가라는 특성을 갖고 있었던 것과 무관하지 않다. 아시리아는 원주지의 자원이 부족하고 주변 국가들로부터 끊임없이 공격 위협을 받았다. 그에 따라 전투적 습성을 몸에 익히게 되었으며 동시에 다른 지역을 침탈하고자 하는 열망도 강했다. 아시리아는 전체가 하나의 거대한 군사조직을 이루었다. 군 사령관들은 가장 부유하고 가장 강력한 계급이었다. 그들은 전리품을 나눠가졌으며 승리의 보상으로 종종 거대한 영지를 수여받았다. 아시리아는 군국주의 국가였다.

기원전 2000년경 아나톨리아에서 세력을 형성하고 있던 히타이트인들은 그 뒤 몇 세기 동안 천천히 세력을 키워갔다. 그들은 설형문자를 들여와 자신들의 말을 문자로 표현할 수 있었다. 기원전 1700년경, 히타이트는 시리아와 흑해 사이의 땅을 장악했다. 그들은 더욱더 세력을 넓혀 바빌로니아를 압박하기 시작했다. 바빌로니아는 점차 세력이 줄어들었고, 과거 아카드 시절의 크기로 줄어들었다. 히타이트의 왕은 최후의 공격에 나섰고 바빌론은 함락되었다.

그러나 히타이트도 이 지역에서 금방 물러났다. 하지만 바빌로니아는 명맥만 유지하는 처지로 전락했다. 그 뒤 4백 년 동안 여러 민족들이 메소포타미아를 지배하며 서로 싸움을 벌였다. 이 무렵 아시리아가 독립된 제국을 세웠으나 그마저도 1백 년밖에 가지 못했다. 기원전 1162년 바빌로니아는 또다시 엘람인 정복자의 침입을 받았다. 이때 바빌론에 있던 마르두크* 조각상도 약탈당했다. 그 무렵 이 지역은 매우 혼란스러운 상황이 조성되었고, 점차 세계사의 초점 또한 메소포타미아로부터 벗어난다. 역사의 중심 무대가 기원전 12~13세기경부터 에게해와 지중해 쪽으로 옮겨가게 된다.

이후 세계 역사는 수메르 문명의 직접적인 계승자보다는 또 다른 문명과 훨씬 더 깊은 연관을 가지고 전개된다. 하지만 수메르의 계승자나 그곳을 정복한 자들, 또다시 그들을 쫓아낸 자들 모두 수메르 시대에 확립된 정치적 문화적 토대 위에서 세력을 구축했다. 기원전 1000년경 서아시아는 혼란의 소용돌이에 휘말리게 된다. 그럼에도 서아시아 지역이 모든 측면에서 최초의 문명을 세운 지역이라는 사실에는 변함이 없었다. 그들의 유산은 이제 변형된 형태로 다른 이들에게 넘어가게 된다.

---

* 바빌론 신화에 나오는 최고의 영웅. 당시 사람들은 그의 조각상을 만들어 섬겼다.

7. 이집트 문명

피라미드와 태양력과 고대 과학의 원조 문명

아비도스의 옛 포도주와 투탕카멘의 무덤

1988년 독일의 이집트 학자 귄터 드라이어Günter Dreyer는 나일강 중류 아비도스Abydos에서 고대 이집트의 초기 지도자 가운데 한 사람의 무덤을 발굴했다. 스콜피온Scorpion 1세는 기원전 3150년경에 살았던 인물이다. 그의 정교한 무덤에는 적어도 7백 개의 항아리가 채워진 방이 네 개나 있었다. 그 항아리들에는 포도주가 담겨 있었는데 그 양을 모두 합쳐보니 4550리터나 되었다. 0.8리터 포도주병으로 5천 5백 병이 넘는 양이다. 47개의 항아리에는 포도씨가 들어 있었고, 그와 함께 저민 무화과의 잔존물이 있었다. 아마도 포도주를 달게 만들기 위해 그랬을 것으로 보이는데, 무화과를 줄에 매달아 포도주 속에 담가 놓았던 것이다.

토기 안쪽에 눌러 붙은 찌꺼기를 적외선 분광계와 액체 색층분석술로 검사했더니 타르타르산 포도에서 자연적으로 발견되는 산과 테레브산의 잔존물이 드러났다. 테레브산은 옛 포도주가 식초로 변질되는 것을 막기 위해 쓴 것이다. 또한 항아리 점토에 대한 중성자 반사화 분석으로 검출된 미량원소 군집을 이집트와 지중해 동부 지역의 표본에서 나온 대규모 데이터베이스에 대조해 보았다. 그러자 이 그릇들의 산지가 이스라엘과 트랜스요르단의 남부 언덕지대로 나타났는데, 이곳은 이미 기원전 3100년경에 포도 재배가 흔했던 곳이다.

이와 같은 사정을 종합할 때, 이 포도주는 아마도 이스라엘 남부에서 시나이 반도를 거쳐 이집트로 연결되는 옛 교역로인 '호루스의 길'을 따라 나일강 유역으로 들어왔을 것이다. 기원전 3000년경 이집트 북부 나일 델타^{삼각주}에서는 포도 재배가 잘 되었는데 이곳은 그로부터 1천 5백 년 뒤 파라오 투탕카멘의 포도주 산지가 되었다.[1]

투탕카멘은 기원전 1361~1352년 사이에 재위한 것으로 알려지는 이집트 제18왕조의 파라오다.* 그의 무덤은 영국인 하워드 카터Howard Carter, 1874~1939년에 의해 1922년에 처음으로 발견되었는데, 도굴범들이 손을 댄 흔적이 있었으나 도굴꾼들은 많은 물건을 가져가지 못했다. 그 때문에 이집트 왕들의 무덤의 모습, 장례 관습, 유물 등 고대 이집트와 관련된 귀중한 사실들을 밝혀낼 수 있게 되었다.

---

* 투탕카멘의 치세에 대한 정확한 기록은 없지만 몇 차례의 해외원정에 관한 기록이 남아 있다. 투탕카멘의 무덤에는 왕의 사냥, 전쟁 모습이 담겨 있다. 사막에서 사자 등을 사냥하기도 하며, 누비아와 시리아의 적들을 화살로 공격하기도 한다. 훗날 호렘헤브의 무덤이나, 누비아 총독 후이의 무덤을 통해 이러한 그림들이 실제 사실이었던 것으로 밝혀졌다. 그러나 투탕카멘 본인이 직접 원정을 이끌지는 않았을 것으로 보인다. 투탕카멘은 근친상간의 혼인에 의해 태어난 자식으로, 골질환과 선천성 내반족이 있어서 걷기가 아주 힘들었으며, 언어 장애를 가졌다고도 한다. 그는 재위 9년째에 무릎 골절로 인해 18세의 젊은 나이로 요절했다.

우리는 그 장막을 보고 마침내 우리가 아득한 옛 시대의 죽은 왕 앞에 이르렀다는 사실을 깨달았다. 우리는 두 번째 사당 문들의 봉인이 부서지지 않은 것을 보고 그동안 줄곧 우리 마음을 괴롭혀왔던 의문을 풀 수 있는 단서를 얻었다. 대기실과 곁방, 매장실과 저장실에 들어온 그 도둑들이 왕의 유해에까지 손을 대지 않았을까 하는 의문. 그 사당 문에 원래의 봉인이 부서지지 않은 채 그대로 남아 있었으니 도둑들이 왕의 유해에는 손을 대지 않았다는 얘기가 된다. 그 순간 우리는 앞으로 우리가 그 사당 안에서 아무도 들어가지 못한 곳을 밟아야 하고, 근 3300년 전에 그 소년 왕이 영원한 잠자리에 누운 이래 아무도 건드리지 않아 원래의 모습 그대로 남아 있는 유물들을 다뤄야 하리라는 것을 알았다. 마침내 우리는 꿈도 꾸지 못했던 것을 발견함으로써 고대 시대의 파라오를 장사지내는 일에 뒤따르는 장례 관례들을 제대로 들여다 볼 기회를 얻게 되었다. 십수 년간의 노고가 헛되지 않아 우리는 애초의 기대를 훨씬 더 뛰어넘는 놀라운 소득을 얻었다.[2]

나일강에서 시작된 이집트 문명

이라크와 인도, 중국처럼 이집트 문명도 강에서 시작되었다. 바로 나일강이다. 아랍의 위대한 여행가 이븐 바투타는 이집트에 대해 이렇게 말했다.

"달콤한 물맛과 아득한 거리와 유용성에서 이집트의 나일강에 비교될 강이 없다. 세상의 어떤 강에도 그처럼 도시들과 마을들이 끝없이

황금으로 만든 투탕카멘의 얼굴 모습 　　투탕카멘의 무덤 속에서 발굴된 부조

늘어선 경우가 없고, 유역마다 그처럼 옥토로 가꾸어진 곳이 없다."

　인도의 갠지스강처럼 나일강도 그 자체로 신성한 힘을 지닌 강, 즉 생명을 주는 강으로 숭상되었다. 기원전 2000년대부터 나일강에 제사를 지내는 의식이 있었다. 비잔틴 시대에는 기독교인들의 찬송가가 있었고, 12세기부터는 시리아인들의 기도가 있었다. 심지어 콥트인*들은 아직도 성 미카엘 축제를 매년 6월 17일, 그러니까 하늘에서 비가 오기 시작해 나일강의 수위를 높이기 시작하는 그날 밤, '빗방울의 밤'으로 정해두고 있다. 그 빗방울을 고대 이집트인들은 이시스 여신의 눈물이라고 믿었다.[3]

　나일강은 다른 강들과 달랐고, 이집트 또한 다른 나라들과 달랐다.

---

*　이집트의 기독교도를 말한다.

나일강은 모래언덕과 골짜기를 지나 거의 1천 킬로미터나 달리고 있으며, 강을 중심으로 평균 10여 킬로미터의 범람원이 형성되었다. 나일강이 만들어낸 이집트의 독특한 자연조건이 그 국민성과 문명의 특색을 만들어냈다. 두 강이 불규칙하게 범람하는 것을 지켜본 이라크 사람들의 정신세계가 비교적 비관적이었다면 나일강이 매년 규칙적으로 범람하는 것을 보았던 이집트 사람들의 정신세계는 낙관적이었다.

"들판이 웃음을 짓고 사람들의 얼굴이 한결 밝아진다. 창조주께서도 진심으로 즐거워하신다."

이집트인들은 범람으로 새로운 생명의 기운을 전해 받은 땅에서 인간애를 믿었고, 사물의 영속성과 안정성을 믿었다. 고대 메소포타미아 문명과 달리 이집트 문명은 언제나 낙관적이었다. 천연의 국경, 연례적인 범람으로 비옥한 농토, 풍부한 천연자원. 이런 면에서 이집트는 이라크와 정반대였다. 따라서 이집트는 3천 년의 역사 동안 높은 자긍심과 독특한 문화적 순수성을 가꿔나갈 수 있었다.[4]

이집트를 흐르는 나일강 주변은 사막이 둘러싸고 있다. 이집트는 강물이 흐르는 주위로 길게 이어진 하나의 오아시스나 다름없었다. 아마도 선사 시대의 이집트는 길이가 1천 킬로미터에 이르는 거대한 습지였을 것이다. 하지만 이 습지의 폭은 나일강 하류에 넓게 펼쳐진 삼각주를 제외하면 몇 킬로미터에 불과했을 것이다. 이곳은 해마다 홍수가 일어났고, 강 근처에 사는 사람들은 이 홍수를 피할 수 없는 운명으로 받아들이고 살아가야 했다. 그들은 해마다 쌓여가는 진흙층 위에서 농사를 지으며 자리를 잡았지만 처음 이곳에 형성된 사회는 안정적이지 못했다.

이집트 문명

그런데 기원전 4000년 이전, 중대한 기후 변화가 있었다. 사막에서 모래가 날아왔으며 건조한 기후가 시작되었다. 농업 기술을 갖고 있던 사람들은 범람지대의 질 좋은 땅을 이용하기 위해 강 쪽으로 내려왔을 것이다. 나일강은 이집트인들에게 풍요로움을 가져다주었다. 그들은 감사하는 마음으로 나일강의 선물을 받았다. 수메르인들이 강물이 넘쳐서 생긴 진흙탕 속에서 경작지를 만들기 위해 온갖 노력을 기울였던 것에 비해 이집트인들은 그럴 필요가 없었다. 나일강 주변은 메소포타미아 지역의 무자비한 자연환경과 달랐다.[5]

이처럼 나일강 유역은 언제든 문명이 발생할 수 있는 조건을 갖추고 있었다. 그 가능성을 현실로 만드는 데 외부의 자극은 그다지 많이 필요하지 않았다. 기원전 4000년경 수메르인과 이집트인이 교류했다는 증거는 현재까지 남아 있다. 하지만 당시 수메르인의 경험이 이집트인이 문명을 만들어가는 데 자극은 됐지만 결정적인 영향을 끼쳤다고 말할 수는 없을 것이다. 나일강 유역에서 뿌리를 내리기 시작한 이집트 문명은 다른 어느 곳에서도 찾아볼 수 없는 독특한 모습을 갖춰나갔다.

문명은 여러 곳에서 생겨나 이동한다

문명은 한 곳에서 시작되어 다른 곳으로 전파되기도 하지만 비슷한 시기에 각기 다른 곳에서 동시에 생겨나기도 한다.

문명의 기원에 관해서는 크게 두 가지 주장이 있다. 하나는 문명이

한 곳에서 발생해서 다른 지역으로 확산되었다는 문명단원설이고, 다른 하나는 여러 문명이 제각기 스스로 생겨나 발달되었다는 문명다원설이다.

문명단원설은 20세기 초까지 영국에서 대두된 '맨체스터 학파'가 대표적인데, 이들은 기본적으로 문명 이동론에 바탕을 두고 있다. 그들에 따르면 문명의 유일한 발상지는 이집트이고 거기서부터 문명이 세계로 이동 및 확산되었다는 것이다. 이러한 문명이동설은 문명이 서에서 동으로 이동하고 있다고 보는데 이러한 주장은 동양 문명의 서방기원설의 이론적 근거로 사용되기도 했다.

그러나 20세기에 들어와서 문명다원설이 고고학적 발굴의 성과를 바탕으로 입증되면서 문명단원설은 설득력을 잃고 있다. 문명은 여러 지역에서 발생했고 그것들은 각기 고유한 속성을 갖고 있으며, 문명 상호 간에 서로 영향을 주고받으면서 서로 이동하고 있다는 것이다. 경우에 따라서는 선진 문명이 후진 문명으로 일방적으로 이동하는 것처럼 비춰지기도 하지만 그것은 어디까지나 상대적이고 일시적인 현상이다. 시간이 흐르면서 후진 문명이 선진 문명을 앞지르면서 반대로 이동할 수도 있다.[6] 이것은 과거 역사적 사실이 실증적으로 말해주며 오늘날의 문화 현상 또한 이를 여실히 보여주고 있다.

고대 문명의 탄생은 이집트에서도 있었다. 수메르와 메소포타미아뿐만 아니라 이집트에서도 그에 뒤지지 않는 문명이 시작되었던 것이다. 이집트의 고대 문명이 사라진 지 수천 년이 지난 후 그 유적이 나일 계곡에서 발견되자 사람들은 탄성을 질렀다. 문명에 대한 자부심이 그 누구보다도 강했던 그리스인조차도 반인반수의 신들이 살았다고 전해지는 이곳의 신비로운 전설에 매혹당했다.

사람들은 오늘날에도 여전히 고대 이집트의 피라미드에 숨겨진 초자연적인 의미를 찾아내고자 애쓴다. 고대 이집트는 오늘날 우리가 눈으로 확인할 수 있는 가장 위대한 고대 유산이라 말할 수 있다. 일반적으로 메소포타미아 문명보다 이집트 문명을 친숙하게 느끼고 잘 아는 것은 이집트 유물이 훨씬 더 풍부하게 남아 있기 때문이다. 하지만 이집트 문명 이전에 수메르 문명이 등장했다는 점으로 볼 때, 아마도 이집트는 수메르의 경험과 선례를 바탕으로 새로운 문명을 일궈낼 수 있었을 것이다.[7]

메소포타미아의 수메르 문명이 이집트 문명에 어떤 영향을 미쳤을지에 대해서는 여전히 논란이 되고 있지만 이집트가 앞선 수메르 문명으로부터 자극과 영감을 받은 것은 분명하다. 수메르 문명의 영향은 초기 이집트 예술에서 찾아볼 수 있다. 이집트에서 무언가를 기록하기 시작했을 때 그들에게도 수메르에서 쓴 것과 같은 원통형 도장이 있었다. 이집트의 그림 문자인 상형문자도 수메르 문자의 영향을 받은 것이었다. 돌로 거대한 건축물을 짓는 기술 역시 비슷했다. 수메르 문명은 나일강 삼각주 지대와 하류에 살던 사람들을 통해 전파되었을 가능성이 높다. 당시의 이집트인들은 수메르 외에는 다른 문명권과 교류하기 어려운 상황이었다. 나일강은 선사 시대에도 그랬지만 역사 시대에도 이집트의 젖줄이었다.[8]

통일 왕국과 고대 이집트 역사의 전개

현대 고고학은 나일강 유역의 깊은 지층에서 수많은 유물을 찾아내면서 이집트 선사 시대의 지평을 더 먼 과거로 끌어올렸다. 기원전 6000년대부터 범람원에서 농사를 지은 촌락들이 형성되기 시작했다. 그들은 밀과 보리를 경작했고, 양과 염소를 키웠다. 그 후 2천 년 동안 나일강 유역을 따라서 서너 개의 조그만 왕국이 형성되었다.

기원전 4000년 후에는 인구와 정착지의 규모가 폭발적으로 확대되기 시작했다. 돌, 청동, 구리, 석판을 다루는 공예술도 눈부시게 발전했다. 흙벽돌로 담을 쌓은 조그만 마을들이 기원전 3500년경에 처음으로 등장했으며, 지역을 다스리던 왕족의 호화분묘도 등장했다. 나일강 상류의 상이집트^{남부 이집트}와 강 하류의 하이집트^{북부 이집트}에 각기 다른 왕국이 세워졌다. 흥미롭게도 이곳에서는 하나의 도시가 국가의 형태를 갖는 도시국가가 없었다. 이집트는 문명 이전 단계에서 방대한 지역을 통치하는 국가로 곧장 발전한 것이다.[9]

이집트에서는 농민들이 모이는 시장에서 초기 형태의 도시가 시작되었다. 그리고 농촌 공동체와 씨족들이 합쳐지면서 각 지방이 형성되었고, 메소포타미아보다 7백 년 정도 일찍 정치적 통합이 이루어졌다. 하지만 그 후에도 도시생활은 보잘것없는 규모였다. 문자의 기록이 시작된 것은 기원전 3100년경이었다. 그 이전의 남쪽과 북쪽의 왕들에 대해서는 알려진 사실이 거의 없다. 그들은 수세기 동안 전쟁에서 승리하면서 점점 더 큰 지역을 다스리게 되었을 것이다.

기원전 3100년경 남쪽 지역의 상이집트의 위대한 군주 메네스^{Menes}

혹은 나르메르Namer가 북쪽 지역을 점령하고 이집트를 통일했다. 그리하여 이집트는 나일강 상류의 아부심벨까지 1천 킬로미터에 이르는 거대한 제국이 되었다. 이후 이집트의 영토는 더욱 커졌다. 이집트는 이따금 분열을 겪기도 하지만 고대 그리스와 로마 시대까지 계속되었다. 고대 이집트 왕조는 약 3천 년이라는 장구한 세월 동안 존재했다. 이 긴 세월 동안 이집트에서 일어난 일은 말로 표현할 수 없을 정도로 많지만, 우리가 알 수 있는 것은 일부에 지나지 않는다. 그럼에도 분명한 사실은 이집트 문명이 오랫동안 안정성과 지속성을 지니며 발전했다는 점이다.

물론 이집트도 역사의 영고성쇠를 여러 번 겪었다. 때로는 국가가 강력하고 번성했지만 때로는 허약하고 가난했다. 이처럼 흥망성쇠를 거듭한 고대 이집트의 역사는 크게 고왕국, 중왕국, 신왕국으로 나눌 수 있다. 고왕국 이전 초기 왕조 시대 또는 상고기가 있었고, 고왕국과 중왕국 사이에 제1중간기, 중왕국과 신왕국 사이에 제2중간기, 신왕국 말기를 생각한다면 고대 이집트의 역사는 보다 더 복잡할 것이다. (오른쪽 〈표〉 참고)

고왕국 피라미드의 시대

이집트를 통일한 메네스 왕은 나일강의 전략지 요충지에 왕도 멤피스를 건설했다. 나일강을 따라 북쪽으로 이동하는 좁은 협곡은 델타 삼각주 지역에 이르면 널찍한 초원 지대를 만난다. 멤피스는 오늘날

〈표〉 고대 이집트 문명[10]

연대	시기	특징
기원전 30년	로마 제국 치하	이집트, 로마 제국의 지방화
기원전 332~30년	프롤레마이오스 왕조기	기원전 332년 알렉산더 대왕의 이집트 정복과 더불어 프롤레마이오스 왕조가 이집트에 그리스의 영향을 들여놓다.
기원전 1070~332년	말기 왕조 시대	파라오의 권위가 서서히 추락하여 페르시아(기원전 525~404년과 기원전 343~332년)에서 최저점에 이르다.
기원전 1530~1070년	신왕국 시대	이집트 역사에서 대제국 시기로 파라오들이 왕들의 계곡에 묻히다. 파라오들로는 람세스 2세, 세티 1세, 투탕카멘과 더불어 이단 통치자 아케나텐이 있다.
기원전 1640~1530년	제2중간기	힉소스인 통치자, 삼각주 지배
기원전 2040~1640년	중왕국 시대	테베 지역이 두각을 나타내고 아문신의 권위가 높아짐
기원전 2134~2040년	제1중간기	정치적 혼란과 분열
기원전 2575~2134년	고왕국 시대	전제 파라오들이 피라미드를 축조하고 과시적 장례 기념물들을 많이 건립하다. 고대 이집트의 제도, 경제 전략, 예술 전통이 확립되다.
기원전 2920~2575년	상고기	국가의 토대 강화
기원전 3100년	메네스와 스콜피온	상·하 이집트 통일

수도인 카이로에서 얼마 떨어지지 않은 곳에 위치해 있다. 고대 왕도 멤피스는 그 대부분이 나일강의 침전물로 수십 미터 아래 파묻혀 있지만 범람원 위로 솟은 사암의 경사지에는 지금도 멤피스 시대에 건설된 왕들의 무덤이 굳건히 그 모습을 드러내고 있다. 고왕국 제3, 4왕조 시대를 지배한 왕들이 묻혀 있는 거대한 공동묘지다.

기원전 2700년경 조세르 왕을 위하여 피라미드를 중심으로 한 의례용 복합단지가 만들어졌다. 왕은 새로운 포고령을 내릴 때마다 축제를 벌이고 외국의 사신을 맞아들일 때 이 건물을 사용했다. 한쪽으로는 나란히 늘어선 신전들이 아름다운 자태를 뽐내면서 네켄과 나가다를 비롯한 이집트 남부 도시들의 수호신들에게 예배를 드렸다. 높이 60미터의 거대한 계단식 무덤은 그 전체에 그림자를 드리우는 새로운 발명품이었다. 조세르와 그의 건축가 임호테프가 처음 창안해낸 이런 무덤은 이후 왕들에게 유행처럼 번져갔다. 기원전 2500년경 몇 세대 동안 후니, 세네프루, 쿠푸, 카프레 등과 같은 위대한 왕들이 서로 경쟁이라도 하듯이 선왕의 무덤보다 더 큰 피라미드를 건설했다. 이것은 세계에서 일찍이 없었던 거대한 죽음의 기념물이 되었다.[11]

피라미드를 건설한 사람들은 우리의 일반적 사고에 영향을 준 헐리웃 영화의 장면처럼 채찍을 맞으면서 노동한 노예들이 아니었다. 피라미드는 자유로운 신분이나 혹은 적어도 최소한의 자유가 보장된 농민들에 의해서 건설되었다. 실제로 우기가 닥쳤을 때에는 나일강의 범람으로 농부들이 일손을 놓았기 때문에, 그런 거대한 건축물을 건설하기 위해서 공역을 동원하기란 여간 어려운 일이 아니었다.[12]

이집트어로 피라미드란 '승천의 공간'이란 뜻이다. 이런 점에서 본다면, 피라미드는 바빌로니아, 마야, 모체, 아스텍 등과 같은 다른 문화권에서 건설한 인공산에 비교될 수 있다. 모든 지배자들은 거대한 상징물을 만들어냄으로써 백성들을 지배하는 정당성을 확보하려 애썼다. 그처럼 거대한 기념물을 관리하고 지배하는 능력만큼이나 사람들에게 경외감을 불러일으키는 것이 또 어디 있겠는가. 게다가 죽은 왕이 피라미드 안에서 태양신으로 거듭 태어난다는 믿음을 사람들에게 심어주었으니까.

사카라^{Saqqra}의 계단식 피라미드에서 우리는 이런 생각의 과도적 단계를 발견할 수 있다. 왕의 혼령이 하늘까지 올라가서 다시 무덤으로 내려온다는 계단이 그것이다. 따라서 바빌로니아의 시파르^{Sippar}에 있는 지구라트도 '밝은 하늘로 승천하기 위한 계단'이라고 해석할 수 있을 것이다. 아무튼 피라미드는 이 같은 생각을 구체적으로 실현해 보인 증거다. 태양신이 지상에 내리쬐는 빛줄기의 형상을 하고 있으며, 영혼이 하늘로 승천하는 계단의 모습을 띠고 있다. 피라미드는 이집트인이 창조해낸 영적인 개념이 물질적인 형태로 구체화된 것인 셈이다. 겨울이면 기자^{Giza} 지역에서 햇살이 구름을 뚫고 나와 피라미드와 같은 각으로 내리쬔다. "영민하고 지혜로운 왕"이 불멸의 별들로 수놓아진 하늘까지 승천할 수 있도록 따사로운 햇살이 빚어낸 승천의 계단이다.[13]

피라미드 시대에 전성기를 구가했던 구왕국 시대$_{기원전\ 2600~2100년경}$는 절대왕권의 시대였지만, 왕조 이전 50만 명에 불과했던 인구가 2~3백만 명으로 급증할 정도로 정치·경제적으로 안정된 시기였다. 매년 나일강이 범람하면서 비옥해진 농토를 효율적으로 사용한 덕분이었다.

그러나 기원전 2200~2100년 사이에 이라크 우르의 3대 왕조를 강타했던 지독한 가뭄이 이집트에도 닥쳤다. 나일강의 수위가 급격히 낮아지면서 거의 반세기 동안 기근이 계속되었다. 안정된 질서가 무너질 수밖에 없었다. 절대군주가 무너지면서 이집트는 1천 년 전처럼 한동안 두 나라로 분열되었다.

테베, 이집트 문명의 중심이 되다

그러나 분열은 오래가지 않았다. 거의 한 세기만에 남쪽에서 통일의 기운이 올라왔다. 제1중간기 동안 상이집트의 테베Thebae*라는 곳에서 조그만 독립 왕국이 출현했다. 기원전 2130년 테베의 맨투호테프가 분열된 두 땅을 하나로 통일하면서 이집트는 다시 과거의 안정을 되찾았다. 테베의 사람들은 맨투호테프를 메네스에 버금가는 두 번째 건국자로 추앙했다. 테베는 이집트 중왕국의 수도가 되었고, 오늘날까지도 그 명성을 유지하고 있다.

맨투호테프와 그의 후계자들은 테베에 무덤과 기념신전을 세우고,

---

* 라틴어로 테베(Thebae)로 표기하지만, 고대 이집트어로는 베셋(Wêset)이라고 불리웠다. 하지만 정작 당사자들의 기록이 근대에 이르기까지 묻혀버리는 바람에 그리스식 명칭인 테베, 테바이로 알려져 있다. 나일강 중류의 현 룩소르 일대에 위치하고 있던 도시로, 중왕국 제11왕조부터 신왕국 제18왕조 시기까지 이집트의 수도가 되었다. 그러다 람세스 2세가 페르람세스(피람세스)를 창건하여 수도의 기능을 이전했고, 이후 제19왕조 시기에는 완전히 나일강 삼각주 지역으로 옮겨가게 된다.
룩소르와 카르나크 신전, 왕가의 계곡 등 고대 이집트의 중요 유적들이 밀집해 있는 지역이며, '고대 테베와 네크로폴리스'로 묶여 세계문화유산으로 등록되어 있다. (엔하위키 미러/ 위키 백과 참고)

매년 그들의 수호신인 아몬의 형상을 그 신전까지 배로 옮기는 화려한 행렬의식을 거행했다. 이때 시작된 축제는 지금까지도 계속되고 있다. 중왕국 시대와 신왕국 시대에 테베는 거대한 신전들로 아름답게 꾸며졌다. 도시에서 강 건너 서쪽 절벽 기슭을 따라서 거대한 장제전葬祭殿, Mortuary Temple*들이 잇달아 세워졌다. 고대 세계의 기념물들이 한자리에 모여 장관을 이룬다. 그야말로 사자死者들을 위한 거대한 도시다. 그리스인들에게 '신들의 도시'로 알려진 테베의 명성은 호메로스 시대까지 이어졌다. 호메로스는 테베를 '1백 개의 문을 가진 도시'라고 노래했다.

테베에는 룩소르 신전, 파르낙 신전, 왕들의 계곡, 왕비들의 계곡 같은 유적지가 남아 있다. 두 신전은 '나일강의 진주'로 불리는 아스완의 필레 신전과 더불어 이집트에서 가장 손꼽히는 아름다움을 지녔다고 평가된다. 이곳에는 사람의 얼굴에 사자의 몸을 한 스핑크스도 많이 서 있다. 『신약성서』 '출애굽'의 주인공 모세와 다퉜다고 알려진 람세스 2세도 이곳에 묻혔다고 한다. 오늘날 테베는 이집트인들의 자부심을 높여줄 뿐 아니라 세계 관광객들이 몰려드는 관광지이기도 하다.

이집트는 어떻게 이렇게 거대한 기념물들을 만들 수 있었을까? 이

---

* 고대 이집트에서 죽은 왕들을 예배하고 죽은 왕들에게 바칠 물건과 음식을 저장하던 곳을 말한다. 고대 이집트 고왕국(기원전 2575~2134년경)과 중왕국(기원전 2040~1640년경)의 장제전은 보통 피라미드에 인접해 있었고, 기둥이 늘어선 개방된 정원, 창고, 5개의 가늘고 긴 사당, 위장문과 제단이 설치된 예배실이 있었다. 예배실 안에서 사제는 매일 장례의식을 거행하고, 죽은 왕의 카(ka, 수호영)에게 제물을 바쳤다. 신왕국 시대(기원전 1530~1070년경)에 왕들은 바위를 깎아 만든 무덤에 묻혔으나, 근처에 독립된 장제전을 무덤과 분리해 짓는 일은 계속되었다. 종교의식과 제물을 영구히 바칠 수 있도록 사제들에게 모든 것이 공급되었으며, 재산과 토지가 하사되어 이를 보장했다. (브리태니커 사전 참고)

이집트 문명 145

것은 이집트의 지배자인 왕들을 빼놓고는 생각할 수 없다. 우리는 이집트의 '파라오'라고 하면 절대군주와 폭정을 떠올리게 된다. 일반 대중에게 이런 이미지를 심어주는 데는 서구의 잘못된 시각으로 만들어진 헐리웃 영화가 큰 역할을 했을 것이다. 그러나 '큰 집'을 의미하는 파라오라는 칭호를 왕에게 직접 사용한 것은 신왕국 시대뿐이다. 그 전의 파라오는 왕이 머무는 거처와 궁정을 의미했다. 파라오로 칭하게 되는 신왕국 이전부터 이집트의 군주들은 강한 권위를 갖고 있었다. 그와 같은 권위가 없었다면 오늘날 우리가 보는 이집트의 유물과 유적은 없었을 것이다. 하지만 그렇다고 해서 이집트의 왕들이 특별히 다른 지역의 전제 군주들보다 더 강력했다거나 통치가 가혹했다고 말할 수는 없다.

다만 이집트는 잉여생산물이 다른 지역에 비해 풍부했다. 그래서 왕이 권위를 유지하면서도 인민의 반란을 야기하지 않을 수 있었다고 봐야 한다. 이와 관련해서는 마이클 우드의 다음과 같은 이야기가 시사해주는 바가 크다.

> 이집트의 오랜 역사를 통해 보건대 이집트인들이 신성한 왕에 의한 지배 이외에 다른 형태의 지배구조를 진지하게 생각해보았다는 증거는 전혀 없다. 파라오에 저항해서 반란을 일으켰다는 실질적인 증거도 찾아볼 수 없다. 그리스와 로마가 지배하던 시절, 그리고 이슬람교가 지배하던 초기 시절에 사회적 분규가 계속되었던 현상과는 너무도 대조적이다. 따라서 현대적 용어로 풀이하면, 이집트는 공급자 중심의 국가였다. 다시 말해서 나일강의 자원을 적절히 관리함으로써 온 백성에게 기

본적인 생활수준을 만족시켜준 국가였다. 그 대가로, 지배자들은 엄청 난 잉여물을 무덤과 신전과 궁전에 쏟아 부을 수 있었다. 이렇게 건설된 거대한 건축물을 통해서 국가는 지배 이데올로기, 즉 신과 지상의 지배자는 하나라는 믿음과 안정된 우주의 필연성을 사람들에게 심어주었다. 이런 이데올로기는 문명세계를 처음 만들어가는 과정에서 필수조건이었을지 모르지만, 오늘날까지도 우리는 이런 특징을 완전히 탈피하지 못한 민족 국가에서 살고 있다. 다시 말해서 우리의 사고방식은 여전히 종교적이고 사회적인 신화, 특히 위대한 지배자나 왕이나 신에 얽힌 신화에 의해서 만들어지고 있다는 뜻이다.[14]

태양신 파라오가 통치하는 나라

이집트의 파라오가 권위를 유지할 수 있었던 비밀은 나일강에 숨어 있었다. 고대 이집트 사람들의 최대 관심사는 나일강이었다. 그들은 파라오가 나일강의 범람을 조절한다고 여겼다. 강물의 높이를 마음대로 조절한다는 것은 강 유역에 사는 사람들에게 목숨을 마음대로 할 수 있는 것과 같았다. 이집트 왕실이 거행한 최초의 의식은 풍요를 빌거나 경작지에 물을 대는 일과 관련되어 있었다. 우리가 확인할 수 있는 가장 오래된 메네스 왕의 모습은 그가 선박 운행과 농사에 필요한 수로를 파고 있는 모습이다.

파라오가 범람을 조절한다고 믿게 만든 것은 그들이 시간의 흐름에 따른 환경의 변화를 알고 있었기 때문이다. 지평선에 시리우스 성좌가 떠오를 때면 나일강의 범람이 시작되었다. 이런 사실을 알고 있었던 왕실은 이런 지식을 계승자에게 전승했고, 파라오는 풍작과 날씨, 나일강의 범람 등에 영향을 미칠 수 있는 것처럼 가장假裝할 수 있었다. 그리고 과학의 발전과 함께 태양력이 발명되면서 홍수의 도래를 보다 정확히 알 수 있게 되고, 그 결과 파라오의 권위는 더욱 강화되고 그의 행위는 더욱 정당성을 확보할 수 있게 되었다. 여기에 관개수로의 차단을 통한 농업용수에 대한 통제는 주술적으로 얻은 권위를 강화하는 데 효과적인 수단이 되었다.[15]

이집트의 왕은 이러한 나일강에 대한 지식을 바탕으로 절대 권위를 확보했으며, 그는 그 권위를 바탕으로 나일강이 만든 풍요로운 잉여 생산물을 축적하고 분배하는 주체가 되었다. 그는 홍수를 정확히 예측함으로써 자신의 통치의 정당성을 확보하고 영원히 젊음을 유지시킬 수 있는 존재, 영생할 수 있는 존재로 스스로를 상징화함으로써 그 권위를 더욱 강화했다. 피라미드를 비롯한 많은 건축물들이 이런 사고에 기초해서 만들어졌다.

구왕국 시대 왕은 모든 땅의 절대적인 주인이며 신의 자손으로 경배 받았다. 왕은 매 모양의 이집트의 태양신 호루스가 되었다. 호루스는 이집트 최고의 신인 오시리스*의 아들이었다. 이집트의 왕은 만물의 질서를 창조하는 신과 같이 강력한 능력을 갖춘 존재로 받아들여졌다. 파라오는 전지전능했고, 따라서 인간 세계의 일에 대해 따로 기준으로

---

* 이집트 최고의 신으로 다산의 신이자 죽음의 신이다. 이집트 왕은 죽으면 오시리스가 된다고 여겼고, 점차 이런 생각이 널리 퍼져갔다. 또한 오시리스는 생명을 부여하는 힘이 있어서 나일강의 범람이나 식물의 싹이 나는 것도 그에게 달린 것이라 여겼다.

전차를 타고 적에게 화살을 겨누고 있는 파라오 | 파라오의 이런 영웅적인 모습은 이집트 예술에 종종 등장한다.

삼을 만한 법전 따위는 필요 없었다.

파라오의 전지전능함을 보여주는 그림이 하나 있다. 파라오는 위의 그림에서 적들을 향해 화살을 겨누고 있다. 그의 적들은 사냥에서 잡힌 새처럼 줄줄이 묶여 있거나 무릎을 꿇고 애원하는 모습을 보인다. 의식이 진행되는 동안 그들의 뇌를 뽑아내는 그림도 볼 수 있다. 신왕국 시대의 파라오는 전차를 탄 영웅의 모습으로 적들을 짓밟고 맹수들을 죽인다. 이것은 점차 그가 인간의 모습으로 가까워지고 있다는 것을 말해준다. 그럼에도 여전히 그는 신의 영역에 남아 있는 존재이다. 기원전 1500년경 파라오의 한 고위관리는 이렇게 썼다.

"그는 사람들의 목숨을 좌지우지하는 신이시며, 만인의 아버지이자 어머니이고, 누구와도 비교할 수 없는 유일한 존재다."

중왕국 시대까지는 오로지 파라오에게만 사후의 삶이 있었다. 이집트는 신이 인간의 모습으로 나타난 존재가 왕이라는 사실을 다른 청동기 시대의 국가들보다 훨씬 더 강조했다. 이런 생각은 철기 시대가 도래해서도 마찬가지였다. 하지만 그 뒤 이집트가 다른 민족의 손아귀에 떨어지면서 파라오를 신으로 믿는 일은 더 이상 불가능하게 되었다.[16]

이집트의 몰락, 그리고 그 문명이 남긴 것

기원전 1000년경까지도 이집트는 여전히 번성을 누렸다. 하지만 기원전 8세기에 시작된 아시리아의 침략을 필두로 기원전 525년 페르시아에게 정복당할 때까지 이집트는 끊임없이 외세의 침략과 지배를 받았다. 기원전 7세기경 잠시 동안 이집트는 초강대국으로 군림했지만 그 이후로는 강력한 군사력을 앞세운 동방의 국가들에 대항해서 독립을 지키려고 안간힘을 다하는 이류 국가로 전락했다.

한 이집트 학자의 지적처럼 이집트는 '준엄한 몰락'의 시대로 접어들면서 두 번에 걸친 페르시아의 점령기를 견뎌야 했다. 이집트의 지배자들은 새로운 신무기에 적극적인 반응을 나타내면서 그리스 용병과 지휘관을 고용하고, 그리스의 행정제도를 배우면서 화폐경제를 향해 한 걸음씩 조심스레 나아갔다. 그러나 근본적인 변화나 개혁은 이뤄지지 않았다. 시늉만 있었을 뿐 과거의 관습에서 벗어나지 못했다. 예술과 건축에서는 고왕국 시대로 퇴행하려는 경향까지 보였다. 19세기 후반 근대 중국처럼 이집트도 과거에 지나치게 집착하고 있었다.

이집트가 과거의 영화에서 벗어나지 못한 채 주춤거리고 있을 때, 주변 국가들은 신정일치의 정치체제를 과감히 벗어던지고 강력한 군사력으로 이집트를 사방에서 위협했다. 그리고 마침내 기원전 332년 알렉산드로스 대왕에 의해 이집트는 점령당하고 말았다. 그 이후 이집트 문명은 먼 옛날의 기억에서 벗어나 바다와 더 넓은 세상을 향해 뻗어나갔다. 통일 국가의 완성을 전후한 시기부터 수천 년 동안 이집트는 아라비아해와 홍해, 아프리카의 누비아, 시리아와 팔레스타인과 접촉했을 뿐이다.

그리스가 이 땅을 점령하고 알렉산드리아를 건설하면서 이집트의 중심축도 이동했다. 그때부터 이집트는 1천 년 동안 그리스어를 사용하는 지중해 세계의 일원이 되었다. 그리고 고대 이집트 문화의 전통이 소멸되기 시작하면서 헬레니즘 시대의 역동적인 국제 문화가 그 자리를 차지하게 되었다.

그러나 수천 년간 고대 문명의 황금기를 꽃피운 이집트 문명은 아직도 세계인의 가슴 속에 깊은 감동과 여운을 남기며 살아 숨쉬고 있다. 그들의 그림과 건축물에서 보여지는 예술적 감각과 영감, 상형문자의 발명, 수학과 천문학 등 과학의 발전, 토목과 건축 기술, 태양력, 농업기술, 금은 세공 기술 등 모든 것이 인류 전체의 공통 문화유산이 되고 있다. 이집트의 독창적인 의술은 후에 서양의 의학 발전에 중요한 밑거름이 되었다. 중국에서 발명된 종이 제작 기술이 서양에 전파되기 전까지 오랫동안 서양 문명의 한 뿌리가 된 파피루스도 있다. 이집트의 고대 미술은 오늘날 의상과 패션에까지 큰 영향과 영감을 주고 있다.

8. 히브리 문명

서양 문명의 한 기둥이 된 위대한 작은 문명

서양 문명의 뿌리가 된 히브리 문명

상당히 오래전의 이야기다. 지금부터 약 40년 전, 그러니까 내가 고등학교 때의 이야기다. 나의 모교 교장 선생님은 신학자이면서 목회자였다. 그는 일제 시대에 태어나 식민지 교육을 받았으며, 일본과 미국에서 유학하면서 신학을 공부하셨다. 그는 기독교인이면서 반공주의자였으나 민족주의적 성향도 강했던 분이다. 그는 평생을 독실한 기독교 신앙으로 살면서 후대 교육과 사회 발전을 위해 자신을 헌신하셨다.

나의 고등학교 교장 선생님은 매주 월요일 전교생이 모인 채플 시간에 여러 말씀을 하셨다. 기본 취지는 성경과 기독교 신앙에 대한 이해를 돕는 것이었지만 내용의 대부분은 우리가 어떤 삶을 살아야 할 것인지에 대한 이야기였다. 특히 우리에게 '세상의 빛과 소금이 돼라'는 말을 강조하시곤 했다. 세상의 빛과 소금이 된다는 것은 십자가에 못 박혀 죽으면서까지 인류의 구원을 생각했던 예수처럼 힘들고 어려운 일, 남들이 하기 싫어하는 일을 찾아서 하는 기독교 정신을 의미했다.

그 분은 신학을 공부했기 때문에 당시 우리 고등학생 나이로는 이해할 수 없는 이야기도 가끔씩 했다. 그런데 그 분의 말씀 중에 아직도 기억에 남아 있는 이야기가 한 가지 있다. 정확한 표현은 기억나지 않지만 내용은 '서양의 문명과 문화의 뿌리는 히브리^{헤브라이즘}과 헬레니즘이다'라는 것이었다. 당시 나의 지적 능력으로 이 말을 제대로 이해하기 어려웠지만 오랫동안 나의 뇌리에 남았고, 지금도 생생하게 전해지고 있다.

헤브라이즘과 헬레니즘은 서양의 유일신 사상과 인문주의를 대표한다. 역사 지식으로서는 고등학교에서도 헬레니즘을 배우고 르네상스를 배운다. 서양의 인문 정신의 뿌리가 그리스에서 시작되고 있다는 것도 안다. 기독교의 유일신 사상이 서양 문화의 근간이 되었다는 사실 정도는 고등학교 세계사 지식만으로도 충분히 알 수 있다. 나는 고등학교가 미션 스쿨이어서 성경도 정규 수업시간 과목으로 배웠다. 설령 고등학교 때 알지 못했다고 하더라도 대학 수준의 인문 교양 지식을 갖춘 사람은 얼마든지 알 수 있는 내용이며, 충분히 이해할 수 있다. 그러나 나는 그것이 의미하는 바는 사실 정확히 이해하지 못했다. 지식으로는 알았으나 그 의미를 정확히 가슴으로 이해했다고 보기는 어렵다. 그 의미는 한참 뒤에야 알았다고 말할 수밖에 없다.

내가 이렇게 지난 이야기를 장황하게 하는 것은 히브리^{헤브라이} 문명을 쓰는 이유를 말하기 위해서다. 히브리 문화, 특히 그 정수라고 할 수 있는 '유일신 사상'을 이해하지 않고는 서양 문화, 서양 문명을 이해할 수가 없다. 히브리는 고대의 다른 문명과 비교하면 문명 축에도 끼지 못한다. 우리가 지금 볼 수 있는 히브리의 유적과 유물은 거의 없다고 해도 과언이 아니다. 수메르, 바빌로니아, 아시리아 등의 메소포타미아 지역과 이집트, 그리스, 이란페르시아, 터키아나톨리아는 물론이고, 군소 문명이라고 평가되는 히타이트, 미노아, 미케네와 비교해도 자랑할 만한 것이 거의 없다. 영토의 측면에서도 히브리 국가는 한 번도 제국의 위용을 자랑해본 적이 없다.

그럼에도 히브리 문명은 반드시 서양사 교과서의 한 부분을 차지하며 등장한다. 그것도 상당한 분량으로 말이다. 그뿐인가. 예수 그리스도의 등장 이후 서양의 역사는 기독교의 역사라고 해도 과언이 아니다. 물론 히브리인의 정통 맥을 잇고 있는 오늘날의 유대인들은 예수를 그들의 구세주로 인정하지 않는다. 그들은 『구약성서』만 자신들의 경전으로 인정할 뿐, 『신약성서』는 인정하지 않는다. 아직도 그들에게 메시아는 오지 않았다. 하지만 히브리인의 유일신 사상에 뿌리를 둔 기독교가톨릭 포함는 서양 전체*의 사상과 정신세계, 문명과 문화 등 모든 것의 근본 토대를 이루고 있다. 그런 점에서 고대 히브리 문명은 반드시 돌아보아야 할 충분한 가치와 이유가 있다.

우르에서 가나안, 그리고 다시 이집트로

역사적으로 히브리Hebrew**인의 기원이 어디인지를 분명히 하는 것

---

*   여기에는 유럽뿐만 아니라 미국을 비롯한 아메리카 대륙도 포함된다.
** 우리말로는 '히브리' 또는 '헤브라이'라고 표기한다.

은 매우 복잡한 문제다.* 오랫동안 서양인에게 예수 이전의 역사는 유대인**의 역사이거나 유대인이 들려주는 다른 민족의 역사였다. 이 두 가지는 모두 『구약성서』에 기록되어 있다. 『구약성서』는 원래 유대인의 종교에 관한 책이었으나 나중에 수많은 언어로 번역되어 전 세계에 퍼져 나갔다. 이는 기독교의 활발한 포교 활동과 인쇄술의 발명 덕분이었다.

유대인은 셈족에서 유래되었다고 알려진다. 셈족의 기원은 『구약성서』의 '노아의 방주方舟'에 등장하는 노아라는 인물의 아들 셈에서 찾는 경우가 많다. 오늘날 서아시아 지역의 대표적인 민족인 이 셈족은 아시리아인, 아라비아인, 바빌로니아인, 페니키아인, 유대인 등 다양한 민족을 낳았고, 오늘날의 이스라엘, 팔레스타인, 이라크 사람들이 여기에 속한다. 셈족은 아라비아 반도에 거주하면서 계속해서 '비옥한 초승달 지대'로 진출하려고 애썼던 사람들이다. 수메르를 침공한 아카드인도 이들 셈족의 일부였고, 바빌로니아 제국의 주요 구성원들도 셈족이었다.

---

* 히브리 민족(Heberites, Eberites, Hebreians)은 가나안(Canaan, 카난)이라고 불리던 레반트지방 즉 지금의 팔레스타인, 시나이 반도, 레바논 및 시리아의 지중해 연안에 살던 민족이다. 『구약성서』에 따르면 히브리인들은 이곳에서 기원전 15세기경부터 살았으며, 가나안 말을 썼지만 문화적으로는 가나안인과 달랐다. 가나안과 히브리 민족을 엄밀히 구분하는 것은 특히 종교적인 논쟁의 여지가 많다. 이스라엘의 정체성은 고대 족장 시대까지 거슬러가며, 아브라함의 자손이라는 공통분모를 가지고 있다. 그의 손자 야곱의 다른 이름이 이스라엘이라는 것에서 민족의 이름이 유래했다.

** 메소포타미아 지역에서 가나안 지역으로 이주한 아브라함의 자손이 히브리인의 원조이다. 그 자손 중에서 야곱의 열두 아들 중 열 명과 요셉(야곱의 열두 아들 중 한 명)의 두 아들이 이스라엘의 열두 지파를 이룬다. 그런데 이스라엘 왕국은 솔로몬 왕 이후 열두 지파 중 열 개 지파로 구성된 북쪽의 이스라엘 왕국과 유다 지파와 벤자민 지파로 구성된 남쪽의 유다 왕국으로 분열된다. 유대인이란 명칭은 고대 히브리인의 열두 지파 중 하나인 유다 지파에서 나왔다. (홍익희 지음, 『유대인 이야기』, 행성:B잎새, 100쪽 참고)

유대인의 역사에서 일차적으로 주목되는 시기는 족장 시대다. 『구약성서』를 통해 유대인의 족장 시대를 살펴볼 수 있는데, 그 대표적인 인물이 아브라함, 이삭, 야곱 등이다. 그들은 신의 뜻에 따라 여러 지역으로 이동하며 생활했다. 그들이 갖고 있던 양이나 염소는 그 규모가 꽤 컸던 것으로 보이며, 그들은 이동하는 곳에 따라 우물을 파기도 하고 신을 위해 단을 쌓기도 했다. 그들은 부족의 형태로 이뤄져 있었고, 우물이나 목초지를 두고 이웃이나 친척들과 다툼을 벌이곤 했다. 이들 전설적인 인물들이 살았던 시기는 대략 기원전 1800년 전후일 것으로 추정된다. 이 시기는 수메르의 도시국가인 우르가 멸망한 이후의 혼란기에 해당된다.[1]

성서에는 신의 계시에 따라 아브라함이 모든 것을 버리고 우르에서 나와 가나안으로 이동했다고 전한다. 이는 가나안 주변에 살던 아모리인이나 다른 민족들이 이후 4백 년간 각지로 퍼져 나간 사실과도 맞아떨어진다. 그 가운데는 아브라함의 자손으로 알려진 히브리인이라 불리는 사람들도 있었다. 히브리인이란 '유랑하는 사람'이라는 뜻이다.[2] 그 말은 기원전 14~13세기 이집트의 기록과 비석에 등장한다. 이미 이 때는 히브리인이 가나안에 정착하고 생활한 지 한참 뒤였다. 유대인이라는 이름은 이보다도 한참 뒤에 등장한다.

아브라함은 그곳에서 유목생활을 하며 이곳저곳을 떠돌며 살았다. 『구약성서』에 따르면 그는 하느님과의 약속에 따라 이름을 아브람에서 아브라함으로 바꾸었다. 아브라함의 '아브'는 아버지라는 뜻이고, '함'은 민족이라는 뜻이다. 그는 '민족의 아버지'가 된 것이다. 이때부터 유대인들은 자기 민족이 하느님과 계약을 맺은 '계약의 민족'이라고 믿었다. 이때 아브라함은, 모든 남자는 태어난 지 8일 만에 할례를 받으라는 하느님의 계시를 받았다. 그는 그날로 집안의 모든 남자에게 할례를 베풀었고, 그 자신도 할례를 받았다고 한다. 유대인들에게 할례는 하느님과 맺은 계약의 징표로 여겨졌다. 그들은 어떠한 상황에서도 신앙을 가슴에 깊이 새기기 위해 거룩한 표시를 몸에 새긴다고 믿는다.[3]

가나안에 자리를 잡은 히브리인은 아브라함의 손자인 야곱의 지도 아래 서쪽으로 이주하면서 팔레스타인을 점령하기 시작했다. '이스라엘 Israel'이라는 이름은 야곱에서 유래했다. 이삭의 아들인 야곱은 꿈에 '하느님과 씨름했다'고 해서 이 이름을 얻었다고 한다. 이스라엘은 '하느님과 씨름하다' '하느님의 군사'와 같은 의미를 갖고 있다. 이스라엘 민족은 이 이름처럼 치열하고 전투적인 삶을 살았다. 성서에는 야곱의 열두 아들 중 요셉이 형들의 질투로 애급埃及, 이집트의 음역에 노예로 팔려가는 신세가 되었다고 한다. 하지만 요셉은 이집트에서 왕의 총애를 받아 총리가 되었고, 어느 해 심한 기근이 들었을 때 아버지와 형제들을 그곳으로 불러들였다. 그리하여 야곱은 그의 아들들을 비롯한 70명의 장정과 그에 딸린 식솔들을 거느리고 나일강 유역 '곳센'에 정착했다.

이들이 이주한 시기는 대략 1600년이 되기 전의 어느 한 시기로 추정된다.[4] 이후 야곱의 아들 열두 명 중 열 명과 요셉의 아들 두 명이 이스라엘 민족의 열두 지파의 조상이 된다. 이스라엘의 역사는 이 열두 지파를 중심으로 한 갈등과 협력의 역사라고 해도 과언이 아니다. 야곱 일가가 이집트에 정착한 시기는 셈족 계통인 힉소스 왕가가 지배하던 말기였다. 외부 침략자였던 힉소스인들이 이집트를 통치한 250년간 이집트 원주민들은 다수가 남쪽으로 쫓겨난 반면, 이스라엘 민족은 힉소스 왕가의 호의로 북쪽의 기름진 땅에서 살면서 번성할 수 있었다.[5]

모세의 출애굽과 이스라엘의 정체성

히브리인들의 번성은 이집트의 정치 상황이 변화하면서 끝난다. 상이집트(남부 이집트)의 테베에서 신왕국이 일어나면서 힉소스인들의 이집트 지배는 끝났고, 그에 따라 히브리인들의 영화도 과거의 일이 되었다. 신왕국의 파라오들은 힉소스인과 그들이 불러들인 이민족을 추방하거나 노예로 삼았다. 히브리인들은 이집트의 신왕국 통치 아래서 온갖 고통을 받았으나 자신들의 공동체를 지켜냈다. 그들은 야훼를 유일신으로 섬기며 이집트에서의 고통스러운 삶을 이어갔다.

유대인들의 힘든 삶에 대해서 이집트의 기록에는 전혀 전해오는 바가 없으나 성서에는 많은 내용들이 나타나 있다. 새로 태어나는 유대인 아기를 모두 강물에 던져버리라는 파라오의 명령은 가장 단적인 예가 될 것이다. 나중에 유대인을 이끌고 이집트를 탈출하는 이스라엘 민족의 지도자 모세Moses는 이집트어로 '강물에서 건진 아이'라는 뜻이다. 이런 내용은 이집트의 기록을 통해서가 아니라 구약성서를 통해서 확인되는 것들이다.

『구약성서』의 내용이 현재의 형태를 갖춘 것은 기원전 7세기경이다. 그렇다면 요셉의 이야기나 이스라엘 민족이 이집트에서 억압받은 삶은 모두 수백 년 전의 시간 격차가 있다. 하지만 그 구체적인 내용에서는 다소간 불명확한 부분이 있겠지만 큰 범주에서는 대체로 맞는 이야기라고 할 수 있다.[6] 이집트의 지배자들이 '새로 태어나는 아이들을 모두 물에 던져버려라'고 명령할 만큼 잔혹했으며, 히브리인들을 완전히 말살하려 했는지는 알 수 없다. 하지만 유대인들을 거대한 기념 건축물 공사에 동원하고, 야훼를 섬기는 그들의 종교생활에 대해서도 간섭을 했던 것은 사실일 것이다.

아무튼 히브리인들이 이집트에서 노예의 삶으로 고통받고 있을 때 이들을 해방시켜줄 불굴의 지도자 모세[7]가 등장한다. 모세가 등장할 무렵 이집트의 통치자는 람세스Ramses 2세기원전 1314~1224년, 혹은 기원전 1302~1212년*로 알려지고 있다. 람세스 2세는 67년 동안 재위에 있으면서 이집트 신왕국의 전성기를 구가했고, 기념비적인 건축물을 많이 건설했다. 그는 아비도스 신전, 카르나크 신전군, 룩소르 신전, 아부심벨 대신전과 소신전, 라메세움 신전 등을 건축하여 '건축의 대왕'이라는 별명을 얻었을 정도였다. 이 건설 현장에 히브리인들이 대거 동원된 것은 말할 필요도 없다.

모세는 히브리인들을 모아 람세스 2세의 억압 통치에 저항했다. 그는 처음 람세스에게 히브리인들이 광야로 가서 제사를 지낼 수 있게 해달라고 간청했으나 거절당했다. 모세는 람세스 2세와의 담판에서 실패하자 그와 정면으로 맞서는 방법을 선택한다. 실제로 그가 어떤 방법으로 파라오에 맞섰는지 정확히 알 수는 없다. 『구약성서』에는 열

---

*　고대 이집트 제19왕조 제3대 파라오(기원전 1290~1224년 재위, 혹은 기원전 1279~1212년 재위)다. (위키 백과 참고)

가지 재앙 이야기가 나온다. 아홉 가지의 재앙에도 파라오는 꿈쩍하지 않았다. 그러나 열 가지 재앙에는 파라오도 버틸 수 없었다.『구약성서』에는 파라오의 장자를 포함한 이집트의 모든 맏아들이 죽었다고 한다. 하지만 하느님의 지시대로 대문 문설주에 양의 피를 바른 히브리인들의 맏아들은 무사했다.*

이러한 이야기를 그대로 믿을 수는 없다. 다만 우리는 모세가 히브리인들을 하나로 단결시켜 이집트의 파라오 람세스 2세의 통치에 저항했다는 것은 알 수 있다. 결국 람세스 2세는 히브리인이 이집트를 떠나는 것을 허락했다. 탈애급이다. 이러한 이집트로부터의 탈출을 탈애급脫埃及, 엑소더스exodus라고 한다. 엑소더스는 그리스어로 '탈출'이란 의미를 갖는다. 이 탈애급 사건, 즉 엑소더스는 이스라엘 역사에서 결정적인 중요성을 갖는 사건이다. 이 사건을 통해 비로소 이스라엘은 자신들의 정체성을 확실히 확립하게 된다. 신앙적 측면에서는 더욱 중요한 의미가 있으며 유대 신앙의 가장 중요한 구심점이다.[8] 이들의 건국을 다룬 미국 헐리우드 영화 제목도 〈엑소더스〉, 즉 '영광의 탈출'이다.

그러나 이집트를 떠나는 것이 곧 해방이라고 생각했던 그들 앞에는 엄청난 시련이 기다리고 있었다. 그들은 약속의 땅 가나안을 찾아 이집트를 탈출했으나 거기까지 도달하는 데는 엄청난 시간이 걸렸다. 그들은 직선거리로 1주일이면 갈 수 있는 거리를 40년 동안 사막과 광야

---

*   이것이 의미하는 바가 정확히 무엇인지는 알 수가 없다. 성서무오류를 주장하는 보수적인 입장에서는 이를 사실로 받아들이지만 이는 상징적, 계시적 의미로 파악하는 것이 옳을 것이다. 이런 엄청난 사실이 있었다면 아마도 이집트의 역사 기록에도 어떤 식으로든 언급되겠지만 그런 기록은 확인되지 않는다.

에서 헤매야 했다. 왜 그랬을까? 그들은 이집트를 떠나자마자 우왕좌왕 제멋대로였다. 규율도, 질서도 없었으며, 자신들의 신 야훼를 섬기는 데도 게을렀다. 그러자 야훼는 고난과 시련을 주었다. 그러한 시련을 통해 속죄하고 참회하라고.

그리고 히브리인의 유일신 야훼는 모세를 통해서 십계명을 내려주었다.* 모세는 시나이 산에서 하느님으로부터 십계명을 포함한 율법을 받아 히브리인들에게 주었다. 이것이 유대교 신앙의 본질이다. 신은 히브리인들을 이집트의 노예생활에서 구해냈으며, 그들과 공식적인 약속을 맺고 십계명과 율법을 주어 바르게 사는 법을 가르쳤다. 따라서 이스라엘 민족에게 출애굽은 구원의 출발점이 된 사건이다. 그들은 출애굽과 함께 하느님과의 계약에 따라 십계명과 율법을 받고 비로소 하나의 민족, 하나의 운명공동체로 묶이게 되었다. 이로부터 진정한 의미의 이스라엘이 시작된 것이다.

---

* 십계명은 그 표현이나 내용이 신·구교와 교파에 따라 조금씩 다르다. 공동번역 성서를 기초로 알기 쉽게 압축 표현하면 대략 다음과 같은 내용이다.
  1. 나 외에는 다른 신을 섬기지 말라.
  2. 우상을 숭배하지 말라.
  3. 하나님의 이름을 망령되이 하지 말라.
  4. 안식일을 기억하여 거룩히 지내라.
  5. 네 부모를 공경하라.
  6. 살인하지 말라.
  7. 간음하지 말라.
  8. 도적질하지 말라.
  9. 네 이웃에 대하여 거짓 증언하지 말라.
  10. 네 이웃을 탐내지 말라.

야훼 하느님에 대한 유일신 사상의 발전

모세의 십계명과 율법은 이스라엘 민족의 정체성 만들기와 유대교, 기독교, 이슬람교 등 『구약성서』를 성경으로 받아들이는 종교들의 신앙적 출발점이라는 의미 외에도 인류 역사에서 갖는 보편성이 또 있다. 그것은 그 어떤 성문법, 이를 테면 그에 앞선 우르남무 법전이나 수메르 법전, 나아가 함무라비 법전보다도 훨씬 시대를 앞서가는 진보적인 내용을 담고 있다.* 모세의 율법은 정의, 공평성, 민주성, 여성 존중이란 점에서, 그리고 안식일의 지정으로 인간 노동에서의 휴식의 개념 도입이라는 점에서 획기적인 의미가 있었다.

그러면 히브리인들의 유일신 사상은 어디서 시작되었고 어떻게 발전했으며, 언제 완성되었을까? 히브리인들은 언제부터 하느님과의 계약, 약속이라는 개념을 갖게 된 것일까?

일신론 사상이 히브리인들에게서 처음 나온 것은 아니었다. 고대 서아시아 세계에서는 일찍부터 한 신만을 섬기는 일신론 사상이 많은 호응을 받았다. 바빌로니아 제국 건설 뒤 갑작스러운 변화나 재앙이 닥치면서 지방의 신들에 대해 의문을 품지 않을 수 없었던 것이다. 이집트의 왕 아크나톤이 태양신 아톤만을 섬기게 했던 것과 메소포타미아에서 여러 신 중 마르두크에 대한 숭배가 확대된 것도 일신론 사상이 등장하게 된 상황을 말해주고 있다.

---

* 메소포타미아 법전 중에서 가장 늦은 함무라비 법전이 기원전 2100년경이었으니까 모세 율법과 비교하면 8백 년 이상의 시차가 존재한다. 따라서 모세 율법은 함무라비 법전의 주요 내용을 흡수하면서도 이를 발전시켰다고 보아야 할 것이다.

그러나 다른 민족이나 집단은 일신론 사상을 더 이상 발전시키지 못했다. 반면에 히브리인들은 일신론 사상을 끝까지 지키며 그들의 이상을 펴나갔다. 그들은 여러 신을 섬기던 당시의 사회 상황에서 그들만의 일관된 일신론 사상을 창조했다. 히브리인의 일신론 사상이 언제 완성되었는지는 짐작하기 매우 어렵다. 그러나 『구약성서』가 지금과 같은 형태로 완성되는 것은 기원전 8세기경이므로 그 이전에 기본적인 단계가 끝났다고 봐야 할 것이다.

히브리인의 종교는 초기에는 다신론과 일신론이 혼재되어 있었다. 그들은 셈족 계통의 다른 민족들처럼 많은 신들이 있다고 여기면서도 오직 자신들의 신만을 숭배했던 것이다. 야곱의 자손들은 오직 그들의 신 야훼에게만 충성한다는 사상이 나오면서 일신론은 더욱 발전했다. 그들이 섬기는 야훼는 질투가 많은 신이었다. 야훼는 자신의 백성들에게 가나안에 가게 해주겠다고 약속했다. 그는 전에도 아브라함에게 이런 약속을 한 바 있었다. 가나안은 오늘날까지도 유대민족의 열정이 가장 많이 드러나는 곳이다.[9]

이스라엘 사람들, 즉 히브리인들은 야훼와의 약속을 대단히 중요하게 여겼다. 그들은 그것이 자신들에게 주어진 엄청난 혜택이라고 여겼으며, 스스로 하느님으로부터 선택받은 민족이라고 생각하게 되었다. 이처럼 신과 약속을 맺고 이를 지키기 위해 노력하는 것은 메소포타미아나 이집트 종교에서는 찾아보기 힘든 새로운 사고였다. 동시에 야훼는 오직 자신만을 섬길 것을 요구했고, 그 덕분에 일신론 사상이 발전했다.

야훼는 일찍부터 다른 부족 신들과 본성이 크게 달랐다. 그는 자신을 새긴 형상을 만들지 못하게 했다. 이것은 가장 독특한 특징이었다. 그는 이스라엘 사람들의 종교 발전과 함께 점차 초월적인 신으로 변해 갔다. 『구약성서』「시편」에서는 "주님께서 그의 성전에 계신다. 그의 보좌는 하늘에 있다."라고 찬양했지만, 그는 자신이 창조한 세계와 독립적으로 존재했다. 히브리인들에게 야훼의 힘은 대단했다.『구약성서』「시편」에서는 "내가 주님의 영을 피해서 어디로 가며, 주님의 얼굴을 피해서 어디로 도망치겠습니까?"라고 했다. 이러한 야훼의 전능한 힘은 메소포타미아 다른 민족의 전통과 구별되게 했다.

히브리인들의 야훼는 '만물의 창조자'였다. 그는 자신의 형상에 따라 인간을 만들었다. 그에게 인간은 노예가 아니라 친구였다. 인간은 야훼의 창조물 중 가장 뛰어난 존재로 자신처럼 선과 악을 구별할 수 있는 능력을 갖고 있다. 마침내 인간은 야훼의 뜻에 따라 정해진 도덕적 세계에서 살게 되었다. 그 세계에서는 오직 야훼만이 옳았다. 야훼만이 진리였다. 인간이 만든 법은 옳을 수도 있고, 옳지 않을 수도 있었다. 따라서 정의는 오직 야훼에게만 있었다.[10]

모세 이후 야훼는 유일신이었지만 아직은 완성되지 않은 상태였다. 그는 의인화되어 인식되었다. 그는 변덕스럽고 성미가 급했으며 선한 면도 있지만 악하고 분노에 찬 심판을 내릴 수도 있었다. 그는 때로는 자의적이라고 여겨질 정도의 모습도 보여주었다. 야훼는 아직 전능하지 못했다. 그런데 이 무렵 히브리 종교 사상은 새로운 차원으로 발전하고 있었다. 즉 야훼가 자연의 일부이면서도 자연 밖에 있는 존재, 자연을 지배하는 존재, '초월적 존재'로 거듭나고 있었던 것이다.[11]

히브리인의 야훼는 기원전 8세기부터 기원전 7세기 사이에 새롭게 변화한다. 이제 야훼는 우주의 지배자로 등장한다. 그는 자신의 목적을 이루기 위해서 히브리인뿐만 아니라 다른 민족들을 이용하기도 한다. 또한 야훼는 철저히 정의로운 신이 된다. 물론 그는 정의와 선을 벗어나서는 전능하지 않았다. 세상에서 오는 죄악은 인간에게 오는 것이지 신에게서 오는 것은 아니다. 이 무렵 야훼는 "정의를 추구하고, 억압받는 사람을 돕고, 고아와 과부의 송사를 변론해주는" 존재였다. 종교의 목적이 철저히 윤리적인 데 있었다.[12]

히브리인의 유일신 사상은 '바빌론 유수 幽囚' 이후 새롭게 정리된다. 바빌론 유수는 기원전 587년 유다 왕국이 멸망하면서 시드기야 왕을 비롯한 유대인들이 바빌로니아의 수도 바빌론에 대거 포로로 잡혀가 기원전 538년에 바빌로니아를 정복한 페르시아 제국의 키루스 2세에 의해 풀려날 때까지 약 50년 동안 잡혀 있었던 사건을 말한다.* 바빌론 유수기 동안 유대인은 고난과 고통으로 민족적 일체감을 강화했다. 그들은 예루살렘에 성전을 재건하여 유대교를 정립했고, 이 기간 동안 경전을 정리하여 『구약성서』의 기초를 만들었다.

유대인들은 바빌론에서 화려하고 발전된 페르시아 제국의 문화를 체험했다. 페르시아의 조로아스터교는 이원론적 종교이자 메시아적 종교, 내세적 종교였다. 조로아스터교는 절대적인 신을 설정했고, 그

---

* 기원전 597년에 여호야긴 왕이 폐위되면서 일족이 바빌론으로 끌려간 것과, 기원전 582년경 바빌로니아가 임명한 예후드 지방 총독인 게달라이어 암살 이후 바빌론으로 잡혀간 사건을 포함하여 3차에 걸친 추방을 통칭하는 말로 쓰이기도 한다. 기원전 597년에 바빌론으로 추방된 시점부터 첫 귀환이 일어난 538년까지를 계산하면 약 59년이 된다. (위키 백과 참고)

신이 인간들을 심판한다는 개념으로 인간사에 윤리성을 도입하고 있었다. 그들은 악의 근원으로서의 사탄의 존재에 대한 믿음을 받아들였다. 또한 그들은 종말론을 발전시켰는데, 여기에는 영적 구세주와 죽은 자의 부활, 최후의 심판과 같은 개념들이 포함되었다.[13]

유대인들은 이러한 조로아스터교의 교리를 받아들이면서 그때까지도 현세 지향적이었던 유대교를 내세적 종교로 변화시켰다. 그들은 종교의 계시 개념도 받아들였다. 그들은 성서를 신의 직접적인 영감에 의해 기록된 책으로 간주하게 되었다. 이처럼 유대인들은 일신론 사상을 발전시키면서 자신들만의 민족적 종교에서 세계의 종교로 나아갈 수 있는 내용을 포함시켜갔다.

이스라엘의 왕국과 유대인의 디아스포라

히브리인들이 가나안 땅에 정착하는 과정은 험난했다. 그들은 주변의 다른 부족들과 싸우면서 자신의 정착지를 확보해나갔다. 여러 세대에 걸친 간헐적인 공격 끝에 히브리인들은 간신히 석회석 구릉 지대와 비옥도가 떨어지는 몇몇 계곡을 차지할 수 있었다. 전쟁이 없는 기간에는 가나안 사람들과 자유로이 뒤섞여 살 수 있었고, 그들의 문화도 적잖이 받아들였다. 그러나 히브리인들이 가나안 정복을 미처 끝내기도 전에 소아시아로부터 팔레스타인으로 흘러들어온 강력한 적을 만났다. 『구약성서』에 '블레셋 사람'이라고 불리는 필리스틴 Philistines 사람들과 마주치게 된 것이다. 이들은 철제 무기를 사용했으므로 청동제 무기를 쓰는 히브리인이나 가나안인보다 더욱 강력했다. 이들 침입자들은 빠른 시간 내에 전 지역을 휩쓸었고, 히브리인들은 자신들이 이미 확보한 지역의 상당 부분을 내주지 않을 수 없었다. 팔레스타인이라는 지명은 이들 필리스틴으로부터 유래한 것이다.

필리스티아인들의 등장은 히브리인의 고대 국가 건설을 재촉했다. 이들에 대항하기 위해 히브리인들은 열두 지파의 연합에서 중앙집권적인 왕권 국가를 성립시켰다. 열두 지파의 종교 지도자를 넘어서 히브리 부족들을 통치하고 전쟁을 지휘할 왕이 필요했던 것이다. 그렇게 해서 최초로 벤야민 지파에서 사울 왕이 선출되었다. 기원전 1025년경 이스라엘 왕국이 탄생된 것이다. 사울 왕은 처음에는 상당한 성공을 거두었다. 하지만 그는 무슨 이유인지는 정확히 알 수 없지만 선지자 사무엘의 불만을 샀고, 자결로써 생을 끝냈다.

사울의 뒤를 이어 등장한 것은 다윗 왕이다. 거인 골리앗과 싸워 이긴 전설적인 왕이다. 그는 40년간 이스라엘을 통치했다. 그의 치세는 히브리 역사상 가장 영광스러운 시기 중 하나다. 그는 필리스티아인들을 도륙하며 남쪽 해안의 좁은 지역으로 몰아냈다. 지금의 가자지구가 그곳이다. 3천 년 뒤 오늘날 팔레스타인 사람들은 다시 이곳에 갇힌 신세로 살고 있다. 역사의 반복인가? 아니면 또다른 무엇, 하느님의 약속의 실현인가? 그 사이 역사 과정은 숱한 곡절과 변화가 있었는데, 다시 그런 순간이 반복되다니. 정말 알 수 없는 것이 역사다.

다윗은 큰 성공을 거두었다. 12개 부족을 절대군주권 아래 통합시켜 하나의 국가로 통일했다. 예루살렘에 거대한 수도를 건설하기 시작했다. 그러나 강력한 왕권과 군사적 영광, 물질적 부귀 뒤에는 인민들의 고통과 한숨도 있었다. 고율의 세금과 강제 징집에 수반되는 불만의 목소리가 이어졌다.

다윗의 뒤를 이은 것은 통일왕국의 마지막 왕인 솔로몬이다. 그는 지혜로운 왕이란 별명처럼 힘과 추진력을 가진 위대한 왕이었다. 과거 영화를 누리던 주변의 왕국들이 몰락한 상황에서 솔로몬의 이스라엘 왕국은 번성했다. 군사적으로도 강했고 경제적 번영도 누렸다. 경제와 기술의 발전도 두드러졌으며, 다윗이 시작한 예루살렘의 성전 건설도 마무리되었다. 이때 만들어진 구리 제련소의 자취는 오늘날까지도 전해진다.

그러나 언제나 그렇듯 영광 뒤에는 위기가 찾아온다. 솔로몬 왕이 죽고 이스라엘 왕국은 남쪽의 유다 왕국과 북쪽의 이스라엘 왕국으로 분열되었다. 북쪽에서는 열 개 지파가, 남쪽에서는 유다 지파와 벤야민 지파가 가담했다. 그러나 기원전 722년 아시리아가 쳐들어와 이스라엘을 멸망시켰다. 10개 지파는 집단으로 추방당해 역사에서 사라졌다. 유다 왕국은 좀 더 오래갔다. 하지만 그것도 기원전 587년 바빌로니아군이 쳐들어오면서 끝났다. 그들은 예루살렘 성벽을 무너뜨리고 솔로몬이 지은 성전을 침탈했다. 유다 왕국의 주민들도 추방당했다. 그 중 많은 수가 바빌론으로 끌려가 '바빌론 유수*'를 경험했다. 바빌론 유수 기간은 유대인들에게 매우 중요한 민족 형성기였다. 이제야 그들을 진정한 '유대인'으로 부를 수 있게 되었다. 이때부터 그들은 오늘날

---

* 바빌로니아는 유다 왕국을 정복한 뒤 유다 왕국의 주민들을 바빌로니아에 강제로 머물게 했다. 세 차례의 공격으로 유다의 도시들은 폐허가 됐고 주민들은 포로가 되었다. 그러나 그들은 유수 상태에서도 그들의 종교를 이어갔고, 법전 등 다양한 문헌을 만들고 고유의 민족성을 다지고 지켜갔다.

에도 여전히 지속되고 또 쉽게 확인할 수 있는 그들만의 전통을 이어가고 있다.[14]

바빌론 유수가 끝났으나 많은 사람들은 바빌론에 그냥 남았다. 기원전 539년에서 기원전 332년까지 팔레스타인은 페르시아의 속국이었다. 기원전 332년에는 알렉산드로스 대왕에게 정복되었고, 그의 사후에는 이집트의 지배를 받았다. 그리고 기원전 63년에는 로마의 보호령이 되었다. 유대인의 국가 역사는 기원후 70년에 끝난다. 유대인들은 로마에 대해 필사적인 반란을 일으켰으나 실패했다. 로마는 예루살렘을 파괴하고 유대 국가를 속주로 병합했다. 그후 유대인들은 로마제국의 다른 지역으로 뿔뿔이 흩어지게 되었다. 디아스포라diaspora*가 시작된 것이다.

그로부터 2천 년이 지난 1948년, 이스라엘 민족은 팔레스타인에 이

---

* '흩뿌리거나 퍼트리는 것'을 뜻하는 그리스어에서 유래한 말이다. 특정 인종(ethnic) 집단이 자의적이든지 타의적이든지 기존에 살던 땅을 떠나 다른 지역으로 이동하는 현상을 일컫는다. 한자어로는 파종(播種)또는 이산(離散)이라고도 한다. 유목과는 다르며 난민 집단 형성과 관련되어 있다.

난민들은 새로운 땅에 계속 정착했을 수도 있고 아닐 수도 있으나, 디아스포라란 말은 이와 달리 본토를 떠나 항구적으로 나라 밖에 자리 잡은 집단에만 쓴다. 난민 외에도 노동자, 상인, 제국의 관료로서 이주한 사례도 디아스포라에 해당한다. 디아스포라 문화는 원주 지역 사람들의 문화와는 다른 방식으로 전개된다. 여기에는 문화나 전통, 혹은 서로 떨어진 원집단과 디아스포라 집단 사이의 차이점에 따라 다르다. 디아스포라 집단에서 문화적 결속은 흔히 이들 집단이 언어 변화에 대해 집단적으로 저항한다거나 고유의 종교 의식을 계속 유지하는 등에서 그 흔적을 찾을 수 있다.

디아스포라가 처음으로 언급되는 것은「신명기」28:25의 추방에 대한 내용인 "그대가 이 땅의 모든 왕국에 흩어지고"이다. 히브리어 성경이 그리스어로 번역되면서, 기원전 607년 바빌로니아인들이 이스라엘에서, 기원후 70년 로마 제국이 유대 지방에서 유대인들을 쫓아내는 부분에서 디아스포라라는 낱말이 쓰여 이 말이 지금의 의미를 얻게 되었다. 그리하여 '디아스포라'는 이스라엘의 유대인 민족 집단이 해외로 흩어진 역사적 현상과 그들의 문화적 발전 혹은 그들 집단 그 자체를 의미하게 되었다. (위키 백과 참고)

히브리 문명 169

스라엘 국가를 다시 건국했다. 유대인들은 이스라엘을 건국하면서 그때 그곳에 살고 있던 팔레스타인 사람들을 추방했다. 이를 계기로 팔레스타인의 아랍인들과 이스라엘 사이에 끝이 지 않는 전쟁 상태가 지금까지 지속되고 있다. 이스라엘 민족은 2천 년간 디아스포라를 경험하고 숱한 고난과 박해 속에서 살아남아 자신의 국가를 다시 세웠지만 새로운 비극을 연출하는 가해자가 되고 있다. 팔레스타인은 미국의 지원을 받는 이스라엘의 군국주의와 시온 팽창주의에 의해 비극의 땅이 되고 있다. 왜 이 같은 비극의 역사가 되풀이 되는 것일까? 그것도 과거의 피해자가 이제는 가해자가 되어서.

히브리인들이 남겨놓은 것은?

오늘날 세계를 움직이는 것은 미국이다. 지금 중국이 미국과 경쟁하는 세계 제국으로 부상하고 있지만 미국의 패권을 능가하는 데는 상당한 시간이 필요할 것이다. 그런 미국을 움직이는 사람들이 바로 유대인들이다. 유대인들은 미국의 정치·경제·사회·문화·과학 등 모든 분야의 핵심을 장악하고 있다. 세계 인구의 0.2퍼센트에 불과하지만 그 영향력은 매우 크다. 그들은 노벨상의 35%를 수상했으며, 미국 100대 기업의 40%를 소유하고 있다. 그들은 특히 경제적 파워가 엄청난데 이는 오랜 전통이기도 하다. 그들은 정치나 경제뿐만 아니라 문화, 예술, 과학, 학술 등에서도 최고의 역량을 나타낸다. 그들이 이렇게 막강한 파워를 낼 수 있는 원천을 많은 사람들이 그들의 고유한 전통과 그 속에서의 독특한 교육 방식에서 찾는다. 세계를 변화시키는 힘은 제도에도 있지만, 제도를 만들고 움직이는 것이 인간이란 것을 생각하면 유대인의 힘의 원천은 유대인 자신들이다.

그 뿐만 아니라 우리는 지금 그들의 유일신 사상에서 시작되어 갈라져 나온 기독교가 좌우하는 세계에서 살고 있다. 유대인들은 기독교를 부정하며 유대교를 굳건히 고수하고 있지만 두 종교는 뿌리가 같다. 이슬람도 따지고 보면 유대교와 그 뿌리가 같다. 이슬람의 주요 구성원인 서아시아 지역의 많은 민족이 유대인과 동일한 뿌리인 셈족에서 갈라져 나왔다. 모두들 믿음의 조상 아브라함의 자손들이다. 히브리 문명의 가장 큰 업적은 히브리의 종교 사상일 것이다. 그것은 수천 년 전의 과거의 일로 끝나지 않고 인류 역사를 통해 면면히 그 맥을 이어왔고, 앞으로도 그렇게 될 것이다.

고대 히브리인들이 물질이나 문명적 차원에서 큰 기여를 한 것은 그다지 없다. 이집트의 위대한 건축물들이 사실은 히브리인들이 노예로 살면서 만든 것이라는 주장도 있지만[15] 이는 확인하기 힘든 내용이다. 히브리인들이 이 무렵부터 상업적 능력을 발휘했다는 주장도 있지만 이 또한 그렇게 쉽게 증명하기 힘들다. 설령 그렇다고 하더라도 고대의 다른 주류 문명과 비교가 되지 않는 수준이다.

그러나 히브리인들은 『구약성서』를 남겨놓음으로써 인류에게 역사상 가장 오래된最古 최고最高의 문학작품을 남겼다. 이것은 우리가 아무리 부정하려고 해도 부정할 수 없는 확실한 기록이다. 『구약성서』는 종교적 경전이자 최고의 문학작품이다. 동시에 그것은 인류 최대, 최고의 예술가, 문인, 작가, 디자이너, 영화감독, 역사학자, 정치가 등 모든 분야의 사람들에게 뛰어난 영감과 예지를 제공해왔으며 앞으로도 그럴 것이다. 이 정도면 우리가 눈으로 감상할 수 있는 거대한 건축물이나 예술품을 남기지 않았다고 하더라도 인류 역사에 엄청난 공헌을 했다고 분명하게 말할 수 있을 것이다.

아마도 히브리인 정도 규모의 집단으로서는 고대 시기 그 이상의 역량을 발휘하기는 힘들었을 것이다. 특히 군사력이 일차적으로 모든 것을 좌우하는 조건에서는 우리 민족 또한 유사한 조건에 처해 있다. 우리 민족도 물질 문명보다는 히브리인들처럼 다른 측면에서, 이를테면 문화라든지, 과학 기술이라든지 그런 쪽에서 힘을 발휘할 수 있지 않을는지? 중국이라는 거대한 존재 옆에서 살아가는 것을 숙명으로 안고 있는 우리가 생각해봐야 할 문제라는 생각을 새삼 지울 수 없다.

9. 히타이트와 페르시아

바빌로니아 이후 오리엔트 지역의 여러 문명들

강력한 철기 전사 국가 히타이트

1870년 시리아의 하마^{Hama}에서 이상한 글자가 새겨진 점토판들이 발견되었다. 이때부터 이곳과 주변 지역에 대한 고고학적 연구가 광범위하게 진행되었다. 연구는 지금까지도 계속되고 있다. 처음 이상한 글자가 새겨진 점토판이 발견되고 얼마 되지 않아서 수십 점의 기념비와 점토판들이 소아시아 대부분의 지역과 티그리스·유프라테스 계곡에 이르는 중근동의 전 지역에서 발견되었다.

1907년 독일 고고학 발굴팀은 터키 중부 보가즈쾨이^{BogazKöy} 마을 근처 한 언덕에서 고대 도시들의 흔적을 찾아냈다. 그 후 발굴 작업을 통해 하투샤^{Hattusha}로 알려진 요새화된 거대한 도시의 성벽을 발굴했으며, 그 성벽 안에서 모두 2만 개 이상의 점토판을 발굴했다. 점토판 대부분은 5백여 개에 달하는 쐐기모양 기호를 이용한 쐐기문자 체계인 히타이트어로 쓰였다.[1] 이 점토판을 해독한 결과 그 요새는 고대 히타이트^{Hittite}의 수도 하투샤이며 그 점토판들은 잊혀진 제국의 공식 국

터키 중부 보가즈쾨이 마을 근처에서 발굴된 히타이트 유적

가기록보관소의 소장품이라는 것을 알게 되었다.

히타이트라는 말은 『구약성서』의 '헷 사람들 sons of Heth'에서 유래한 것으로 알려진다. 『구약성서』 「창세기」에는 아브라함 시대 기원전 2000~1500년경부터 바빌론 포로 유수에서 돌아온 기원전 450년경 에즈라 선지자 시대에 이르기까지 가나안과 그 인근 지역에 살던 종족으로 여러 차례 언급되고 있다. 그런데 현재 학자들 사이에서는 성서에 언급되는 '헷 족속'이 초기 하투샤를 수도로 한 히타이트 제국을 말하는지 아니면 후기의 히타이트 도시국가를 말하는지에 대해서는 논란 중에 있다.

히타이트인들에 관한 다른 기록들은 그들과 접촉했던 이집트나 시리아의 자료에 간간히 언급되었을 뿐 그들의 존재를 입증할 직접적인 유물이나 기록들은 전혀 나타나지 않았다. 그 때문에 히타이트인들은 거의 2천 년 이상을 사람들의 기억에서 잊혀진 채 지나왔다. 그러다가

1907년 극적인 고고학적 발굴을 통해서 사람들의 기억에서 사라졌던 히타이트 문명이 다시 떠오르게 되었다. 발굴 자료들에 의하면 히타이트족은 원래 인도유럽어족의 유목민들로서 기원전 3000년경 지금의 러시아 남부 투르키스탄 지역에서 중동 지역으로 내려오기 시작해서 기원전 2300년경 현재 터키의 동쪽 아나톨리아 Anatolia* 고원 지역에 정착하며 자리를 잡았다.

히타이트인들은 처음 원주민인 후리족과 평화적으로 융합하며 그 지역에 정착했다. 그러나 얼마 지나지 않아서 그들은 후리족을 제압하고 그 지역에 중앙집권적인 왕국을 세웠다. 히타이트 왕국은 기원전 1800년경부터 주변을 제압하면서 영토를 확장하기 시작했다. 그들은 머잖아 메소포타미아의 코앞까지 진출했다. 마침내 기원전 1700년대 중반에는 바빌로니아를 점령하기에 이르렀다. 그러나 히타이트가 지역의 패권을 차지하도록 주변 국가들이 그냥 내버려두지 않았다. 미탄니 왕국과 사사건건 충돌해야만 했다. 히타이트 왕국은 너무 무리하게 주변국과 싸움을 벌이는 바람에 힘이 약화되었다.[2]

히타이트가 강성해져서 지역 패권을 장악하기까지는 좀 더 시간이 필요했다. 히타이트는 최초로 철기를 사용한 민족으로 알려지고 있다. 기원전 15세기경에 메소포타미아, 시리아, 소아시아에 인간이 만든 철기가 등장하지만, 히타이트의 하티에서는 이미 기원전 18세기경에 사용한 철기가 발견되고 있다. 이 무렵 히타이트인들은 독점적인 철기술을 보유하고 있었다.[3] 또한 그들은 다른 어떤 집단보다 강력한 전사들

---

* 지금의 터키의 대부분을 차지하는 지역으로 옛날에는 소아시아라고도 불렀다.

을 갖고 있었다. 히타이트는 이러한 철기와 강력한 전사집단을 바탕으로 기원전 1600년경부터 기원전 1200년경에 이르는 기간에 주변 국가들을 통합하여 강력한 제국을 건설했다.

히타이트 제국은 주변의 강국들과 어깨를 나란히 하며 힘을 겨루었다. 특히 기원전 1350년경에는 수필루리우마^{Suppiluliuma} 1세 시대의 히타이트는 철제 무기를 바탕으로 소아시아를 안정시킨 후 북부 아시리아 및 바빌로니아와 동맹을 맺었다. 동맹의 효과는 확실해서 당시 중동 지역의 최강자였던 미탄니를 정복하며 일약 오리엔트의 최강자로 등극했다. 마침내 미탄니는 하니갈바트라는 이름으로 불리며 히타이트의 속국이 되었다.

히타이트의 절정과 몰락

히타이트가 주변에 강력한 위세를 떨칠 이 무렵 이집트는 내적 혼란으로 외부 문제에 신경을 쓸 형편이 아니었다. 아케나톤으로 개명한 아멘호테프 4세가 종교개혁을 했으나 어린 투탕카멘이 왕위에 오르면서 그 종교개혁이 취소되었다. 투탕카멘도 어린 나이에 사망하고 80대의 사제 아이^{Ay}가 왕위에 올랐다가 1년 만에 사망하는 등 혼란이 계속되었다. 이집트는 대외 활동이 상당히 축소될 수밖에 없었다. 또한 수필루리우마 1세는 아들 잔난자가 이집트에서 살해되는 사건이 터지자 이집트와 본격적으로 적대관계에 들어섰고, 히타이트는 이집트령 시리아에 대대적인 침공을 시작한다. 그러나 이곳에 전염병이 퍼지면서 이집트군은 대응하지 않았다. 히타이트 역시 전염병으로 수필루리우마 1세와 그 뒤를 이은 아르누완다^{Arnuanda} 2세 등이 잇달아 사망하면서 전쟁은 흐지부지 끝났다.

아르누완다 2세의 사망 이후 아직 나이가 어린 무르시리^{Mursili} 2세가 왕위에 올랐다. 그러자 히타이트의 속국들이 일제히 반란을 일으켰고 이집트군도 히타이트에 위협을 가해왔다. 히타이트는 일시 위기를 맞았으나 무르시리 2세가 혼란을 잘 수습하고 정국을 안정시키면서 다시 전성기를 맞았다. 이 시기에 히타이트는 시리아와 팔레스타인 지방 및 메소포타미아 북부까지 진출했다.

무르시리 2세의 후계자인 무와탈리스^{Muwatallis} 2세는 기원전 1274년 이집트의 람세스 2세와 카데시^{Kadesh} 전투를 벌였다. 이집트의 조각에는 이집트군의 승리로 기록되어 있지만, 히타이트 측의 승리로 보는 역사학자들도 많다. 실제 전투의 경과를 보면, 이집트의 기록에 따르더라도 전투 초반에 이집트군의 절반은 궤멸당했고, 나머지 절반은 전장에서 너무 멀리 떨어져 있어서 결국 마지막까지 전투에 참여하지 못했다. 히타이트인들의 힘은 말이 끄는 두발 달린 전차를 타고 활과 긴 창 그리고 방패로 무장한 우수한 전사들에게서 나왔다. 당시 이집트인들도 전투에서 말이 이끄는 전차를 사용했지만 히타이트인들이 사용한 것들보다 무거워 기동성이 떨어졌다. 히타이트 전사들의 전투 기술 또한 뛰어났고, 히타이트는 시리아를 자기편으로 끌어들임으로써 이집트를 제압할 수 있었다.

이렇게 보면 카데시 전투에서 히타이트의 승리는 확실해 보인다. 그런데 이집트의 기록에 따르면 그때 람세스 2세가 갑자기 신으로 변신해서 혼자서 히타이트군을 전멸시키고 승리했다고 한다. 전투 결과에 대해서는 논란이 있지만 히타이트는 이 전투를 통해 우피 현재의 다마스커스 부근 등 이집트의 주요 거점들을 점령했다. 반면 이집트의 동맹국이었던 아무루가 히타이트에 종속되었으며, 아시아에서 이집트의 세력은 가나안 지역으로 축소되었다. 이처럼 히타이트는 전성기에 막강한 힘을 보여주었다.

그러나 이 전투가 결국 히타이트와 이집트의 몰락을 가져오는 중요한 원인으로 보는 학자들도 있다. 이 전쟁 후 두 제국 중 어느 하나도 세력을 만회하지 못했던 것이다.[4] 히타이트와 이집트의 전쟁은 그 뒤에도 계속되었지만 대규모 충돌은 없었다. 두 나라는 소규모의 지역 전투만 벌이다가 히타이트의 하투실리 3세의 딸이 람세스 2세와 결혼하면서 공식적인 우호관계를 맺었다. 하지만 무와탈리스 2세 시대 이후 히타이트는 점차 약화되었다.

히타이트의 쇠퇴에는 기후의 영향이 컸던 것 같다. 당시 기후변동으로 오리엔트 지역이 점차 건조화되었던 것이다. 수도 하투샤 근처에 키질이르마크 Kizilirmak 강이 흘렀지만 이 정도로는 건조화에 제대로 대항할 수 없었다. 히타이트가 약화되면서 나일강과 유프라테스강 같은 큰 강을 끼고 있는 이집트와 아시리아 등이 상대적으로 강세를 보였으나 이 나라들도 점차 쇠퇴해가기는 마찬가지였다.

청동기 시대의 종막을 고하는 대규모 민족이동이 시작되면서 히타이트는 미케네 Mycenae 등과 함께 멸망했다. 기원전 1200년경 철기를 사용하는 또 다른 민족이 히타이트를 침공했다. 바다를 건너온 그리스계 민족으로 알려진 이들은 히타이트인들보다 훨씬 막강한 전투력을 가졌다. 결국 히타이트인들은 수도 하투샤를 잃고 시리아 쪽으로 물러났다. 한때 대제국을 형성했던 히타이트의 쇠퇴는 미스테리한 점이 너무 많다. 그들을 멸망시킨 민족이 구체적으로 누구인지도 정확하지 않다.

그런데 후대의 발굴을 통해 수도 하투샤에 도시 전체를 불태운 화재의 흔적은 있지만 대규모 외침의 흔적이 없다는 것이 밝혀졌다. 그 때문에 학자들은 히타이트가 내전으로 이미 멸망에 가까운 상태에 처해 있었던 것이 아니었을까 추정하고 있다. 청동기 시대 민족의 대이동이 히타이트에만 영향을 미친 것은 아니어서 아시리아와 이집트 또한 극도로 위축된 시기를 보내게 된다.

기원전 1200년 이후 히타이트는 유프라테스강 어귀의 카르케미슈를 중심으로 다시 부활했다. 그러나 그것은 이전과 같은 왕국이 아닌 몇몇 도시국가들이 잔존했을 뿐이며 군사적인 정복보다는 상업 등에 주력했다. 그러나 이들 히타이트들의 도시국가도 기원전 717년 아시리아의 침략을 받아 완전히 멸망한다.

문명의 차원에서 히타이트가 갖는 중요성은 그들이 티그리스-유프라테스 계곡과 중동의 서부 지역 사이에서 가교 역할을 했다는 점이다. 히타이트인들을 통해 메소포타미아의 문화가 가나안과 에게해 지역 사람들에게 전달되었던 것이다.

히타이트인들은 독특한 정치체제를 갖고 있었다. 히타이트의 정치체계는 타바르나^왕, 타와난나^{여제사장}, 판쿠^{귀족회의}의 세 주체에 권력이 분산되어 있어서 상호 견제하게 되어 있었다. 이 가운데 타바르나의 여성형인 타와난나는 대왕비라고 번역하는 경우가 많지만, 왕비와 타와난나는 별개의 지위였고 왕의 정비라고 해서 자동적으로 타와난나가 되는 것은 아니었다. 타와난나는 여제사장의 지위도 함께 맡았으며, 왕비일 때는 왕의 배우자로서, 왕위가 계승되고 나면 왕의 어머니로서 강력한 권한을 행사했다. 왕과 여왕이 별도로 계승되는 일종의 '이중왕' 제도로 보면 이해가 쉬울 것이다.[5]

또한 히타이트는 상당히 발전된 법률체계를 갖고 있었다. 지극히 다양한 주제를 담고 있는 약 2백 개의 칙령이 지금까지 번역되었는데, 그것들은 히타이트 사회가 비교적 도시적이고 세련되었지만 엄격한 정부의 통제 아래 있었음을 보여준다. 모든 토지의 소유권은 왕이나 도시 정부에게 있었다. 군대 복무에 대한 보상으로 개인에게 토지가 수여되기도 했지만, 그 토지를 반드시 직접 경작해야 한다는 엄격한 조건이 붙어 있었다. 사치품과 공산품뿐만 아니라 음식물과 의복을 포함한 수많은 상품들의 가격이 법률로 고정되어 있었다. 모든 임금과 수수료도 명시되었으며 여자가 받는 급료는 남자의 절반 이하로 고정되어 있었다.[6]

리디아인과 페니키아인의 활약

기원전 8세기에 히타이트 제국이 멸망하자, 소아시아에서 그것을 계승한 것은 리디아^{Lydia} 왕국이었다. 리디아인은 지금의 터키 서부 지역에서 지배권을 확립했다. 그들은 재빨리 소아시아 해안의 그리스 도시 국가들과 할리스강 서쪽의 고원지대 전역에 대한 지배권을 장악했다. 그러나 그들은 단명하고 말았다. 기원전 547년 리디아 왕 크로이소스는 할리스강 동쪽에 있던 메디아의 영토를 편입하기 위해 정복에 나섰다. 이 무렵 메디아는 페르시아의 키루스^{Cyrus} 대왕이 점령한 상태였다. 크로이소스의 군대는 키루스의 군대와 접전을 벌였으나 교착 상태에 빠졌고, 크로이소스는 전열을 가다듬기 위해 수도인 사르디스로 귀환했다. 그러나 키루스는 크로이소스가 미처 준비할 틈도 주지 않고 기습 공격해서 그를 사로잡았다. 수도 사르디스는 함락되어 불타버렸고, 리디아는 페르시아의 타격으로부터 영영 헤어나지 못하고 멸망했다. 그 후 소아시아 해안의 그리스 도시국가들을 포함한 리디아의 모든 영토는 페르시아의 수중에 들어갔다.[7]

리디아인들이 히타이트 제국의 멸망으로 이 지역에서 주도권을 장악한 것과는 달리 페니키아^{Phoenicia}인들은 정복자도 아니고 제국의 건설자도 아닌 방식으로 영향력을 펼쳤다. 페니키아라는 말은 후대에 그리스인들이 붙인 이름이다. 페니키아인들은 스스로를 '가나안 사람들'이라고 불렀다. 그들은 이스라엘인, 아람^{Aram}인*들과 함께 가나안계에 속하며 오래전에 이들 민족 간에 혼혈이 이루어졌다. 페니키아는 지중해 동쪽 해안을 일컫는 고대 지명이다. 따라서 페니키아인이라고 할 때, 그것은 특정한 하나의 민족을 지칭하는 것이 아니라 이 지역에서 주로 활동하던 사람들을 일컫는 말이라고 볼 수 있다. 여기에는 그 지역에 살았던 아람인을 비롯해 이스라엘인들도 포함된다고 보는 것이 타당할 것이다.[8]

페니키아인들은 주로 해안가에 살았다. 바닷가 뒤쪽으로 해발 3천

---

* 기원전 11~8세기에 시리아 지역에 뿌리내린, 셈족의 한 갈래를 이루는 종족이다.

미터 높이의 레바논 산맥이 가로막고 있었기 때문에 그들은 일찍부터 바다로 진출했다. 그들은 삼나무 목재로 뗏목을 만들어 인근 지역에 내다 팔았다. 그 뒤 삼나무로 큰 배를 만들어 지중해에서 생산한 천일염과 해발 2천 미터의 높은 산맥에서 벌채한 삼나무 목재와 함께 올리브와 포도, 바다에서 잡은 생선을 말려 인근 지역들과 해상교역을 하기 시작했다. 소금과 올리브, 포도는 기후와 토양이 중요하기 때문에 소금과 올리브, 포도가 생산되는 곳과 그렇지 못한 곳 사이에 교역이 이루어질 수 있었다. 교통이 발달하지 못한 고대에는 주로 수로를 통해 교역이 이루어졌다. 페니키아인들은 소금과 올리브 등을 수출하고 키프로스에서 구리와 토기를, 이집트에서 곡물과 파피루스를, 크레타에서 토기를, 멜로스섬에서 흑요석 무기와 도구들을 수입해 인근 지역에 되팔았다. 이들은 종종 해적질도 하면서 주변 이스라엘 사람들을 납치해 그리스에 노예로 팔기도 했다.[9]

페니키아인들은 해적질도 했지만 기본적으로는 평화적인 방법, 특히 상업을 통해 그들의 영향력을 확대했다. 페니키아는 도시국가들의 느슨한 연합체를 형성했다. 이 연합체는 외국 세력에게 조공을 납부하고 그 대가로 안전을 얻었다. 그들이 차지한 영토는 레바논 산맥과 지중해 사이에 놓인 북부 팔레스타인의 좁고 긴 지역, 그리고 해안의 섬들이었다. 천혜의 항구와 지중해 동쪽 해안 중앙에 위치한 입지 조건으로 인해 페니키아는 상업을 하기에는 최적의 여건을 갖추고 있었다. 상업 중심지는 타이르와 시돈이었다.[10]

중심 도시 타이르의 주도 아래 페니키아는 기원전 10세기에서 기원전 8세기에 이르는 동안 세력이 절정에 이르렀다. 그들은 도처에 식민지를 건설하고 그곳에 정착했다. 기원전 9세기부터는 로도스섬에 자리를 잡았다. 북아프리카의 카르타고, 시칠리아섬의 팔레르모 부근, 발레아레스 제도, 스페인의 카디스와 말라가 등에 식민지를 세운 뒤 자신들의 상품을 팔면서, 헤라클레스의 기둥[*]이 세상의 끝이라는 믿음을 퍼뜨렸다.[11] 그러나 기원전 6세기에 페니키아는 칼데아의 지배하에 들어갔다가 다시 페르시아인의 지배를 받게 되었다. 그리고 타이르는 기원전 332년에 7개월간의 포위 공격을 받은 끝에 알렉산드로스 대왕에 의해 멸망했다.

히타이트 문명과 미케네 문명이 거의 도미노 효과처럼 붕괴되고 이집트도 같은 때에 쇠퇴하자 중앙집권적인 관료제도는 경제 활동에 대한 통제권을 상실했다. 통제되고 전문화된 교역의 하부토대가 붕괴되면서 엘리트들의 권력도 쇠퇴했다. 그 후 3백 년간은 정치적 공백기로 혼란과 해적질이 만연한 시기였다. 그러한 해적질의 대부분은 고고학자들이 해상족이라고 부르는 호전적인 무리들에 의해 저질러졌다. 레반트^{**} 지역의 해안 평지에 살던 많은 집단들이 고원지대로 옮겨갔으며, 우가리트^{Ugarit} 같은 교역 도시에 대한 의존성이 약화되었다.

그들은 시간이 흐르면서 점차 유목민이 되어갔다. 그 중 일부는 북부 메소포타미아의 아시리아와 같은 새로운 호전적이고 강성한 외부 세력에 대항해 자신들의 주권을 지키기 위해 읍과 마을, 유목민들로 이루어진 느슨한 연합체를 구축했다. 그런 연합체들 중 하나가 이스라

---

*　　지금의 지브롤터 해협을 말한다.
**　　지금의 팔레스타인과 시리아 지역을 일컫는 말이다.

엘 국가로 발전했다. 이스라엘은 기원전 1000년 이후에는 왕국을 이루었으며, 성벽을 갖춘 도시들의 연결조직으로 스스로를 방어했다.[12]

페니키아인은 가나안인과 밀접한 관련이 있는 셈족 계통의 사람들이었다. 그들은 창조성은 모자랐으나 다른 민족의 업적을 응용하는 데서는 뛰어난 재능을 보였다. 그들은 주로 해상 활동과 상업 활동을 했기 때문에 밤에 별을 이용하여 항해할 수 있는 항해술을 발전시켰다. 그러나 그들의 가장 큰 업적은 알파벳을 발명하고 전파했다는 사실이다. 페니키아인들은 음성을 나타내는 기호체계를 채택했고, 그림 문자와 음절 문자를 모두 제거했다. 오늘날의 세계에서 사용하고 있는 알파벳은 여기서 시작되었다.

> 그들페니키아인들은 우선 이집트인들에게서 몇 개의 그림을 빌려오고, 수메르인들의 쐐기 문자 가운데 몇 가지를 단순화시켰다. 또한 쓰는 속도를 높이기 위해 예전 글자의 예쁜 모양새를 과감히 버렸다. 드디어 수천 가지의 다른 이미지들이 24개의 간편한 글자로 줄어들었다. 세월이 흘러 이 알파벳은 에게해를 넘어 그리스에 유입되었다. 그리스인은 이 알파벳을 채택하여 자신들의 언어에 적용했다. 그리스인들은 여기에 몇 개의 문자를 덧붙여 이탈리아에 전파했다. 로마인들은 이것을 다시 수정하여 서유럽의 야만족들에게 가르쳐주었다.[13]

근대의 알파벳은 페니키아 문자를 받아들인 그리스의 알파벳에서 나왔고, 이를 발전시킨 라틴어 알파벳은 오늘날 유럽을 비롯한 세계 전역에서 사용되고 있다.[14] 이렇게 볼 때, 페니키아가 인류 역사에 끼친 영향은 자못 지대하다고 말할 수 있을 것이다. 정치·군사적인 강국이 못 되더라도 인류의 역사와 인간의 삶에 공헌할 수 있는 길은 여러 가지가 있다. 그건 주로 경제나 문화적인 측면에서 찾을 수 있다. 고대 히브리 민족과 페니키아인들이 그러한 공헌을 한 대표적인 경우라 하겠다.

메소포타미아 지역에서 아시리아의 부흥

수메르인의 시대 이후 메소포타미아 지역에서 가장 독자적인 발전을 이룬 것은 아시리아^{Assyria} 인이었다. 그들은 수백 년 동안 티그리스 강 상류 계곡의 좁은 고지대에서 고립된 생활을 했다. 그들은 결국 바빌로니아인의 영향력 아래 놓이게 되었지만 그들 나름의 발전을 이룬 뒤의 일이었다. 그들은 마침내 기원전 1300년경부터 기원전 612년까지 메소포타미아 지역의 주도권을 쥐었다. 그들은 이 지역을 장악하는 동안 자신들의 독특한 문화를 남겼다.

기원전 1305년에 즉위한 아다드니라리^{Adadnirari} 1세는 아시리아의 군사력을 새로운 차원으로 이끌었다. 그는 하니갈바트^{Hanigalbat}*에 대항하기 위해 많은 노력을 기울였고, 자신의 군사 작전을 여러 비문에 기록했다. 비문에 따르면 아다드니라리 1세는 하니갈바트의 왕 샤투아라^{Shattuara}의 적대행위를 응징하기 위해 대대적인 군사작전을 펼쳤

---

* 시리아의 미탄니 제국이 작아진 나라.

다. 샤투아라는 아시리아군에게 체포되어 신하가 될 것을 강요당했다. 이에 샤투아라의 아들 와사샤타가 히타이트에 도움을 청하자 아시리아는 하니갈바트를 다시 침공했다. 이때 히타이트는 아나톨리아에 문제가 생겨 지원군을 보내지 못했다. 아다드니라리는 두 번째 원정에서 하니갈바트의 수도 와슈칸니를 정복하고 히타이트 왕국과의 국경에 자리한 카르케미시까지 진출했다. 하니갈바트는 정복당했고 와사샤타와 그의 일가는 포로로 잡혔다. 이제 아시리아는 북부 교역로를 통제하는 강국이 되었다.[15]

아다드니라리 1세는 남쪽의 카시트 바빌로니아에도 승리했다. 그러나 그들은 승리를 경축하면서도 바빌로니아 표준어를 문어로 사용하는 등 문화적으로 바빌로니아를 모방했다. 아시리아 왕들은 바빌로니아 최고의 신인 '엔릴 신의 지배자'를 주된 칭호 중 하나로 사용했다. 아다드니라리 1세의 뒤를 이은 샬마네세르 Shalmaneser 1세도 바빌로니아와의 문화적 교류와 군사적 확장 정책을 계속 이어갔다. 한동안 확장을 계속하던 아시리아는 기원전 1100년경부터 1세기가량 크게 위축되었다. 그러나 기원전 1115년 티글라트필레세르 Tiglath-pileser 1세가 왕위에 오르면서부터 아시리아는 다시 한 번 군대를 재조직하고 영역을 확장했다.

아시리아는 샬마네세르 3세의 치세 기원전 858~824년 동안 영토를 서쪽으로는 유프라테스강에서부터 북쪽으로는 토로스 산맥의 주능선까지 확장시켰다. 티글라트필레세르 3세의 치세 기원전 744~727년 이후에는 국경이 서쪽으로는 지중해까지, 동쪽으로는 자그로스 산맥 깊숙이까지, 북서쪽으로는 아나톨리아까지 이르게 되었다. 바빌로니아는 아시리아의 종속국이 되었으며, 아시리아는 중동 전역을 지배하는 대제국이 되었다. 당시 아시리아의 영향력은 국경을 초월하여 이란과 아나톨리아의 고원, 아라비아 사막, 이집트와 누비아^{쿠시}의 나일강 하류, 지중해의 키프로스섬, 페르시아만의 바레인까지 미쳤다.[16]

대제국이 된 아시리아의 영토를 지켜주는 것은 군사력이었다. 그러나 그것도 한계가 있었다. 기원전 8세기 초반 사르곤 Sargon 2세가 즉위했을 때에는 전국적으로 반란이 빈번하게 일어나기 시작했다. 기원전 721년에 왕위에 오른 사르곤 2세는 반란을 진압하고 정국을 안정시키기 위해 노력했다. 그는 기원전 713년에 수도 칼라나 니네베 Nineveh 와는 완전히 다른 새로운 도시를 건설하기 시작했다. '사르곤의 요새'로 불리는 이 도시는 8년 만에 완공을 보게 된다. 기원전 706년 마침내 새 수도 두르샤루킨으로 궁정을 옮겼다. 하지만 이듬해 사르곤은 타발로 진격하다가 전쟁터에서 사망하고 사체마저 적군에게 빼앗기고 말았다. 그 뒤 두르샤루킨은 더 이상 왕의 주 거처로 사용되지 않았다.

아시리아의 수도 니네베는 『구약성서』에 따르면 기원전 7세기경 인구 12만 명이 사는 세계에서 가장 큰 도시였다. 그러나 기원전 612년 메데아 Medea 의 군대에 의해 이 도시가 포위당했을 때 급수 시설 등 주요 시설들이 대거 파괴되었다. 제국이 멸망하고 난 뒤 이곳은 급속히 폐허로 변해갔다. 결국 이 니네베의 궁전은 아시리아의 멸망과 함께 땅속에 묻혔고, 19세기 중엽까지 인류에게 발견되지 않았다.[17]

사르곤의 손자 아슈르바니팔 Ashurbanipal 은 오늘날 아시리아 최후의 위대한 왕으로 여겨진다. 그는 점점 혼란스러워지는 시대에 왕위에 올랐으나 그의 치세는 40년 가까이 지속되었다. 그는 이전의 왕들과는 달리 군사 활동을 거의 벌이지 않았다. 그는 원정에도 거의 참가하지 않았다. 그는 니네베에서 호위병의 보호와 화려한 새 왕궁의 두꺼운 벽에 둘러싸여 백성들로부터 고립된 생활을 했다. 그는 이곳에서 당시 세계에서 가장 큰 도서관을 만들었다. 오늘날 아슈르바니팔은 아시리아의 왕좌에 앉았던 학자로서 기억되고 있다.

아슈르바니팔이 아시리아의 왕실 도서관을 처음으로 세운 왕은 아니었다. 왕실 도서관의 역사는 적어도 기원전 13세기로 거슬러 올라갈 수 있다. 그러나 아슈르바니팔은 물려받은 책들을 체계적으로 정리하고 늘렸다. 그는 기존의 문헌들을 수집했을 뿐만 아니라 그의 주변에 있는 학자들과 현지의 서기들에게 도서관에 있는 모든 책들을 베끼도록 했다. 그의 도서관에 있던 점토판들은 기원전 612년 니네베의 파괴 당시 대부분 산산조각이 나고 말았지만, 그 중 일부는 남아서 지금까지 전해지고 있다. 이 점토판들은 19세기 중엽 영국 고고학자들의 탐사를 통해 발견되어 대영 박물관으로 옮겨졌다. 중동 전문가들은 이 점토판의 풍부한 내용을 분류하고 판독하는 작업을 진행 중이지만 그것이 끝나려면 아직도 멀었다.

아슈르바니팔의 도서관에는 밀랍을 입힌 서판과 가죽으로 된 두루마리 및 아시리아에서 활동하는 이집트의 서기와 학자들이 사용한 파피루스 두루마리들이 있었다. 그러나 이 중 2만 8천 개의 설형문자 점토판을 제외하고는 화재로 모두 소실되었다. 남은 점토판들은 도서관의 장서 중 극히 일부분에 지나지 않는다. 그나마 이들 점토판마저 없었다면, 고대의 유명한 왕실도서관이었던 알렉산드리아 도서관의 경우처럼 오늘날에는 아무것도 전해지지 않았을 것이다.[18] 불행 중 다행이라고 해야 할까?

아시리아의 멸망과 신바빌로니아 제국

7백 년 가까이 지속되던 아시리아도 드디어 종말의 날이 다가왔다. 기원전 627년 아슈르바니팔이 사망한 후, 그의 아들 아슈르에틸일라니Ashur-etil-ilani가 상속 전쟁 끝에 왕위에 올랐다. 하지만 그는 오래가지 못했다. 미성년이었던 탓에 대환관 신슈무리시르Sin-shumu-lishir에 의해 보좌되었으나 기원전 624년 알려지지 않은 이유로 그의 치세가 끝났다. 그 뒤 새로운 왕 신샤르이시쿤Sin-shar-ishkun이 아슈르바니팔의 아들이라 주장하며 왕위에 올랐으나 아시리아는 이미 국운이 다한 상태였다. 내분이 일어났고, 그를 틈타 메데아의 군대가 공격해왔다. 기원전 614년 아슈르Ashur가 점령당하면서 신전이 더럽혀지고 약탈당했다.

기원전 612년에는 정치적인 수도 니네베가 바빌로니아와 메데아 군대에 의해 포위되었다. 왕은 격전 중에 사망했다. 아시리아의 마지막 왕 아슈르우발리트Ashur-ubalit 2세가 하란Harran 지역에 있는 '달의 신'의 신전에서 즉위했다. 아시리아의 왕들은 전통적으로 아슈르에 있는 아슈르 신전에서 왕위에 올랐으나 아슈르는 이미 적의 손에 넘어간 상태여서 대관식을 치를 수가 없었다. 기원전 609년 하란에서 아시리아와 이집트 연합군이 패배했고, 다음해 재탈환을 시도했으나 실패했다. 그 전투 이후 아슈르우발리트 2세의 운명은 알려지지 않았다. 그 뒤 아시리아 제국은 완전히 분해되어 역사에서 사라졌다.

아시리아의 특징은 전사 국가이면서 군국주의 국가라는 점이다. 군사령관이었던 사르곤 2세는 왕위를 찬탈하고 전쟁 준비를 했다. 그들은 철제 검, 강력한 활, 긴 창, 공성 망치, 바퀴 달린 요새, 그리고 금속판 흉갑판, 방패, 투구 등 탁월한 전쟁 무기를 지녔다. 아시리아는 적을 압도하기 위해 '두려움'을 활용했다. 아시리아인들은 전투에서 사로잡은 포로들을 가혹하게 다루었다. 비전투원에 대해서도 잔혹했다. 그들은 포로들을 산 채로 살갗을 벗기고, 말뚝에 찔러 죽이고, 코와 귀, 성기를 잘랐다. 항복하지 않는 도시에게 본보기로 보여주기 위해 절단된 시체들을 전시했다고 한다. 이러한 이야기는 적이 아니라 스스로의 기록에서 나타났다. 그들은 잔학 행위가 자신들의 안정과 권력을 보장한다고 믿었던 모양이다. 아시리아인들은 주변의 모든 사회로부터 증오의 대상이 되었다.[19]

아시리아의 이러한 잔혹한 처사는 결국 자신들의 철저한 파멸을 낳았다. 그들은 훌륭한 무기와 적국에 대한 철저한 파괴에도 불구하고 제국으로서의 영광을 1백 년도 채 누리지 못했다. 아시리아의 잔혹한 군국주의에 주변의 세력들이 잇따라 반기를 들었고, 아시리아는 결국 몰락하고 말았다. 아시리아의 적들은 끔찍하게 보복했다. 아시리아의 전국토는 철저하게 약탈당했고, 주민들은 노예가 되거나 절멸되었다. 이후 아시리아는 역사에 거의 영향력을 행사하지 못했다.

그러나 아시리아인은 예술 분야에서 구바빌로니아인을 능가했다. 그들은 비록 형식은 달랐지만 수메르인의 작품과 대등한 수준을 유지했다. 그 가운데 조각이 가장 발달했으며 특히 엷은 릴리프^{relief*}가 뛰어났다. 이 작품들은 전쟁과 사냥의 극적인 장면을 최대한 충실하면서도 지극히 실감나게 묘사했다. 불행하게도 아시리아인의 예술은 거의 전적으로 전쟁과 스포츠라는 두 가지 주제에 한정되었다. 아마도 그 목적은 지배계급의 위업을 찬양하기 위한 것이었다고 여겨진다. 조각 다음으로 예술적 탁월성을 유지한 것은 건축이다. 그러나 그들은 너무 규모에 집착하는 단점을 보여주고 있다. 아시리아인은 거대함을 아름다움과 동일시했던 모양이다.[20]

아시리아의 붕괴 후에 메소포타미아 지역의 지배권을 장악한 것은 칼데아^{Chaldea}인들이다. 아시리아를 멸망시킨 것은 메데아인과 칼데아인이었지만 메데아인은 메소포타미아에 대한 지배권에 관심이 없었다. 유목민인 칼데아인들은 기원전 1100년대 후반 시리아 사막 지역에서 메소포타미아 지역으로 이주해왔다. 그들은 아시리아 멸망 후 바빌론에 수도를 복구하고 함무라비 시대의 문화를 재생시키려 했다. 그래서 이들에게 신바빌로니아란 이름이 붙여지게 되었다. 그들은 과거의 제도와 이상을 부활시키려 했다. 그들은 고대의 법률과 문학, 구바빌로니아 정부 형태와 상공업이 압도한 초기의 경제체계를 회복시켰다.

네부카드네자르^{Nebuchadnezzar} 2세$^{기원전\ 605~562년}$는 지역 세력에 불과하던 신바빌로니아를 세계적인 제국으로 바꾼 인물이다. 그는 제국의 수도 바빌론의 재건을 위해 대대적인 건설을 시작했다. 18킬로미터 둘레의 새로운 성곽을 쌓았으며 중앙에는 세 겹의 담으로 둘러싸인 왕궁

---

* 평면 위에 형상이 도드라지게 새기는 기법의 조각.

과 신전 구역을 설치했다. 이 주위에 수로를 파고 유프라테스강이 해자 역할을 하도록 했다. 그는 메디아 출신의 왕비 아뮈티스를 위로하기 위해 '공중정원'을 지었다고 한다.

식물이 있는 메디아에서 자란 왕비 아뮈티스는 건조한 사막으로 이뤄진 바빌론 기후에 적응하지 못했다. 왕은 궁전 안에 높이 25미터, 5단 계단으로 되어 있는 테라스에 흙을 묻고 물을 위에까지 끌어올려 밑으로 흘리고 수목과 꽃을 심었다. 매우 큰 정원이어서 멀리서 보면 흡사 공중에 매달려 있는 듯이 보였다. 맨 위 면적은 60평방미터로 추정되고 있다. 이 정원은 기원전 538년에 페르시아 제국이 침략하여 파괴했다고 한다. 이 공중정원은 고대 로마의 플리니우스가 쓴 『박물지』에는 언급되어 있지만, 헤로도토스의 『역사』에는 알려져 있지 않다. 니네베에 있었다고 알려진 다른 정원과 혼동하고 있다는 설도 있다.[21]

그러나 신바빌로니아 제국은 오래가지 못했다. 네부카드네자르 2세 사후 혼돈을 거듭하다가 기원전 539년 페르시아의 키루스 대왕에게 멸망당했다. 이때부터 메소포타미아 지역은 페르시아의 지배를 받게 되었다.

아케메네스 왕조 페르시아 제국

이제 페르시아 제국이 등장할 때가 되었다. 오늘날 유럽에서는 이란의 영토에 근거한 여러 개의 국가들을 통칭하여 페르시아 제국이라고 부른다. 엄밀히 말하면 아케메네스Achaemenes 왕조의 페르시아 기원전

550~330년를 말하지만, 넓은 의미로는 1979년 팔레비Pahlabi 왕조가 무너질 때까지 이 지역에서 일어났던 여러 개의 제국들을 모두 페르시아 제국이라 부르기도 한다. 우리가 여기서 살펴볼 것은 아케메네스 왕조다.

기원전 6세기 이전의 페르시아인에 대해서는 그다지 알려진 바가 없다. 그때까지 그들은 페르시아만의 동부 해안에서 평화로운 삶을 누리고 있었다. 그들은 인도유럽어족으로 흔히 '아리아인 Aryan'이라고 불리는 일족이다. 오늘날 아랍인으로 불리는 셈족과는 그 계통이 다른 것이다. 그들은 아리아인의 이동 과정에서 기원전 1000년경 이란 고원 지대로 이주했다. 그들과 함께 이주한 동족 계통의 메디나Medina인은 고원의 서북부 지역에, 페르시아인은 서남부 파르사Parsa, 지금의 파르스에 정착했다. 페르시아라는 말은 파르사에서 유래했다. 초기 페르시아는 티그리스강 북부와 동부 지역을 지배한 메디나의 속국이었다.

기원전 559년 키루스가 등장, 메디나의 지배를 뒤집고 아케메네스 왕조를 세웠다. 그는 주변 지역을 정복하고 나아가 메소포타미아와 소아시아 지역까지 영역을 확장했다. 그의 군대는 소아시아의 서반부를 차지하고 있던 리디아를 정복하고, 기원전 539년에는 칼데아 신바빌로니아 제국의 수도 바빌론을 함락시켰다. 그는 불과 20년도 채 안 되는 짧은 기간에 과거 어떤 제국보다도 거대한 제국을 건설했다. 키루스 대왕은 기원전 529년에 이민족과의 전쟁에서 입은 부상으로 사망했다.

페르시아 제국의 영토는 다리우스Darius 1세 시대에 최대로 확장되었다. 다리우스 1세는 원래 귀족이었으나 왕국 내부 혼란을 틈타 궁정 쿠데타를 일으켜 왕권을 장악했다. 엄밀하게 보면 그의 집정 이전과 이후는 다른 왕조라고 할 수 있지만 너무도 오랫동안 하나의 왕조로

인식하는 사고가 굳어져 있기 때문에 지금에 와서 그걸 뒤집을 방도는 없다. 다리우스 1세가 지배한 시기의 페르시아 제국의 영토는 인더스 계곡에서부터 유럽의 남동 지역까지, 아랄해 지방에서부터 아프리카 북부까지 펼쳐졌다.[22]

다리우스 1세는 기원전 522년부터 기원전 486년까지 제국을 지배했다. 그는 초기에 피정복지의 반란의 진압하고 국가의 행정을 정비하는 데 힘을 쏟았다. 그는 제국을 총독 관구 또는 속주로 나누고, 각 속주에 매년 공납을 부과했다. 그는 또한 통화와 도량형을 통일했으며 나일강에서 홍해에 이르는 원시적 운하를 보수하고 완성시켰다. 피정복민의 제도들을 인정하고 보호했을 뿐만 아니라 고대의 신전들을 복구하고 지방의 종교들을 육성했으며, 이집트 총독으로 하여금 이집트 사제들의 자문을 받아 이집트 법전을 편찬하도록 했다. 이렇듯 그는 대단한 업적을 쌓았으나 몇몇 군사적 활동에서는 도가 지나쳐 실패했다.[23] 다리우스 대왕은 흑해의 유럽쪽 연안에 살고 있던 스키타이 Scythia 인의 침입을 저지하기 위해 헬레스폰트 해협을 건너 트라키아 해안의 대부분을 정복했다. 그는 또한 리디아의 정복과 함께 페르시아의 지배 아래 들어온 소아시아 연안의 그리스인에 대한 압박을 강화했다. 다리우스 1세는 그들로부터 무거운 공물을 징수하고 자신의 군대에 복무할 것을 강요했다. 이에 그리스 도시국가들이 아테네의 지원을 받아 반란을 일으켰다. 다리우스 1세는 응징에 나섰으나 거센 도전에 부닥쳤다. 그는 아테네와 그리스 도시 국가들과의 전쟁이 끝나기도 전에 사망했다.

다리우스 1세의 뒤를 이은 크세르크세스 Xerxes 1세는 전면적인 그리스 침략에 나섰다. 기원전 499년에 시작되어 기원전 450년경에 끝난 그리스와 페르시아의 전쟁 페르시아 전쟁 은 처음에는 페르시아가 압도적인 물량과 군사력으로 그리스를 압박했으나 최종적으로 그리스가 승리를 거두게 된다. 기원전 480~479년의 제2차 원정 당시 테르모필레 전투에서 보인 그리스인의 강력한 저항과 살라미스 해전에서 거둔 그리스의 승리는 특히 유명하며 전쟁의 향배를 결정짓는 분수령이 되었다. 이 전쟁의 패배로 페르시아는 그리스에 대한 지배력을 상실했으나, 오리엔트에서의 패권은 계속 유지할 수 있었다.

그 뒤 유럽인들은 페르시아 전쟁의 패배가 150년 뒤의 페르시아의 멸망의 원인인 것처럼 설명하지만 이는 지나친 역사의 편견이 아닐 수 없다. 만일 그것이 결정적인 타격이었다면 몇 년 이내, 적어도 10, 20년 내에 페르시아가 무너졌어야 마땅하다. 그러나 페르시아의 역사는 150년이나 더 지속되었다. 따라서 페르시아는 유럽에서 철수하고 이오니아 지역 너머의 영토를 포기하는 것으로 끝났을 뿐이라고 말할 수 있다.[24]

그리스에서 시작된 유럽의 관점은 역사를 지극히 서구 중심적 시각에서 파악하고 있다. 그러한 잘못된 시각은 특히 헐리웃 영화에서 심각하다. 이를테면 〈300〉이라는 영화가 그 대표적인 경우라 할 수 있을 것이다. 그 영화에서 크세르크세스 1세의 페르시아군은 형편없는 오합지졸의 야만인 군대에 불과하지만, 그리스군은 자유의 전사이면서 용감하고 뛰어난 문명인들이다. 역사적 실제 역사는 이와는 매우 많이 다르다는 사실을 알아야 할 것이다.

아케메네스 왕조 후기, 즉 기원전 404년부터 기원전 330년에 이르는 시기 동안 군사 활동과 반역하는 지역의 재정복이 다시 빈번하게 전개되었다. 아르타크세르크세스Artaxerxes 2세는 제국을 45년 동안 지배하며 제국의 통치를 안정시키려 노력했다. 그리스의 철학자이자 역사가 플루타르코스는 『영웅전』에서 아르타크세르크세스 2세를 "관대한 지배자로서 백성들과 소통하는 데 신경을 썼고, 자애롭고 충실한 남편이었으며, 병사들과 고난을 나눌 준비가 된 용감한 투사였다."고 묘사했다.[25]

재위가 길면 문제가 생기는 법이다. 아르타크세르크세스 2세 사후 아들 세 명이 변사하고 다른 아들 오쿠스가 아르타크세르크세스 3세로서 왕위에 올랐다. 아마도 그가 다른 형제들을 암살했을 것이라고 여겨지고 있다. 아르타크세르크세스 3세의 업적은 이집트의 반란을 평정하고 재정복한 것이다. 그러나 아르타크세르크세스 3세와 그의 가족들 대부분은 말 그대로 피바다 속에서 죽었다. 환관 바고아스가 지휘한 암살 음모에 의해서였다. 하지만 바고아스 또한 나중에 그가 세운 다리우스 3세에 의해 처형당하고 만다.

뛰어난 용맹을 자랑했던 다리우스 3세는 알렉산드로스Alexandros라는 도저히 대항할 수 없는 거대한 산맥을 만나는 바람에 무참히 짓밟히고 말았다. 페르시아는 기원전 330년 알렉산드로스가 하렘을 점령함으로써 멸망했다. 알렉산드로스와의 전투에서 패배한 뒤 도망친 다리우스 3세는 박트리아Bactria 지역에서 기원전 331년 암살당했다. 알렉산드로스는 그의 장례식을 성대하게 치렀고, 페르시아의 왕위에 오르는 것을 정당화하기 위해 다리우스의 딸 스타테이라와 혼인했다.[26]

조로아스터교와 페르시아 문화

페르시아의 문화적 유산 가운데 후대에 가장 큰 영향을 남긴 것은 종교였다. 페르시아를 대표하는 종교는 조로아스터교다. 우리에게는 불을 숭배했다고 해서 배화교拜火敎라고도 불린다. 이 종교의 뿌리는 저 멀리 기원전 15세기까지 소급되지만 실질적인 창시자는 기원전 660년경에 태어난 것으로 추정되는 조로아스터^{Zoroaster}*다. 조로아스터는 역사상 진정한 신학자이자 완전히 발전된 종교적 신앙체계를 고안한 최초의 인물로 여겨진다. 그는 자기 민족의 전통적 관습을 정화하고** 좀 더 영적이고 윤리적인 종교를 확립하려 했지만 그의 노력에도 불구하고 기존의 미신이 많이 남아서 새로운 이상과 더불어 뒤섞였다.

조로아스터교는 그때까지 등장했던 그 어떤 종교와도 다른 독특한 점을 갖고 있었다. 바로 이원론이다. 조로아스터에 의하면 우주는 두 가지 영적 원리에 의해 지배되었다. 그 중 하나는 빛과 진리와 의義의 원리를 구현한 지고의 선한 존재 아후라 마즈다$^{Ahura-Mazda}$였고, 다른 하나는 어둠과 악의 세력을 주관하는 반역적이고 악의에 찬 존재 아리만^{Ahriman}이었다. 이 둘은 주도권을 장악하기 위해 필사적인 싸움을 벌였다. 그들은 대등한 힘을 갖고 있었지만 궁극적으로 빛의 신이 승리를 차지하게 된다. 최후의 위대한 날 아후라 마즈다는 아리만을 물리치고 그를 심연 속으로 던져버릴 것이다. 그때 죽은 자들은 무덤에

---

*   페르시아 이름인 짜라투스트라(Zarathustra)의 그리스식 호칭이다.
**   즉, 다신교나 동물의 희생, 주술 등을 철폐하는 것을 말한다.

서 일어나 그들의 공과에 따라 심판받게 된다. 의로운 자는 천국의 복락으로 들어갈 것이고, 사악한 자는 지옥의 불길에 떨어질 것이다. 그러나 궁극적으로 모든 사람은 구원을 얻게 된다. 페르시아인의 지옥은 기독교의 지옥과는 달리 영원히 계속되는 것이 아니기 때문이다.[27]

조로아스터교는 소수파의 신앙에서 벗어난 적이 없었지만, 페르시아의 지배 아래서 서아시아 지역으로 급속히 퍼져나갔다. 그리하여 기독교의 배경이 되는 유대교와 동방의 교파들에 커다란 영향을 미쳤다. 기독교의 전통에서 바라보는 천사의 개념이나 악한 자들을 기다리고 있는 지옥의 불길과 같은 관념들은 모두 조로아스터교에서 유래한 것이라 할 수 있을 것이다.[28]

내세 사상도 그렇다. 오만, 폭음, 나태, 탐욕, 분노, 색욕, 간음, 낙태, 중상 모략, 낭비 등 전형적인 죄악으로 여겨 금지된 행위는 중세 기독교에서 규정한 죄의 목록을 망라하고도 남을 정도다. 신자들이 실천해야 할 규제사항 가운데는 일종의 소극적인 황금률도 포함되어 있었다. "자기에게 좋지 못한 일은 무엇이든 다른 사람에게도 행하지 않는 것이 좋다." 이것은 『신약성서』 「마태복음」에 나오는 "너희는 무엇이든지 남에게 대접을 받고자 하는 대로 너희도 남을 대접하여라."는 것과 거의 유사하다. 종교개혁에서 주장하는 기독교의 예정설과 흡사한 교리도 갖고 있었다.[29]

또한 조로아스터교는 원시적인 미신과 주술, 그리고 사제들의 준동과 결합되어 다양한 종교를 만들어냈다. 그렇게 해서 만들어진 것으로 대표적으로 미트라^{Mithra}교, 마니교^{Mani}가 있었다. 이것들은 로마 제국에서 기독교가 공인되어 유럽의 중심적인 종교가 되기 전까지 적지 않은 영향을 미쳤으나 여러 가지 이유로 결국은 사멸하고 만다. 기독교와 이슬람교는 예배의식, 안식일 등 여러 가지를 조로아스터교로부터 빌려왔다.

페르시아에서 시작된 조로아스터교를 비롯한 여러 종교의 영향은 매우 컸다. 이들 종교는 대부분 정치·사회적 조건이 종교의 전파에 유리한 시기에 등장했다. 기원전 300년경 알렉산드로스 제국의 붕괴는 고대 세계의 역사에서 특이한 한 시기를 출발시켰다. 국가 간의 장벽이 무너졌고, 광범위한 이민과 민족 혼합이 있었다. 그리고 기존 사회 질서의 붕괴는 현세의 삶에 대한 환멸을 가져다주었고, 개인적 구원에 대한 갈망을 불러일으켰다. 사람들의 관심은 내세에서의 보상에 쏠렸다. 이런 환경 속에서 이 같은 종교들이 갈망과 혼돈의 세계로부터 도피하기를 바랐던 많은 사람들에게 탈출구가 되었다.

페르시아의 유산은 전적으로 종교적인 것만이 아니었다. 세속적인 면에서는 신권적 전제주의가 로마의 황제들에게 커다란 영향을 미쳤다. 또한 로마인은 페르시아인의 세계 제국 사상에 깊은 인상을 받았다. 페르시아인은 헬레니즘의 철학에도 큰 영향을 미쳤다. 그것은 바로 영적이고 신비주의적인 이론이었다.

페르시아의 문자체계는 본래 설형문자였으나 페르시아 국경 안에서 활동하고 있던 아람인의 영향을 받아 39개의 알파벳 자모를 고안해 냈다. 그들은 이집트인의 태양력을 약간 수정해서 받아들이고 상업을 장려했다. 그들은 또한 리디아인의 화폐주조법을 서아시아 각지에 확산시켰다. 페르시아 문화의 절충적인 성격을 잘 보여주는 것이 바로 건축이다. 그들은 바빌로니아와 아시리아에서 일반화된 높은 대지臺地

와 계단식 건물 양식을 그대로 이어받았다.

또한 황소, 밝게 채색되고 유약 처리된 벽돌, 그리고 메소포타미아 건축의 장식적 소재도 거의 받아들였다. 그러나 그들은 메소포타미아의 아치와 볼트를 사용하지 않고, 그 대신 이집트로부터 주랑柱廊과 기둥을 받아들였다. 페르시아인의 건축에서 세속적인 성격을 잘 보여주는 것은 궁전이다. 그들은 신전보다 궁전을 거대하게 지었다. 그들은 신이 아니라 '왕 중 왕'이 사는 궁전을 거대한 구조물로 완성했다.[30]

페르시아인은 종교적이며 영적인 측면과 세속적인 측면을 동시에 갖고 있었다. 그들은 두 측면에서 모두 서방 세계에 큰 영향을 미쳤다. 오늘날 서양의 시각에서 바라보는 페르시아에 대한 많은 잘못된 시각과 편견은 교정되어야 할 것이다.

10. 에게 문명

최초의 유럽 문명이 열리다

소년 시절의 꿈을 이루기 위해

1822년 독일 메클렌부르크의 작은 마을에서 가난한 목사 집안에 태어난 하인리히 슐레이만 Heinrich Schliemann, 1822~1890년은 소년 시절 아버지로부터 호메로스의 서사시 『일리아드』에 나오는 영웅들 이야기를 자주 들었다. 『일리아드』는 트로이 전쟁*을 배경으로 한 대서사시다.

---

* 트로이아(Troia)전쟁으로도 불린다. 스파르타의 왕비 헬레나를 트로이의 왕자 파리스가 납치하면서 시작된 전쟁으로 호메로스의 『일리아드』와 『오디세이아』에 나오는 그리스 신화 속에 등장한다. 트로이의 성벽은 강해서 그리스 병사들이 뚫기가 힘들었다. 그렇게 10년 동안 전쟁은 지지부진 했으나, 전쟁의 마지막에 그리스 측이 묘안을 내어 목마를 두고 철수하는 척했다. 트로이 측은 이 목마를 승리의 전리품이라고 생각하여 성 안에 들였으나, 그날 밤 목마 속에서 오디세우스를 선두로 그리스 특공대가 나왔고, 그리스 측의 군사들은 밤에 다시 성밖에 와서 숨어서 기다리고 있었다. 오디세우스를 선두로 하는 특공대는 성문을 열고 그리스 측의 본군을 들여보냈다. 그리스의 본군은 트로이 왕을 죽이고 도시를 불태워버렸다. 그리고 헬레나는 다시 그리스로 돌아오게 되었다. 트로이가 정복될 무렵 망명한 트로이인들도 적지 않았는데 아이네이아스가 대표적인 예다.
1873년 독일의 고고학자 하인리히 슐레이만이 트로이의 발굴에 성공함으로써 트로이 전쟁이 실재했다는 것이 확인되었다. 그러나 역사적으로 트로이 전쟁의 원인과 경과에 대해서는 학자들 사이에 의견이 엇갈린다. 그리스 시인들은 트로이 전쟁을 기원전 12세기나 13세기의 사건으로 보았다.

19세기 말까지 2천 7백 년 동안 알렉산더 대왕을 비롯하여 『일리아드』를 즐겨 읽은 사람들은 이 이야기를 그저 호메로스라는 시인이 전설을 모아 엮은 옛날이야기라고 생각해왔다. 그러나 슐레이만 소년은 그것이 진실이라고 믿었다.

하인리히 슐레이만

슐레이만은 가난 때문에 학교 생활을 14세에 끝내야 했다. 그는 점원 일, 배 심부름꾼 노릇, 작은 도매상 경영 등으로 돈을 벌었고, 마침내 큰 무역회사 사장이 되었다. 그는 돈을 버는 동안 난로도 못 피운 다락방에서 덜덜 떨면서 독학으로 9개국* 언어를 배웠다. 얼마나 정신을 집중해서 공부했던지, 그는 한 나라의 언어를 6주 만에 터득하곤 했다. 1856년 슐레이만은 드디어 그리스어를 공부했다. 6주 만에 그리스어를 익힌 그는 다시 석달 동안 호메로스의 『일리아드』를 두루 꿸 수 있을 만큼 공부를 했다. 1864년 그는 견문을 넓히고자 세계 여행을 했다. 그는 그때 라틴어와 아라비아어도 배웠다.

1868년 46세 때, 백만장자 슐레이만은 트로이를 찾아 나섰다. 그 무렵 학자들은 만약 트로이가 있었다면 터키 북동쪽 다르다넬스 해협의

---

* 영국, 프랑스, 네덜란드, 스페인, 포르투갈, 이탈리아, 러시아, 스웨덴, 폴란드 등이다.

부나르바시 마을 근처에 있었을 것이라고 추측했다. 그러나 부나르바시를 둘러본 슐레이만은 그곳이 아니라고 단정했다. 슐레이만은 『일리아드』에 나오는 전투 장면을 떠올리면서 바닷가를 누비다가 마침내 부나르바시에서 북쪽으로 두 시간 반 거리에 있는 뉴 일리엄 마을을 찾아냈다. 그곳은 바닷가에서 한 시간쯤 걸리는 거리에 있었으며, 언덕 위에는 가로 세로 각각 235미터쯤 되는 널찍한 네모꼴의 터가 있었다.

뉴 일리엄, 오늘날에는 히사를리크Hisarlik* 라고 불리는 언덕을 자세히 살펴본 슐레이만은 그곳이야말로 3천 년 전 그리스 연합군과 트로이 용사들이 조국의 명예를 걸고 10년 동안 싸운 트로이 성터라고 굳게 믿었다. 그는 이렇게 회고했다.

누구든지 이곳에 발을 디디면 이 히사를리크 언덕은 자연이 만든 위대한 성이라고 느끼게 된다. 성을 튼튼히 쌓으면 이곳에서 트로이 벌판 전체를 손아귀에 거머쥘 수 있을 것이다. 이곳과 견줄 만한 성터는 어디에도 없다. 히사를리크에서는 이다산이 보이는데 주피터는 그 꼭대기에서 트로이 성을 내려다보았다고 하지 않는가.[1]

마침내 트로이 유적을 찾아내다

슐레이만은 온몸을 내던져 트로이를 찾는 일에 매달렸다. 1869년

---

* 다르다넬스 해협 입구 근처의 스카만더강 하구에 위치해 있다.

그는 헬레네처럼 아름다운 그리스 처녀 소피아와 결혼했다. 1870년 4월, 슐레이만과 그의 아내는 히사를리크 언덕에서 첫 삽을 떴고, 3년 여 동안 그들은 일꾼 1백여 명을 데리고 37미터 높이의 언덕에서 1톤 트럭 25만 대 분량이나 되는 흙을 파냈다. 슐레이만은 열병과 다루기 힘든 일꾼과 싸웠다. 그뿐만이 아니었다. 슐레이만이 트로이 발굴에 나선다고 하자 학자들은 그를 끊임없이 괴롭혔다. 처음에는 슐레이만이 전설 따위를 믿고 무턱대고 땅을 파헤친다고 비웃었고, 나중에는 그가 트로이 유적을 망가뜨렸다고 헐뜯었다. 그러한 비난은 죽은 뒤까지 계속되었다.

그러나 그 어느 것도 슐레이만의 꿈을 꺾을 수 없었다. 그는 신들린 듯이 발굴에 매달렸고, 소피아도 남편과 함께 모든 어려움을 나누었다. 얼마 지나지 않아서 그곳에 화려한 도시가 있었다는 증거가 하나 둘씩 나타났다. 무기, 가재도구, 장식물, 그릇 등이 나왔다. 언덕은 마치 거대한 양파 껍질을 벗기듯이 파고들어갈수록 층층이 다른 유적지를 드러냈다. 도시들은 파괴 위에서 계속 건설되었고 층층이 파괴된 도시들이 나타났다. 슐레이만은 무려 아홉 개나 되는 도시를 찾아내기에 이르렀다.

맨 위층*에서부터 맨 아랫층까지의 도시 가운데 어느 것이 트로이인가? 슐레이만은 온갖 지식과 자료를 끌어내 트로이를 찾으려고 애썼다. 맨 끝에서 두 번째와 세 번째 층에서 그는 불에 탄 자취와 튼튼한 성벽, 거대한 성문터를 발굴했다. 그는 이 성벽이야말로 프리아모스왕

---

* 나중에 알렉산드로스 대왕이 제물을 바쳤던 2천 2백 년 전의 도시로 밝혀졌다.

의 궁전을 빙 둘러쌌던 벽이며, 성문터는 저 유명한 스카에아 문이라고 믿었다.

1873년 6월 어느 더운 날 아침, 슐레이만은 그가 평생 꿈꾸어온 트로이의 보물을 손에 넣었다. 일꾼들은 슐레이만이 프리아모스 궁전이라고 믿는 돌 건물 8.5미터 아래에서 흙을 파내고 있었다. 그때 아내와 함께 일꾼들의 삽 끝을 지켜보던 슐레이만의 눈이 갑자기 빛을 뿜었다. 그는 일꾼들을 내보내고 구덩이 속으로 직접 뛰어들어 주머니칼로 어느 한 곳을 미친 듯이 파헤쳤다. 흙이 무너지면 목숨을 잃을지도 모르는 위험한 상황이었다. 그러나 보물상자를 놓고 앞뒤를 살필 겨를이 없었다. 슐레이만이 찾아낸 유물은 실로 어마어마했다. 팔찌, 브로치, 목걸이, 접시, 단추 등 금으로 만든 온갖 것들이 쏟아져 나왔다. 자그마치 8천 7백여 점이나 되는 금붙이 가운데서도 가장 눈부신 것은, 순금 조각 1만 6천 개로 이루어진 금관이었다.

> 누군가가 프리아모스 궁전에서 이것들을 급히 상자에 넣은 뒤 자물쇠에서 열쇠를 뺄 틈도 없이 가지고 나온 것이 틀림없다. 그런데 이 사람은 성벽 위에서 적의 손에 죽었거나 화살에 맞았으리라.[2]

슐레이만의 회고처럼 그는 그 보물들이 트로이의 것이라고 믿었다. 그는 죽기 얼마 전에야 그것이 트로이보다 1천 년이나 앞선 시대의 유물이라는 것을 알았다. 그는 위험을 무릅쓰고 보물을 터키 국경선 밖으로 빼돌렸다. 이 보물들은 슐레이만의 유언에 따라 나중에 베를린의 선사 시대 박물관으로 옮겨졌다가, 제2차 세계대전이 끝나자 독일에 진주한 소련군에게 탈취되어 지금은 러시아가 보관하고 있다. 그는 트로이에만 너무 열중했던 탓에 다른 시대의 건물들을 무너뜨리거나, 중요한 실마리가 될 벽들을 깨뜨리며 깊이 파고들어갔다. 슐레이만은 새로운 유적을 발굴할 때마다 전 세계 신문에 발표했고 고고학을 모르는 사람들도 열광할 정도로 1873년 유럽 각지에서는 트로이 이야기가 넘쳐흘렀다.

트로이 전쟁의 실제 모습

슐레이만은 많은 고고학적 성과를 거두었지만 아직도 한이 남아 있었다. 히사를리크의 유적은 시대에 따라 여러 층으로 구분되어 있어서 호메로스의 서사시에 나오는 트로이 전쟁이 정확하게 어디서 전개되었는지 확정짓지 못했기 때문이다. 트로이 전쟁 시대의 유적을 확정짓겠다고 결심한 슐레이만은 1889년에 히사를리크로 돌아가 다시 발굴을 시작했다. 이때는 공동 발굴자로 고고학의 전문가와 동행했다. 세계적인 명성에도 불구하고 그의 뒤를 따라다니던 아마추어라는 딱지는 결코 떨어지지 않았기 때문이었다.

1890년에 슐레이만이 트로이의 경계라고 믿었던 지점에서 약간 떨어진 장소에서 커다란 건물의 유적이 발견되었다. 그리고 그곳에서 출토된 도자기들은 의심할 여지가 없는 미케네^{Mycenae} 시대의 것들이었다. 슐레이만은 제1차 발굴 당시 자기가 찾고 있던 트로이를 통과해서 더 파내려갔다는 것이 확인되었다. 이전의 발굴에서 그는 자신이 발견한 아홉 개의 도시 중 밑에서 두 번째 층이 트로이라고 믿고 있었다.

그러나 제2차 발굴을 통해 그는 '비로소 자신이 발견했던 보물 상자가 사실은 트로이 전쟁 때의 것이 아니라 그보다 1천 년이나 앞선 시대의 유물임을 알게 되었다. 슐레이만은 이제 진짜 트로이 유적을 발굴하려는 계획을 세웠다. 하지만 그는 1891년 길을 가다가 심장마비로 사망함으로써 그 일을 더 이상 진행하지 못했다. 슐레이만이 발굴한 유적 가운데 트로이는 아래에서 일곱 번째 도시라는 것이 그 후에 밝혀졌다.

그렇다면 트로이 전쟁은 과연 실제로 있었던 전쟁이었을까? 오랫동안 역사학자들은 여기에 의구심을 품었지만 히타이트 제국의 수도 유적에서 발견된 대량의 외교문서를 통해서 트로이 전쟁에 대한 새로운 주장이 제기되기에 이르렀다.

히타이트 제국의 외교문서에 의하면 월루사^{Wilusa}*라는 도시에 미케네인들이 쳐들어왔다는 내용이 적혀 있었다. 학자들은 대체로 히타이트 제국의 식민지인 월루사가 곧 『일리아드』에 나오는 '트로이'로 비정^{比定}하고 있다. 그러니까 히타이트의 식민지였던 이곳 월루사를 미케네인들이 쳐들어와 약탈하고 불태운 것이 트로이 전쟁의 실체라는 주장이 제기되었던 것이다.[3]

다른 한편으로는 트로이 전쟁은 경제적인 목적으로 일어난 전쟁이라는 분석도 있다. 트로이는 입지적으로 험난한 다르다넬스 해협을 피해 소아시아로의 육로수송이 가능한 요충지였기 때문에 이런 요충지

---

* 히타이트인들이 트로이를 부르던 이름.

를 차지하기 위해 아카이아^{Achaea}인*들이 쳐들어와 트로이를 정복한 것이 트로이 전쟁의 실체였다는 주장도 있다. 아테네와 스파르타의 전쟁기록 『펠로폰네소스 전쟁사』를 쓴 그리스의 역사학자 투키디데스는 처음으로 트로이 전쟁이 경제적인 이유로 일어났다고 주장했다. 현대 역사학자 중에도 이런 관점에서 바라보는 사람들이 없지 않다.

그러나 많은 역사학자들은 트로이 전쟁이 호메로스의 일리아드에 나오는 것처럼 대규모였을 가능성에 대해서 대단히 회의적인 시각을 가지고 있다. 그러니까 트로이 전쟁은 미케네인들의 약탈이나 소규모 정복전쟁이 호메로스에 의해서 극적인 드라마로 각색된 것이라고 보는 것이 더 타당하다는 주장이다. 미케네인의 윌루사 침공은 기록이나 고고학적 증거로 보아 실제로 존재했던 것이 틀림없지만, 신화에 나오는 것 같은 대규모는 결코 아니었을 것이라는 이야기다. 물론, 청동기 시대 근동의 인구나 문명 기준으로 볼 때 비교적 약소 문명이었던 미케네의 입장에서는 굉장히 큰 전투로 기억되었을 수는 있을 것이지만.

『일리아드』에서는 그리스군의 총 병력이 481척의 배로 묘사되고 있으며, 『오디세이아』에서 나오는 가장 큰 배는 나우시카 공주의 아버지가 오디세우스를 태워준 52명의 선원이 모는 배였다. 트로이 전쟁에서 그리스 측의 병력은 '신화적 상상력'을 동원하더라도 '2만 4천 명' 정도에 불과했을 것이다. 이 정도라면 히타이트와 이집트가 싸운 청동기 시대 최대의 전투인 카데시 전투에서 히타이트 측이 동원한 병력과 비슷한 수준이다. 미케네의 국력은 히타이트보다 많이 약했을 것이므

---

* 고대 그리스 고전기 시대 펠로폰네소스 반도에 살던 그리스인의 한 부류로서 이오니아인들을 쫓아내고 그 지역을 차지한 것으로 알려진다.

로 이 숫자보다도 실제로는 훨씬 적었을 것이다.

따라서 트로이 전쟁이 있었다고 하더라도 트로이의 함락이 신화에서처럼 '트로이의 목마' 때문이 아니라 다른 이유로 인한 것이었을 가능성이 높다. 많은 학자들은 트로이가 함락된 것은 그리스인들의 공격 때문에 성벽이 무너져서가 아니라 지진 때문일 것이라는 주장을 펴고 있다. 사실 트로이는 여러 차례 파괴되고 재건되었으나 그 파괴의 흔적들 중 10년에 걸친 대전쟁에 의한 철저한 파괴의 흔적으로 보이는 것은 없다. 그 때문에 여러 차례의 파괴들 중 어느 것이 트로이 전쟁의 흔적인지에 대해서는 의견이 분분하다.

더구나 히타이트의 문서에는 윌루사에 대한 기록이 미케네 문명이 무너진 이후에까지 계속 나타나고 있다. 따라서 만일 미케네인들이 윌루사를 일시적으로 함락하거나 약탈하는 데 성공했다 해도, 이 지역에 지속적인 영향력을 행사하면서 윌루사의 배후에 있는 강대한 히타이트 제국의 영향력을 몰아내는 것은 어려웠을 듯하다.[4]

크레타섬의 미노스 문명

슐레이만은 트로이 발굴이 성공하자 다음으로는 그리스 본토에 대한 발굴을 시작했고, 에게해 연안의 두 개 도시 미케네와 티린스Tiryns를 찾아냈다. 1876년 호메로스가 '황금이 풍부한'이라고 쓴 그리스 펠로폰네소스 반도의 아르고리스만 기슭에 있는 미케네 고분을 처음으로 발굴했다. 이 발굴에서 경이적인 재물과 보화를 파냈을 뿐만 아

에반스가 발굴한 크노소스가 부분적으로 복원된 모습

니라, 고대 그리스 이전에 에게해의 고대 문명, 즉 크레타섬의 미노스 문명과 펠로폰네소스 반도의 미케네 문명이 존재했고, 이것들이 그리스 문명의 출발이었다는 것을 밝혀낼 수 있었다.[5]

슐레이만의 뒤를 이어 새로운 발굴 성과를 낸 것은 영국의 고고학자 아서 에반스Arthur Evans, 1851~1941년였다. 그는 크레타의 미노아 왕들이 거주했던 찬란한 수도 크노소스를 발굴했다. 1900년 에반스는 크레타섬 북쪽 지역에서 유적을 발굴했는데 미로처럼 얽힌 건물 터가 나타났다. 궁전은 기원전 1700년경 무너졌다가 재건된 뒤 기원전 1450년에 완전히 파괴된 것으로 밝혀졌다. 이 궁전은 미노스 왕이 건축한 궁전이지만 그리스 신화 속 영웅들과 괴물이 머물렀던 환상의 궁전이기도 하다. 이카루스와 미궁, 미노타우로스의 전설을 간직한 크노소스 궁전은 1900년까지 신화 속에 등장하는 장소일 뿐이었다. 그러나 에반스의 발굴로 역사 속의 실존 건물이 되었다. 크노소스 궁전에는 프레스코 벽화들과 도기들, 뛰어난 건축물들이 일부 파괴되었지만 그래도 거의 옛 모습 그대로 남아 있었다. 이 크레타 미술은 그리스 미술로 이어졌는데 서양미술의 모체가 되었다고 볼 수 있다.[6]

미노아 문명과 미케네 문명은 크레타섬에서 시작되었다. 크레타섬은 기후가 온화하고 균일하다. 토지는 비교적 비옥하지만 한정 없이 경작할 수 있는 것은 아니다. 따라서 인구가 증가하자 사람들은 지혜를 짜내 새로운 생계 수단을 강구해야 했다. 어떤 사람은 다른 곳으로 진출했고, 또 다른 사람은 바다로 진출했다. 그러나 대다수 사람들은 고향에 남아 수출할 품목들을 개발했다. 포도주, 올리브유, 도자기, 보석과 바다표범, 도검 刀劍류, 그리고 숙련된 장인들이 만든 물건들이었다. 주요 수입품목은 식량과 금속 제품이었다. 이러한 교역의 결과로 그들은 번영을 구가할 수 있었고, 주변 문명 세계와도 폭 넓은 접촉을 가졌다. 이러한 유리한 환경과 아울러 아름다운 자연 경관은 예술의 발전을 자극했다.

크레타섬에서 일어난 이 문명을 우리는 크레타 문명, 또는 미노아 문명이라고 부른다. 크레타는 섬 이름이고, 미노아는 미노스 왕에서 유래했다. 미노스 왕은 실존하지 않았을 가능성이 큰 신화 속 인물이다. 그리스인들은 미노스가 크노소스 궁전에 사는 크레타의 위대한 왕이라고 믿었다. 그리스 신화에 따르면 미노스는 신과 대화를 나누는 사이였고, 태양신의 딸인 파시파에와 결혼했다. 그런데 파시파에는 황소와 사랑을 나누어 미노타우로스를 낳았다. 사람의 몸에 머리는 황소인 괴물 미노타우로스는 제물로 바쳐진 그리스 소년과 소녀들을 잡아

먹으며 미로 안에서 살았다. 이 괴물은 결국 그리스의 영웅 테세우스에 의해 죽게 된다.[7]

신화는 학자들의 상상력을 자극했다. 그들은 이 이야기가 크레타 문명을 알게 해줄 실마리를 제공할 것이라고 믿었다. 그러나 미노스 왕이 실존 인물이라는 증거는 어디에서도 찾을 수 없었다. 미노스는 여러 명일 수도 있고, 크레타를 통치한 지도자에게 붙여진 호칭일 수도 있다. 그런 점에서 미노스 왕은 아서 왕처럼 역사를 넘어 신화의 영역에 있던 매력적인 인물 가운데 하나라고 말할 수 있다.

미케네 문명이 에게해를 지배하다

미노아 문명은 기원전 3000년경 소아시아에서 크레타로 이주해온 사람들에 의해 건설되었다. 그 후 1천년 동안 그들은 신석기 시대에서 금속기 시대로의 이행 과정을 거쳤다. 기원전 2000년경에 이르러 그들은 도시와 초기 형태의 문자를 발전시켰다. 그들의 문명은 기원전 1500년경까지 크노소스와 파이스토스를 중심으로 발전했다. 최근에는 크레타섬의 동쪽 해안에 또 다른 큰 도시 카토 자크로스가 존재했음을 알려주는 증거들이 발견되었다. 이곳에는 250개의 방을 가진 거대한 궁전이 있었는데, 수영장과 모자이크한 마루가 딸려 있었으며, 수천 개의 장식 항아리들이 출토되었다. 주기적으로 크레타섬을 뒤흔든 격심한 지진은 이들에게 엄청난 재앙을 가져다주었다. 그러나 이들은 다시 재건 작업에 착수했고, 그러면 이전보다 훨씬 화려하고 웅장한 궁전들을 지었다. 크노소스의 주민들은 외국의 침입이 없을 것이라고 확신한 나머지 아무런 방어벽을 쌓지 않았다.

그러나 이들의 믿음은 오류였다는 것이 곧 증명되었다. 크레타섬에서 문명이 번성하고 있을 때 이들의 영향을 받은 또 다른 문명이 그리스 본토에서 등장했다. 기원전 1900년경 초기 형태의 그리스어를 구사하는 인도유럽어족 사람들이 그리스 반도로 밀려 들어왔다. 그들은 기원전 1600년경에 이르기까지 그리스의 이곳저곳에 정착하여 공동체를 형성하기 시작했다. 그들은 이웃한 크레타의 미노아 문명으로부터 크게 영향을 받았다.

그들은 크레타인과 교역관계를 발전시켰다. 그리스적인 요소와 미노아적인 요소가 융합된 이 문명을 기원전 1600년경부터 1200년경까지 사이에 그리스의 중심 도시였던 미케네의 이름을 따서 미케네 문명이라고 부른다. 이 문명은 기원전 1500년경 이후 에게해 세계의 지배적인 세력이 되었다. 그들은 나아가 크레타섬에 대한 지배권까지 장악하게 된다.

기원전 1500년 직후 미케네인들이 미노아인을 대신하여 에게해의 지배자로 등장했다. 기원전 크레타섬에서 발생한 대지진으로 크레타의 세력은 매우 약화되었고, 그리스 본토인들이 크레타섬에 대한 지배권을 확보하게 할 수 있었다. 미케네의 그리스인들은 크노소스를 재건했고, 크레타섬은 거의 1백 년 동안 번영을 누리며 예술적 성취를 이루었다. 그러나 기원전 1400년경 그리스에서 또 다른 침략 물결이 크레타섬으로 밀어닥치면서 크노소스는 완전히 파괴되었다.[8]

그리스 본토의 미케네인들은 그 후 2백 년간 에게 문명을 장악했고,

누구도 그들에게 대적하기 힘들었다. 기원전 1250년경 미케네인들은 소아시아 서부의 트로이인들과의 전쟁에서 승리를 거두었다. 미케네인들은 에게해의 패권을 장악하고 있었다. 미케네인들은 그 전에 미노아인들이 썼던 선문자 A로 알려진 간단한 상형문자를 개량했다. 그들은 학자들이 선문자 B라고 부르는 그리스 문자를 만들어냈다.[9]

그러나 곧 미케네 문명도 쇠락하기 시작한다. 기원전 1200년에서 1100년 사이에 내부적으로 발전이 쇠퇴하는 가운데 북쪽에서 철제 무기를 가진 도리아Doria인들이 침략해오자 여기에 굴복하고 만다. 도리아인들은 무기를 제외하면 모든 면에서 미케네인들보다 원시적이었다. 그 때문에 그들이 주도권을 잡게 되면서부터 그리스 역사는 암흑의 시대로 들어서게 된다. 이 암흑 시대는 기원전 800년경까지 지속되었다.

서양 문명의 새로운 전환기

고대 문명에서 주된 위치를 차지하는 메소포타미아 문명과 이집트 문명을 제외하고도 지중해와 에게해, 중근동 지역에서 생겨난 중요한 군소 문명들이 있었다. 히브리 문명과 히타이트 문명, 미노아 문명과 미케네 문명, 페니키아 문명 등이 대표적이다. 이 가운데 히브리 문명은 유일신 사상을 발전시킴으로써 서유럽 문명의 두 뿌리 가운데 하나를 준비했다. 히타이트인은 이집트와 메소포타미아 문명을 에게해 지역과 연결하면서 동서양의 가교 역할을 했다. 또한 미노아 문명과 미케네 문명은 유럽에서 가장 오래된 문명으로 그리스 역사의 출발점으로 예술 분야에서 놀라운 업적을 이룩했다. 리디아인은 역사상 최초로 화폐 주조법을 창안했다는 점에서, 그리고 페니키아인은 뛰어난 상인이자 근대 서양 세계에서 사용하는 모든 언어와 문자의 기초가 된 알파벳을 처음 발명했다는 점에서 그 중요성이 있다.[10]

히타이트 문명, 미노아 문명, 미케네 문명이 존재했다는 사실은 오랫동안 사람들의 기억에서 사라졌으나 19세기 후반 거의 동시에 발견되었다. 그것은 실로 기이한 우연의 일치라고 할 수 있을 것이다. 1870년 이전까지는 그 어느 누구도 고전 그리스 문명이 등장하기 전에 에게해의 섬들과 소아시아 해안에서 수백 년 동안이나 거대한 문명이 번성했으리라고는 상상하지 못했다.

『일리아드』를 읽어본 사람이라면 아름다운 헬렌을 납치했다가, 이로 인해 그리스인에게 도시가 포위되고 파괴당하는 고통을 치렀던 트로이 사람들에 관한 이야기를 알고 있었다. 그러나 그 이야기는 시적 상상력이 지어낸 이야기로만 여겨져 왔었다. 오늘날 우리는 그리스의 역사, 그러니까 서양 역사가 아테네의 황금시대보다 1천여 년 전에 이미 시작되었다는 것을 확실히 알고 있다.[11] 그러한 서양 문명의 출발점이 되는 역사를 찾아내는 데 슐레이만은 엄청난 기여를 했다. 일부에서는 여전히 그에게 문명의 '파괴자'라는 비난을 붙이기도 하지만.

고등학교 시절 슐레이만의 이야기를 읽고서 고고학자가 되어 새로운 문명을 찾아나서는 꿈을 꾼 적이 있다. 대학 진학을 두고 한때 역사학을 공부해보고 싶다는 생각을 하기도 했지만 어쩌다 역사학과는 거리가 먼 전공을 선택하고 연구와도 거리가 먼 삶을 살아야 했으나, 결국 지금에 와서 다시 역사책을 쓰고 있다. 전문적인 역사 전공자는 아니지만 40년 가까이 지난 지금에 와서 이렇게 역사책을 쓰면서 슐레이만을 돌아보게 되니 새삼 감회가 새롭다. 어쩌면 인간에게는 자기가 꼭 해야 할 일 같은 것이 있는지도 모르겠다는 생각이 언뜻 들기도 한다. 인생 전체를 두고 보면, 인간은 자기가 해보고 싶은 일, 꿈꾸는 일을 하는 것이 성공적인 삶을 사는 가장 중요한 지름길인지도 모르겠다는 생각을 해본다. 눈 앞의 주어진 현실도 중요하지만 꿈을 좇지 않고 산다면 인생은 얼마나 황량할까?

미노아 문명과 미케네 문명은 후대에 큰 영향을 미치지는 못했다. 그럼에도 두 문명은 몇 가지 점에서 주목할 만한 가치가 있다.

첫째, 이 문명은 최초의 유럽 문명이었다는 점이다. 크레타 문명 이전의 문명은 모두 오리엔트와 그보다 더 동쪽인 인도와 중국에서 발달했다. 그러나 크레타 문명 이후 유럽은 자기 나름의 독특한 문명을 발전시켰다.

둘째, 미노아인과 미케네인은 비록 유럽인들에게 자신의 문화를 직접적으로 전해주지는 못했지만, 후대에 유럽인들이 갖게 되는 것과 유사한 가치관과 자질을 보여주었다. 이들 두 지역의 정치조직은 소아시아의 것과 비슷했지만, 미노아의 예술은 소아시아 예술과는 현저히 달랐다. 그것은 오히려 후대의 유럽 양식에 훨씬 가까운 모습을 보여주고 있다.

셋째, 미노아 문명과 미케네 문명은 세속적이면서도 진보적인 관점을 지녔다. 에게해 사람들은 안락함과 풍요로움에 대해 강한 애착을 보였고, 오락을 좋아하고 생에 대한 열정이 있었으며, 실험 정신이 강했던 것으로 보인다.

마지막으로 미노아 문명은 오랫동안 평화 속에서 번영을 누렸다는 점이 중요하다. 미노아 문명처럼 평화로운 문명이 그 후에는 등장하지 않았는데 이는 개탄할 일이 아닐 수 없다.[12]

그러나 고대의 주요 문명뿐만 아니라 그 뒤를 이은 군소 문명들도 사실상 종말을 고하는 기원전 600년 이후에는 서양 문명의 뿌리는 더 이상 서남아시아에 머물지 않고 지중해 지역으로 옮겨간다. 그 무렵에는 이미 새로운 문명이 그리스와 이탈리아에서 성숙하고 있었다. 이 두 문명은 오래전부터 발전하기 시작하지만 그리스 문명은 기원전 600년경에 이르러서야 성숙기에 이르렀고, 로마 문명 또한 기원전 500년 이후에야 그 성과를 드러내기 시작한다.

그러나 기원전 300년경에 그리스 문명은 사실상 종말을 고했고, 그 대신 그리스와 서남아시아의 요소들이 융합된 새로운 문화가 들어서게 된다. 이 새로운 문화가 바로 헬레니즘 문명이며, 기독교 시대가 열릴 때까지 지속되었다. 헬레니즘 문명은 그리스 반도뿐만 아니라 이집트와 인더스강 서쪽의 아시아 지역까지 포함하고 있었다. 기원전 10세기경부터 기원전후의 시기에 이르는 1천 년 동안 고대의 주요 문명이 몰락하고 군소 문명이 난립하다가 다시 몰락한다. 그 와중에 그리스 문명이 등장하여 만개했으며, 다시 알렉산드로스의 등장과 함께 헬레니즘 문명으로 발전했다. 그리고 기원전후 시기에는 로마 제국과 함께 예수가 등장한다. 기원전 10세기경부터 예수의 등장까지 약 1천 년 동안 문명의 흥망성쇠 주기가 빨라지는 문명 전환의 시대가 전개되었다. 또한 이 시기 그리스 문명과 로마 제국, 그리고 예수 그리스도의 등장으로 마침내 서양 문명이 그 모습을 드러내기 시작한다.

11. 인도 문명

위대한 정신의 제국 인도의 고대 문명사

1920년대까지 공백으로 남은 인도의 선사 시대

1931년 1월 8일, 인도 독립 후 초대 수상이 된 자와할랄 네루는 나이니 형무소에서 외동딸 인디라 간디에게 편지를 썼다. 인디라 간디는 훗날 인도 최초의 여성 총리가 되는 인물이다. 네루는 감옥에서 편지를 써 그의 딸 인디라의 세계사와 인도 역사, 나아가 인도인의 정신세계에 대해 공부시켰는데, 그것을 묶어서 책으로 발간한 것이 바로 『세계사 편력』이다. 네루는 그날의 편지에서 이렇게 말하고 있다.

우리는 대개 학교나 대학에서 역사를 그리 깊이 배우지 않는다. 다른 사람은 몰라도 나는 학교에서 배운 것이 아주 보잘것없었다. 그것도 인도 역사와 영국 역사를 조금, 아주 조금 배웠을 뿐이지. 더구나 우리가 배운 인도의 역사라는 것도 우리나라를 비하하는 사람들이 쓴 매우 잘못되고 왜곡된 것이란다. 나는 다른 나라의 역사에 대해서는 어렴풋한 지식밖에 갖고 있지 못했다. 내가 제대로 역사를 읽게 된 것은 대학을 나

온 뒤였지. 다행히 형무소에 갇힌 덕분에 나는 모자란 지식을 보충할 기회를 얻게 된 것이다.[1]

역시 형무소는 '혁명가의 학교'인 모양이다. 네루처럼 인도 독립운동의 최고 지도자였던 간디도 감옥에서 많은 명상과 자신의 사상을 다듬기 위한 학습을 하게 된다. 백인 인종주의에 맞서 싸우다 27년이나 감옥에 갇혔던 남아공의 넬슨 만델라 대통령도 감옥에서 많은 책을 읽으며 공부했다. 또한 민주화운동으로 유신 시대와 전두환의 5공 시절, 감옥살이와 가택연금을 되풀이했던 한국의 김대중 대통령 역시 감옥에서 많은 공부를 해서 박식한 사람이 되었다. 이탈리아 공산당의 창시자인 그람시 또한 감옥에서 많은 책을 읽고 『옥중수고』와 같은 불후의 명저를 저술하여 이탈리아 공산당의 이론적 토대를 쌓았다. 이처럼 감옥은 위대한 인물을 키우는 학교 역할을 톡톡히 하는 게 확실하다.

네루가 지적하듯 제국주의 국가들은 자신들의 식민지의 역사를 축소, 왜곡하거나 은폐, 조작하는 데 많은 힘을 기울였다. 일제 강점기 우리의 역사를 왜곡하기 위한 일본 제국주의의 행태를 생각해보면 그런 사실은 너무도 쉽게 이해할 수 있다. 사실 네루는 인도의 최고 명문 가문에서 태어났고, 영국 케임브리지 대학교에서 유학하여 변호사가 된 인물로 당대 인도의 최고 지식인 가운데 한 명이었다. 그럼에도 그의 고백에 따르면 그의 인도 역사에 대한 지식은 "아주 보잘것없었다." 그가 겸손하게 한 말일 수도 있지만 실제로 그가 영국 통치하의 제도 교육을 통해 배운 역사 지식은 형편없었을 것이다. 그리고 분명히 심각하게 왜곡되었을 것이다. 일제 강점기 그 틀이 갖춰진 한국사, 특히 한국 고대사가 심각한 역사 왜곡 과정을 겪었다는 사실을 상기하면 이 또한 쉽게 납득할 수 있을 것이다.

1920년대까지 인도의 선사 시대는 공백으로 남아 있었다. 중국과 달리 인도에는 역사를 기록하는 공식적인 전통이 없었다. 그래서 당시까지만 해도 인도의 역사는 기원전 4세기 말 마우리아^{Maurya} 제국*에서 시작된다고 알려지고 있었다. 그 이전의 청동기 시대의 인도 문명과 석기 시대의 역사에 대해서는 거의 밝혀진 게 없었다. 그러나 1921년 라칼다스 바너르지$^{Rakhaldas\ Banerijee}$가 인도 서북부 도시 신드 남부의 거대한 유적지, 즉 '사자^{死者}의 언덕'이란 뜻을 지닌 모헨조다로$^{Mohenjo-daro}$에서 발굴 작업을 시작되면서 사정이 달라졌다. 모헨조다로에서 이라크의 인장이 발견됨으로써 고대 인도 문명의 전성기가 수메르에서 도시가 꽃피우던 시절, 즉 기원전 3000년대까지 거슬러 올라간다는 사실이 확인되었다.[2]

그러나 이 지역의 발굴 작업은 영국의 고고학자 존 마샬$^{John\ Marshall,\ 1876~1958}$에 의해 1930년대에 본격화되었고, 그 성과가 정리되는 데는 시간이 더 필요했다. 그 때문에 네루는 1931년 딸에게 쓴 편지에서 그 문명에 대해 자세한 내용을 전할 수 없었다.

전에 네게 쓴 편지에서 인도의 고대 문명이나 드라비다인에 대해, 그

---

*　인도 최초의 고대 통일 제국을 세운 왕조(기원전 317~180년). 시조는 찬드라굽타로, 마우리아라는 이름이 '공작(孔雀)'을 뜻하기 때문에 '공작 왕조'라는 이름으로도 알려져 왔다. 알렉산드로스 대왕이 원정을 끝내고 철수한 뒤인 기원전 317년경, 찬드라굽타는 북서 인도의 인더스강 상류 지역에서 군사를 일으켜 마가다 왕국을 무너뜨렸으며, 그 이후 인도 북부의 전역을 통일했다. 우리에게 '전륜성왕(轉輪聖王)'으로 널리 알려진 아소카 왕은 그의 아들이다.

리고 아리아인의 등장에 대해 써 보낸 적이 있었지. 나는 아리아인 이전 시대에 대해서는 별로 아는 것이 없어서 많이 이야기해 줄 수 없었다. 그런데 최근 몇 년 전에 고대 문명의 유적이 인도에서 발견되었다면 너도 사뭇 흥미가 끌리겠지? 그 유적은 인도 서북부의 모헨조다로라는 지방 근처에서 발견되었단다. 적어도 5,000년 전쯤으로 추정되는 유적이 발굴되었을 뿐만 아니라 고대 이집트의 미라와 비슷한 미라까지 발견되었다. 생각해 보려무나. 이것들은 무려 5,000년 전, 아리아인이 이주해 오기 전의 일이 아니냐. 그 무렵이면 유럽 같은 데는 아직 황무지에 지나지 않았을 것이다.[3]

네루는 인도 고대의 그 문명에 대해 무한한 자부심과 애착을 느꼈지만 아직 그가 딸에게 이야기해줄 수 있는 내용은 지극히 제한적이었다. 인도의 고대 문명이 적어도 기원전 3000년경에 이미 꽃피우고 있었다는 사실 정도를 말해줄 수 있었을 뿐이다.

수천 년 역사의 장대한 문명국 인도

영국의 인도 침략은 상당히 일찍부터 시작되었다. 영국의 동인도회사가 처음 인도에 진출한 것은 1600년이다. 이후 영국은 인도의 무굴 제국이 약화된 것을 기회로 벵골만을 중심으로 한 동북 지역에 그 터전을 마련하고 확대했다. 영국은 1757년 플라시 전투에서 프랑스와 벵골 태수의 연합군을 물리친 후 인도에 대한 주도권을 확보했다. 19

세기 중엽에는 펀자브 지방까지 영역을 확대하면서 인도 전체에 대한 식민지 통치의 기반을 확보하게 된다. 1857~1858년에 발생한 '세포이의 항쟁'을 무력으로 진압한 뒤 인도는 영국의 완전한 지배하에 들어가게 되며, 그에 따라 영국은 그동안의 간접통치에서 직접통치로 통치 방식을 전환한다. 1877년 영국 여왕 빅토리아는 인도 제국의 황제를 겸임함으로써 인도 전체가 영국의 식민지로 전락했다. 인도가 영국에서 독립하는 것은 1947년이다.

고고학과 인류학은 제국주의 국가들, 그 중에서도 영국과 독일에서 가장 먼저 발전했다. 이것들은 처음 제국주의 국가들의 식민지 지배를 위한 수단이나 도구로 이용되었다. 서구 유럽 백인들의 인종적 우월성을 확인하고, 발전된 서구에 의한 낙후한 사회의 문명화, 즉 식민지 지배의 필연성을 정당화하기 위해서 연구되었던 것이다. 그러나 실제로 고고학과 인류학은 시간이 흐르면서 이러한 서구적 사고가 얼마나 잘못된 편견인지를 확인시켜주는 역할을 했다. 고고학적 발굴을 통해서 동양 사회에서 서구 유럽 사회보다 훨씬 일찍부터 문명이 발생하고 꽃피웠다는 사실이 확인되었다. 19세기 말부터 고대 문명 발상지에 대한 고고학적 성과가 나오기 시작해 20세기 전반에 이미 커다란 성과를 보여주었다.

인도의 경우에도 영국의 식민지 통치가 본격화되면서부터 고고학적 발굴 성과들이 드러났다. 그러나 인도에서는 고대 유물·유적들이 발굴되어 그 내용을 확인하고 고대 문명의 전체적인 상이 그려지는 것은 이라크나 이집트에 비해서 늦었다. 왜 그랬을까? 이것은 영국의 인도에 대한 잘못된 인식과 관련이 있다. 영국인들은 자신들은 문명국이지만 인도는 비문명국이라고 보았다. 그래서 그들은 그처럼 오래된 옛날, 그곳에서 그처럼 찬란한 고대 문명이 발전했을 것이라고 생각하지 않았던 것이다. 모두가 그랬던 것은 아니지만 인도를 지배한 영국인들의 다수는 인도 문화와 역사에 대한 무지와 편견에 사로잡혀 있었다. 여기에 대표적인 본보기가 있다.

1856년 영국의 엔지니어 존 브린턴과 윌리엄 브린턴 형제는 카라치Karachi에서 라호르Lahore까지 이어지는 동인도 철도의 건설에 참여하고 있었다. 그들의 고민은 인더스강이 수시로 범람하는 평원 지대에 철도의 기반을 어떻게 다지고 철로에 깔 자갈을 어디서 구해올 것인가 하는 문제였다. 그들은 남쪽 신드Sindh에서 묘안을 찾아냈다. 할라 근처에 거의 폐허가 된 중세 도시가 있었다. 그곳에서 수백만 장에 달하는 벽돌을 날라 오면 문제는 일거에 해결될 것이었다.

그리고 북쪽으로 물탄Multan과 라호르 사이에 계획된 노선도 또 하나의 도시, 즉 옛도시에 바로 인접한 하라파Harappā라고 불리는 폐허지를 지나고 있었다. 엄청난 수의 벽돌을 쌓아 요새처럼 건설된 그 도시는 말라붙은 라비 강의 하상河床에 우뚝 세워져 있었다. 그곳은 당시에도 힌두교도에게 소중한 순례지였고, 1947년 인도가 분열되어 파키스탄의 영역이 된 뒤에도 순례의 발길이 멈추지 않는 곳이다. 성채의 꼭대기에는 이슬람교도의 공동묘지, 무굴Mughul 제국 시대에 건설된 아담한 벽돌 사원, 그리고 그 지역에서 태어난 이슬람교 성자의 분묘가 남근상과 여음상을 지닌 시바Shiva 신을 섬기는 힌두교 사원과 평화롭게 공존하고 있었다. 만일 브린턴 형제가 잠시라도 그곳에서 과거를 생각하는 여유를 가졌더라면 이 지역이 얼마나 오래된 문명의 유적들이 존재하는 곳인지 쉽게 짐작할 수 있었을 것이다. 이슬람교도가 이 지역을 정복한 때가 바로 기원후 8세기경이었기 때문이다.[4]

그러나 빅토리아 시대의 이 강퍅한 개척자들은 수백 킬로미터에 달하는 철로의 기반 공사에 필요한 잡석을 구하기 위해 곧바로 성벽을 허물어뜨리기 시작했다. 덕분에 오늘날 그곳은 기차가 덜컹거리며 지나가지만 인류의 소중한 유산 하나가 그렇게 완벽하게 사라지고 말았다. 지금이나 과거나 토목업자, 건축업자들은 매한가지다. 2000년 우리나라에서도 한성 백제 시대의 유적지인 풍납토성에서 아파트 공사를 둘러싸고 문화재청과 건축업자, 주민들 사이에 분쟁이 벌어졌을 때, 건축회사가 굴삭기로 발굴 현장을 훼손하는 사건이 일어났다. 지금도 그 지경이니 무려 160년 전 영국의 식민지 땅에서 식민본국의 철도 기술자들이 인도의 문화와 문명을 어떻게 이해할 수 있었겠는가.

그러나 그래도 다행인 것은 더 이상 큰 훼손이 진행되지 않았다는 점이다. 성벽의 파괴와 함께 발굴을 진행한 브린턴 형제 일행은 수많은 유물들을 찾아냈다. 인간과 나무와 동물, 특히 황소를 기묘하게 형상화시키고 신비로운 문자체계를 새긴 동석凍石, soapstone*의 인장들이 쏟아져 나왔다. 때마침 1861년 발족된 인도 고고학 발굴단의 초대 단장이 되는 알렉산더 커닝엄1814~1893년**장군이 그 현장을 방문, 그 발굴품들을 보게 되었다. 커닝엄은 그 유물들이 당시 역사학자들에게 알려

---

* 부드러운 촉감의 활석으로 조각용으로 많이 사용된다.
** 영국의 군인이었지만 퇴역 후에 인도의 고고학적 유물을 발굴하는 데 오랫동안 종사했다. 그 결과를 바탕으로 많은 논문과 글을 남겼지만 학문적인 가치를 인정받지는 못했다. 그러나 인도 고고학의 기초를 쌓았다는 점에서 높은 평가를 받고 있다.

하라파 문명이 남긴 유물 | 옷을 걸치지 않은 젊은 여성이 목걸이를 하고 수많은 팔찌를 차고 있다. 무희였을 것으로 추측된다.

진 인도의 유물과는 전혀 다르다는 것을 한눈에 알아보았다.

당시까지 인도의 역사는 기원전 4세기 말 마우리아 제국에서 시작된 것으로 알려져 있었다. 알렉산드로스 대왕의 그리스 후계자들과 거의 같은 시기에 시작된 일천한 역사였다. 그러나 그로부터 반세기 지나면서 그 인장의 미스터리가 해결되었다. 인도는 신석기와 청동기 시대에 도시 문명을 이룩해낸 중요한 거점 중의 하나란 것이 확인되었다. 이로써 인도는 역사가 기록되기 시작한 때보다 수천 년을 거슬러 올라가는 시기에 뿌리를 둔 장대한 문명국이라는 사실이 확인되었다. 그곳 하라파는 기원전 2000년대 중반 무렵에 몰락한 이후로 언덕 꼭대기에 살면서 신들을 숭상했던 사람들에게 구전으로만 그 이름이 전해오던 유적지였다.[5]

산스크리트어 경전이 말해주는 것

인도의 고대 문명이 다른 지역에 비해 뒤늦게 확인된 것은 인도가 자신들의 역사를 기록하는 전통을 일찍부터 갖지 못한 점도 하나의 요인이다. 적어도 인도에서는 이슬람이 도래하기 전까지 어떤 실질적인 기록도 없었다. 그러나 십중팔구 전설적인 영웅의 시대에 쓰여졌을 『마하바라타』*와 『라마야나』**와 같은 서사시와 경전들이 있었다. 이 경전들은 먼 옛날부터 구전되어 오던 것을 힌두인들이 중세 시대에 '신성한 언어'인 산스크리트어sanskrit, 梵語***로 문자화한 것이다.

산스크리트 구어口語는 오늘날 북인도에서 사용되는 방언들의 모어母語다. 이 경전에 쓰인 내용을 유일하게 기억하면서 의식을 집전했던 브라만****은 비非브라만 계급에 의해서 경전이 문자화되어 유포되는 것을 신성 모독이라고 보아 격렬히 반대했다. 율리우스 카이사르도 『갈리아 전쟁기』에서 영국의 드루이드교 성직자들은 "그들의 교리를 문자화하는 것을 원칙에서 어긋나는 행동이라 생각했다."고 기록한 바 있다.

산스크리트어는 17세기에야 유럽에 알려지기 시작했다. 유럽에서는 18세기 계몽주의 철학자들이 인도의 신들과 제식에 많은 관심을 가졌다. 힌두교가 중동에서 시작된 어떤 유일신교보다 오랜 역사를 가

---

*   인도 고대의 산스크리트어 대서사시. '바라타족의 전쟁을 읊은 대역사시(大歷史詩)'라는 뜻으로 오랜 세월에 걸쳐 구전되어 오는 사이에 정리 · 수정 · 증보를 거쳐 4세기경에 지금의 형태를 갖추게 된 것으로 여겨진다.

**   『마하바라타』와 더불어 세계 최장편의 서사시로 알려진 고대 인도의 대서사시. 역시 산스크리트어로 쓰여졌다. 특히 이 서사시의 문체는 기독교적으로 매우 세련되어 있어, 그 뒤로 발달한 미문체(美文體) 작품의 모범이 되었다.

***   인도의 고전어로, 힌두교 · 대승불교 · 자이나교 경전의 언어이자 수많은 인도어 고급어휘의 근간을 구성하는 언어이다. 인도 공화국의 공용어 중 하나로, 아직도 학교에서 읽고 쓰는 법을 가르치고 있고, 관련된 문학, 예술, 방송 활동도 꾸준히 이어지고 있다. 일부 브라만은 여전히 산스크리트어를 모국어로 쓰고 있다.

**** 인도의 카스트 제도에서 가장 상위층인 승려계급을 말한다.

진 원시종교에 가깝다는 주장도 제기되었다. 이런 와중에 1786년 영국의 동양학자이자 법률가인 윌리엄 존스William Jones는 산스크리트어가 라틴어, 그리스어와 동일한 모어에서 파생되었다고 발표했다. 이후 인도유럽어족에 대한 연구가 꾸준히 진행되었으나 아직도 이를 둘러싸고 언어학자와 고고학자 사이에 뜨거운 논쟁거리로 남아 있다. 그럼에도 산스트리트어가 인도의 토착 언어가 아니라 인도유럽어족의 심장부라 할 수 있는 러시아 남부나 동유럽에서 기원했을 것이라는 의견이 대세를 이룬다. 여기에 따르면 산스크리트어를 사용하는 민족이 기원전 2000년대에 인도의 북서지방으로 이동했을 것이란 이야기가 된다.

    산스크리트어를 말하는 인도유럽어인은 기원전 2000년대에 북서쪽에서 인도로 들어와 카불 강변과 펀자브 지방에 정착했을 것이다. 산스크리트어로 기록된 가장 오래된 문헌인 『리그베다』가 이런 추측을 뒷받침해주고 있다. 『리그베다』는 1028개의 송가를 편집한 것으로 그 송가들은 기원전 1500년부터 기원전 900년까지 수세기에 걸쳐 지어진 것으로 추정된다. 『리그베다』는 비록 중세 시대에 문자화되었지만 청동기 시대의 언어 형태를 놀라울 정도로 정확하게 보존하고 있다. 초기 판본은 인도 북서부 지방의 산스크리트어 사용자의 구술을 옮겨 쓴 것이다. 외부인의 유입 흔적이 전혀 없는 것으로 보아 그들은 상당히 오래 전에 정착한 것이 분명하다. 그들은 스스로 아리안이라고 칭했다. 아리안은 '고결한 사람'이란 뜻으로 오늘날, '이란'과 '에이레'라는 이름으로 남아 있는 인도유럽어족에 속하는 단어다.[6]

    아리아인들의 영토는 카불강에서 옥서스까지 북서쪽 경계를 따라

이어졌다. 후기의 송가들은 그들의 땅이 오늘날 펀자브 지방을 가리키는 '일곱 강'까지 확대된 적이 있음을 암시해준다. 그러나 갠지스강과 줌나강 유역들과 인도 문명의 심장부는 마지막 송가에서 언급될 뿐이다. 그러니까 『리그베다』는 산스크리트어를 사용한 귀족계급이 옥서스 강에서 남동쪽으로 갠지스강까지 세력을 확대해가는 수세기 동안의 역사를 노래한 것이라는 이야기다.

그러나 아리아인이 청동기 시대 인도의 북서지방에 정착한 유일한 민족은 아니라는 사실도 『리그베다』가 확인시켜준다. '검은 피부의 사람들' 혹은 '노예들'이란 뜻을 지닌 다사족, 다시우족, 파니아족이란 단어를 자주 언급하고 있기 때문이다. 이것은 사실상 초기 잉글랜드인들이 이웃 종족을 '노예'라는 뜻으로 웨일스라고 불렀던 것과 크게 다르지 않다. 또한 중국의 화족들이 주변 민족을 야만을 의미하는 '만蠻' '적狄' '이夷'* 따위로 불렀던 것과도 크게 다르지 않다. 그러나 1921년까지 『리그베다』만으로는 이들 다사족에 대해서 더 이상 알 수 있는 것이 없었다. 따라서 인도의 전통 문화와 힌두교는 아리안에서 시작된 것이라는 믿음이 대세였다. 물론 인종적으로나 문화적으로나 인도유럽어족이 토착민에 비해 훨씬 우월했을 것이란 유럽인들의 선입견이 강하게 반영된 믿음이었다.

그러나 1921~1922년에 모헨조다로에서의 발굴 작업의 성과로 인도의 역사는 완전히 다시 쓰여지게 되었다. 인도의 고대 문명이 수천

---

* 중국의 화족(華族)은 주변 민족, 종족을 남만(南蠻), 북적(北狄), 동이(東夷), 서융(西戎) 등으로 부르며, 자신들은 문명, 주변은 야만의 세계로 구분했다. 모든 침략 세력, 앞선 문명을 건설한 집단들이 타집단을 구별함으로써 자신들의 지배와 우월감을 합리화하는 전형적인 수법의 하나다.

년이나 거슬러 올라가면서 인도가 현대에 살아 있는 가장 오래된 문명국이 된 것이다.

기원전 3000년경에 꽃핀 하라파-모헨조다로 문명

바너지르가 처음 모헨조다로를 발굴할 때, 그들은 불교 유적지일 것으로 기대했다. 기원후 1세기경에 건설된 것으로 추정되는 벽돌 사리탑이 언덕 위에 우뚝 솟아 있었기 때문이다. 그러나 발굴을 시작하면서 그들은 그곳을 다시 보아야 했다. 그 지역 사람들이 '섬'이라고 일컫는 지역을 둘러싼 성곽이 발견된 것이다. 그 면적은 약 2.5제곱킬로미터 정도로 추정되었다. 동쪽의 외곽을 흐르는 인더스강이 커다란 홍수 때마다 범람한 때문인지 성곽은 많이 손상되어 있었다.

땅을 파고 들어가자 약 410미터 길이의 성곽 안으로 웅장한 건물들이 드러났다. 무슨 용도였을까? 통치자가 쓰던 건물일까? 아니면 종교용 건물이었을까? 기둥이 늘어선 집회장과 거대한 곡물창고가 드러났다. 무엇보다 눈에 띄는 것은 벽돌로 주랑을 갖춘 저수조였다. 길이 12미터, 폭 7미터, 깊이 2.4미터의 저수조는 지금도 인도 곳곳에서 눈에 띄는 제식용 침례지浸禮池를 연상시켰다. 침례지 옆으로는 웅장한 '대학大學'*이 드러났다. 만약 사원이 있었다면 틀림없이 언덕 정상의 불교 사리탑 아래에 묻혀 있을 것으로 추측되었다. 그러나 사리탑을 옮길

---

* 　발굴자들이 붙인 명칭이다.

수는 없었다.

도시 외곽으로는 큼직한 저택들과 연결된 널찍한 도로가 있었다. 각 블록마다 우물과 공중변소가 있었다. 하수구는 사람이 들어가 걸을 수 있을 정도로 넓었다. 하수구는 어떤 점에서 이집트나 메소포타미아보다 훨씬 더 진보된 문화를 누렸다는 증거였다. 여기서 발견된 이라크의 인장들도 인도 문명의 전성기가 수메르에서 도시가 꽃피우던 시절, 즉 기원전 3000년대까지 거슬러 올라간다는 걸 말해주고 있었다.

그런데 모헨조다로는 여러 점에서 불가사의했다. 특히 붉은 벽돌이 정교하게 축조된 모습은 놀라웠다. 외부 장식은 거의 없었다. 조각품도 거의 찾아볼 수 없었다. 도로망은 격자형으로 단조롭고 규칙적이었다. 발굴자 가운데 한 사람은 이렇게 말했다. "누구라도 그곳을 처음 걷게 된다면 랭커셔Lancashire의 한 도심이 언젠가 황량해졌을 때의 모습일 것이란 착각에 빠지게 된다." 그래서 최종 발굴보고서는 모헨조다로 유적을 "실용주의의 결정체"라고 요약했다. 현대의 인도와는 매우 다른 모습이었다.[7]

그러나 훗날의 인도와의 관련성을 보여주는 뚜렷한 증거들도 적지 않았다. 인장에는 신성한 나무들과 동물들이 새겨져 있었다. 특히 암소와 곱사등이 황소는 오늘날에도 발 디딜 틈 없는 시장에서 신성한 동물로 따뜻한 대접을 받고 있다. 진흙을 빚어 만든 어머니 여신의 모형은 지금도 인도 전역에서 만들어지는 여신의 모습과 무척 닮았다. 장난감처럼 작게 만들어진 짐수레는 오늘날에도 펀자브 지방 곳곳에서 볼 수 있다. 무엇보다도 눈에 띄는 것은 장식용 팔찌를 끼고 뿔 모양의 장식을 머리에 쓴 신성한 형상이 옥좌 아래에 사슴을 두고 요가 자세로 앉아 있는 모습의 인장이다.

　이라크와 이집트처럼 인도 또한 청동기 시대의 문명을 꽃피웠다. 그들처럼 인도에도 문자가 있었다. 문자는 인더스 강변에 살았던 사람들의 정체를 밝혀줄 열쇠로 여겨진다. 하지만 수백 개의 인장 안에 새겨진 문자들은 아직도 해독되지 않고 있다. 이것은 여전히 고고학계의 커다란 숙제로 남아 있다.

　지난 수십 년 동안 모헨조다로와 하라파에서 발견된 문명의 흔적을 바탕으로 하나의 커다란 그림이 그려졌다. 아프가니스탄에서 델리까지, 히말라야 기슭에서 뭄바이까지 약 1천 군데의 정착지가 있었던 것으로 밝혀졌다. 거의 서유럽 전체와 비슷한 면적으로 초기 이라크나 이집트보다 훨씬 넓은 지역이다. 그런데 놀라운 사실은 그 드넓은 지역이 문화와 예술과 문자와 기술에서 일치된 모습을 보여주고 있다는 점이다. 특히 무게와 길이를 측정하는 도량형이 동일했다.[8]

　가장 큰 도시인 모헨조다로는 약 8만 명이 모여 살았던 곳으로 추정된다. 또한 국가 개념이 있었다면 전국의 인구는 5백만 명에 육박했으리라고 추정된다. 이라크와 이집트처럼 이곳의 문명도 강의 관개에 크게 의존했다. 인더스강 또한 매년 범람하면서 주변의 평원을 침수시켰다. 그렇게 해서 생겨난 충적토에서는 밀과 보리, 그리고 쌀과 목화가 재배되었다. 특히 목화는 역사상 처음으로 신드에서 재배된 것으로 보인다.

　인더스 문명도 장거리 무역에 의존했다. 그들은 목화와 목재, 상아와 보석을 싣고 멀리 우르와 같은 수메르의 도시들까지 나아갔다. 그래서 기원전 3000년대에 형성된 듯한 인더스 상인들의 집단 거주지가 수메르의 도시들에서 발견되기도 한다. 인더스의 인장이 찍힌 물건들

지금의 파키스탄 지역에 있는 모헨조다로 유적 | 기원전 2500년경에 세워진 수준 높은 도시 계획의 현장이 하라파에서 발굴되었다. 사진에 보이는 성채의 대 목욕탕에는 분수와 배수 시설이 있었다. 욕탕에는 역청을 두껍게 발라 방수 처리를 했다.

이 수메르에서 발견되는 것도 이 때문일 것이다. 페르시아만 지역도 인더스 문명이 일찍부터 시작한 해외 무역의 대상지였다. 기원후 60년경에 작성된 한 그리스 상인의 일지에는 구자라트Gujrat에서 아라비아로 들어오는 물건들이 백단목, 흑단목, 목화, 향료와 진주라고 쓰여 있다. 오스만 투르크와 영국의 식민지였던 때에도 바스라Basra와 인도는 이와 똑같이 물건들을 주고받았다. 인도와 이라크의 거래는 오늘날까지도 계속되고 있다.[9]

인더스 문명의 기원에 대한 혁명적 발견

1974년 프랑스 고고학 팀은 인더스강 계곡 서쪽, 현재 파키스탄의 쾌타, 칼라트와 시비 사이에 위치한 메르가르Mehrgarh에서 발굴을 시작했다. 그들의 발굴 작업은 1986년까지 계속되었다. 그들의 발굴 결과에 따르면 메르가르 지역에 주민들이 정착생활을 처음 시작한 것은 기원전 7000년대까지 거슬러 올라갔다. 하라파 시대의 전성기보다 무려 4천 년을 더 거슬러 올라가는 셈이다. 이것은 팔레스타인에서 이란까지 서아시아 전역에서 농경 문화가 형성되던 시기에 인더스에서도 문명이 시작되었다는 것을 뜻한다. 1970년대까지는 기원전 3000년 이전에 인도에 농경 문화가 도입되었다는 증거가 나타나지 않았다. 하지만 이곳 인더스 유역에서 농경과 축산이 시작되었을 뿐만 아니라 동석 가공을 비롯한 세공술과 원거리 무역터키옥과 청금석이 있었다는 뚜렷한 증거가 발견된 것이다.

기원전 5000년대에 메르가르를 건설한 사람들은 길쭉한 평요平窯의 벽돌을 사용했다. 이 벽돌들은 인더스의 도시들에서 널리 쓰이던 것이었다. 그들은 곡식을 곳간에 저장했다. 그들은 이때 목화를 재배하고 있었다. 그들은 주변 지역의 구리 원광석으로 도구를 장식했고 큰 바구니에 역청으로 선을 그렸다. 그들은 보리와 밀, 대추를 경작했으며, 양과 염소도 길렀다. 그들은 기원전 5500년에서 기원전 2600년 사이에 거주하면서 타제석기를 사용하고 가죽 무두질과 구슬 생산 기술을 가졌으며 금속 가공 작업을 했다. 2006년 4월, 과학 잡지 《네이처》는 메르가르에서 인류 역사상 가장 오래된 이빨의 드릴링 증거가 발견되었

다고 발표했다.[10]

메르가르는 기원전 4000년대에 들어서면서 이란까지 연결되는 문화의 교차점이 되었다.* 기원전 2500년경에 이 마을은 약 8킬로미터 떨어진 나우셰라 Naushera에 더 큰 마을이 건설되면서 역사의 뒤안길로 사라졌다. 나우셰라에서는 벽돌로 쌓은 웅장한 성채와 신전으로 사용했을 법한 인상적인 건물들이 발굴되었다. 바로 하라파 시대로 접어들고 있던 시기였다.[11] 나우셰라의 발굴 작업은 1985년부터 1996년까지 계속되었다.

모헨조다로에서 발견된 석회석 흉상 | 이것은 인도의 고대 문명이 남긴 자료 중 가장 널리 알려진 유물이다. 사제나 왕을 나타낸 것으로 보이는 이 수염 기른 인물은 이마에 머리띠를 매고 있다. 한쪽 어깨를 감싼 튜닉(리넨이라는 직물로 만든 고대 지중해 연안의 기본 의복)은 같은 시대 메소포타미아의 왕 모습과 비슷하다.

메르가르에서의 유물 발견으로 인더스 문명은 선사 시대부터 이곳에 살았던 토착 인도인의 고유한 문화라는 사실이 분명해졌다. 과거에 생각했듯이 이라크에서 유입된 문화적 사상에 영향을 받은 것이 아니었다. 그러면 인더스 문명을 빚어낸 사람들이 인도유럽어계의 아리안

---

* 프랑스 파리의 인더스 발루치스탄 고고학 연구소의 카트린느 자리지에 따르면 카치 평원과 볼란 분지는 남아프가니스탄과 동이란, 발루치스탄 언덕과 인더스 계곡을 연결하는 주요 도로 중의 하나였던 볼란 봉 통로에 위치한다. 이곳은 인더스 계곡의 서쪽 가장자리에 위치한다. 석기 시대와 청동기 시대를 산 메르가르의 사람들은 북아프가니스탄과 북동이란 그리고 남부 중앙아시아의 동시대 문명과 접촉했다. (위키 백과 참고)

이 아니라면 대체 누구인가? 『리그베다』에 언급된 다사족이었을까?

마침내 1980년대부터 새로운 그림이 그려지기 시작했다. 이란의 고대 언어인 엘람Elam어가 드라비다Dravida어와 같은 계열이라는 결정적인 증거가 발견되었다. 드라비다어는 지금의 타밀Tamil어로 주로 알려진 인도 남부에서 지금도 사용되고 있는 언어이다. 두 언어는 선사 시대에 이란과 인도 북서부, 특히 메르가르와 같은 고대 마을에서 사용되던 언어에 뿌리를 두고 있었다.

그런데 농업이 시작되는 기원전 5000년경 이후에 모어母語가 나뉘기 시작했을 것으로 추측된다. 그 후 엘람어는 기원전 3000년경 이란의 초기 도시 사회에서 사용되다가 10세기경에 사라진 것으로 알려진다. 하지만 드라비다어는 여전히 인도 남부에서 2억 명의 인구가 사용하고 있다. 이런 사실들은 인도의 초기 역사를 그리는 데 중대한 역할을 하고 있다. 드라비다어가 남부의 토착어가 아니라 기원전 5000년경에야 발루치스탄Balochistan에서 구자라트를 거쳐 인도 남부로 이동되었다는 증거이기 때문이다. 드라비다인들은 남부로 이동해서 그곳에 뿌리를 내려 마을을 건설했고, 기원전 1000년대 후반에야 문자를 다시 찾아냈다.[12]

이 같은 추측이 맞는다면 현대 타밀어와 관계가 있는 드라비다어가 모헨조다로와 하라파 시대에 인더스 유역에서 사용되었을 것이다. 그렇다면 학자들이 오래 전부터 추측해왔듯이 인장에 새겨진 수수께끼 같은 문자는 드라비다어일 가능성이 농후하다. 이런 가능성을 뒷받침해줄 증거들도 있다. 드라비다어에 속한 단어들이 지금까지 구자라트에서 사용되거나 드라비다인의 풍습이 인더스 지역에 여전히 남아 있다는 사실이 그것이다.

이렇게 해서 인도 역사를 재구성해줄 가닥들이 하나씩 연결되고 있다. 인더스 문명은 드라비다인의 문명일 가능성이 거의 확실한 것이다. 그들의 문화는 이란의 엘람 시대와 밀접한 관계가 있다. 오늘날 인도 남부의 문화와도 적잖은 관계가 있다. 드라비다인이 창조한 인더스 문명은 기원전 1700년경부터 기울어지기 시작했다. 강우량이 현저히 감소하고 원거리 무역이 붕괴됨에 따라 사람들은 도시를 버리고 떠났다. 인더스 문명이 쇠퇴한 것은 이렇듯 여러 요인들이 얽힌 결과라고 추측된다.

거의 비슷한 시기, 이란을 정복한 인도유럽어계의 아리아인이 옥서스강과 인더스강 사이에 있는 산악지대까지 세력을 확대했다. 그들은 오랫동안 신드와 펀자브 지방까지 지배하면서 드라비다인을 동화시켰다. 따라서 아리아어가 지배 언어가 된 것은 당연했다. 그럼에도 『리그베다』에 쓰인 산스크리트어의 차용에서 드라비다어의 흔적을 확인할 수 있다. 기원전 1500년에서 기원전 1000년 사이에 아리아인은 갠지스강과 줌나강 유역까지 세력을 확장했다. 그들은 숲을 불태워 정착지를 건설하고 농경지를 개간했다.[13]

그 사이 드라비다인과 그들의 언어와 문화는 인도 남부로 내려가 뿌리를 내린다. 인도 남부에서 발견되는 유물은 기원전 3000년까지 거슬러 올라간다. 드라비다 문화와 남부의 토착 문화가 교류하면서 인도의 전통 문화가 탄생한 것이다. 메르가르는 인더스강 계곡에서 시작된 인도 문명의 출발점이었다. 메르가르의 발견은 인더스 문명 전체의 개념을 바꾸었다. 만일 이러한 추정이 사실로 확인되면 인도의 고대 문명은 수메르 문명보다 앞서는 것이 된다. 따라서 그럴 경우 인류의 역사, 문명의 이동과 교류의 역사도 다시 쓰여져야 한다. 메르가르의 발굴과 그 결과는 가히 인도 역사에서 혁명적인 내용을 담고 있는 셈이다.

아리아인의 침입과 그들이 남긴 것

고대 인도 문명인 인더스 문명을 무너뜨린 것은 인도유럽어족의 아리아인들이다. 아리아인들은 처음 이란 고원 주변의 초원 지대에서 출발했다. 그들은 오늘날의 중앙아시아, 즉 러시아 남부의 광대한 초원 지역에서 유목생활을 하며 살았다. 그들은 기원전 2000년경부터 중앙아시아를 떠나 남쪽으로 이동하기 시작했다. 아리아인들은 이때부터 수백 년간에 걸쳐 이란과 인도 등지로 퍼져나갔다. 이것이 바로 '고대 아리아인의 대이동'이라고 불리는 사건이다.

아리아인들은 인도유럽어 계통의 언어를 사용하는 일족으로 원래 인도-이란인을 가리키는 말이었다. 그런데 20세기 유럽의 일부 인류학자들이 '아리아인'의 범위를 대폭 넓혀 인도유럽어 계통의 모든 사람들을 가리키는 말로 사용했다. 나치 독일 시기 '아리아인'이란 단어의 혼용이 더욱 극심해졌고, 오늘날은 많은 사람들이 이렇게 사용하는 잘못을 범하고 있다. 그렇게 하다 보니까 히타이트족, 그리스인, 게르만족까지 동쪽에서 이동해온 아리아인의 한 분파가 되었다. 그러나 이것은 사실이 아니다. 역사적인 자료를 종합할 때 인도유럽어족에 속하는 유럽 민족은 대부분 동유럽에서 기원한 고대 인도유럽어족으로 일

찍부터 이동하여 유럽 지역에 정착했다.[14]

지금으로부터 1만 년 전부터 오늘날 우크라이나 동부와 러시아 남부에 해당하는 광범위한 지역에 유목생활을 하는 인도유럽어족이 활동하며 살아가고 있었다. 이곳은 남쪽으로는 카프카스 산맥, 서쪽으로는 아조프해, 동쪽은 카스피해로 둘러싸인 대평원이었다. 이 평원을 일반적으로 우크라이나 평원 혹은 동유럽 평원이라고 부르며, 볼가 강과 돈강이라는 큰 강이 흐르고 있다. 초기 인류 중 가장 뛰어난 유목민족이었던 이들은 기원전 4000년경부터 대이동을 시작했다. 이들은 말을 길들여 사용했고, 바퀴 달린 수레를 갖고 있었다. 대이동에 가능한 기술적 조건을 갖추었던 셈이다.[15]

북카프카스 평원에 살던 이들이 카프카스 산맥을 넘으면서 대이동이 시작되었다. 이들은 기원전 3000년경 오늘날의 터키가 있는 아나톨리아 반도(소아시아 반도)까지 활동 영역을 넓혔고, 거기서 고대 아나톨리아 문명을 세웠다. 이들은 나중에 서아시아를 주름잡는 군사강국 히타이트 왕국으로 발전한다.[16] 히타이트족은 최초로 금속 문명을 전파한 것으로 알려진다. 이동 과정에서 일부는 아나톨리아 지방에 정착했지만 또 다른 무리들은 이동을 계속해서 지금의 유럽 지역으로 들어갔다. 그들은 먼저 그리스로 진출했다. 유럽 최초의 문명인 크레타 문명이 바로 이들에 의해 건설되었다. 이들 가운데 이탈리아 반도로 향한 사람들은 라틴족이란 이름으로 불리게 되었다. 지금의 프랑스에 정착한 사람들은 켈트족, 더 위쪽인 독일에 정착한 사람들은 게르만족이 되었다.

이제 인도유럽어족의 일파인 아리아인의 이동을 보자. 아리아인 가운데 일부는 이란 쪽으로 이동해갔다. 이란이란 '아리아인의 나라'라는 뜻이다. 오늘날의 이란이란 이름이 탄생하게 된 배경을 알 수 있는 말이다. 이란 사람들은 자신들이야말로 아리아인의 후예라고 말하고 있는 것이다. 이곳으로 간 아리아인들은 그곳에 이미 살고 있던 메디아인들과 함께 이란 민족으로 새롭게 태어났다. 그들은 후에 페르시아 제국의 주역이 되었다.

이란에 정착하지 않은 일부 아리아인들은 다시 서아시아로 향했다. 바빌로니아가 메소포타미아 일대를 장악했다가 권력이 약해질 무렵이었다. 그들은 그곳에서 미탄니 왕국을 세웠다. 이들은 나중에 히타이트 왕국과 지역 패권을 두고 사사건건 다투게 된다. 이란에 머물던 아리아족의 일부는 다시 더 남동쪽으로 이동해갔다. 인더스 문명이 있던 곳으로 몰려든 것이다. 이들은 드라비다인들이 건설한 인더스 문명을 파괴하고 그 지역의 주인공으로 등장하게 된다.[17]

기원전 1750년경 아리아인들도 힌두쿠시 산맥과 파미르 고원 지대에서 인도로 대거 이동했다. 그로부터 여러 세기 동안 아리아인들은 인더스강 유역과 인도 북서부의 펀자브 지방, 나아가 갠지스강 상류까지 들어왔다. 아리아인은 청동무기와 말, 전차를 앞세운 유목민 전사 집단이었다. 그들은 하라파 문명을 파괴하거나 그 지역 사람들을 몰아내지는 않았다. 이들의 침입과 함께 그 전 인더스 문명에서 보여주었던 수준 높은 문명은 1천 년 동안 인도에서 태어나지 못했다. 에게해 지역에 인도유럽어계 민족이 진출한 뒤의 결과와 유사하다. 문자도 사용이 중단되었다가 기원전 6세기경에야 나타난다.[18]

인도 북부는 강변을 중심으로 정착한 아리아인이 지배하는 전형적

인 농촌이었다. 도시 또한 오랫동안 나타나지 못했다. 후에 새롭게 선
보인 도시도 그 이전 인더스 문명에서 보였던 정교함과 질서에는 미치
지 못했다. 아리아인들은 유목생활에서 벗어나 농업 사회로 진입하는
데도 많은 시간이 소요되었다. 그들은 원래의 정착 지역에서 동쪽과
남쪽으로 마을의 분포를 넓혀 나갔다. 그 기간은 수백 년이 걸렸다. 철
기 시대에 들어오면서 도시가 완성되었고, 갠지스강 유역이 아리아인
의 문화권에 들어오게 되었다. 이들은 이 무렵 인도 역사에 매우 중요
한 의미가 있는 새로운 문화를 만들었다.

먼저 아리아인은 인도 문명의 핵심이 될 종교의 기반을 마련했다.
그 종교의 중심 개념은 '희생'이다. 희생을 통해 태초에 신들이 행했던
창조의 과정이 끝없이 반복되는 것이다. 불의 신 아그니^{Agni}가 중요했
던 것은 그 희생의 불길을 통해 인간이 신에게 통할 수 있다고 믿었기
때문이다. 이런 의식을 집전하는 사제인 브라흐만^{Brahman}들은 큰 권
위와 높은 신분을 누렸다. 수많은 신들 중에 가장 중요한 신은 바루나
^{Baruna}와 인드라^{Indra}였다. 하늘의 신 바루나는 자연 질서의 주재자이
며 정의의 화신이었다. 전쟁의 신 인드라는 해마다 한 마리의 용을 죽
여 하늘의 물을 가져와 몬순^{monsoon*} 기후의 계절을 열어주었다.[19]

---

* 대륙과 해양의 온도 차이로 계절에 따라 방향이 바뀌는 계절풍을 말한다. 전 세계적으로
이러한 몬순이 두드러지게 나타나는 곳이 바로 인도다. 인도에서는 남서 계절풍이 강하게
불며 이때가 우기에 해당한다. 인도는 16~17세기 바닷길이 열리기 전까지 외부 세력의 침
략을 별로 받지 않았다. 북쪽과 서북쪽으로는 세계에서 가장 높은 산맥이 인도를 외부로
부터 막아주었고, 동쪽으로는 두터운 정글지대가 있다. 인도의 삼각형 모양에서 나머지 두
변은 아득히 펼쳐진 인도양의 물결을 바라보고 있다. 이러한 자연조건이 인도를 외부와
의 교통을 제한하고, 독특한 기후대를 빚었다. 위도로 보아 인도의 대부분 지역은 열대 지
역이 아니지만 열대기후의 특징을 보인다. 북쪽의 산맥은 중앙아시아 방면에서 불어오는

이런 신들의 모습을 보여주는 것이 『리그베다』다. 여기에는 희생 의식 때 불리던 송가가 1천 수 이상 모아져 있다. 이것이 처음 편집된 것은 기원전 1000년경이다. 이것은 종교뿐만 아니라 아리아인 사회에 대한 중요한 자료이기도 하다. 『리그베다』는 인도 정착 이전의 아리아인 문화가 아니라 인도 정착 후의 아리아인 문화를 보여준다. 그 무대는 인더스강 서안에서 갠지스강까지, 아리아인과 검은 피부의 원주민들이 살고 있던 지역이다.

다음으로는 카스트Caste 제도다. 카스트 제도가 정확히 어떤 경로로 완성되었는지 알 수는 없다. 그러나 카스트 제도의 원래 이름은 바르나 제도였는데 바르나는 색을 뜻하는 단어라는 점을 감안할 때, 카스트 제도는 하얀 피부의 아리아인을 검은 피부의 토착민과 구분하기 위해 시작된 것으로 여겨진다.[20] 아마도 출발점은 농경 사회에서 자연적으로 분화된 계급들, 즉 크샤트리아Ksatriya로 불리는 전사·귀족과 브라흐만인 사제, 그리고 일반 농부계급인 바이샤Vaisya의 구분이었을 것이다. 얼마 후 네 번째 직업군이 등장했다. '불결하다'는 뜻의 수드라Sudra다. 그들은 베다 송가를 공부하지도 못하고 듣지도 못하는 사람들이다. 당연히 수드라는 아리아인이 아니었다.

이 계급 구조는 그 후 계속해서 정교하게 다듬어졌다. 사회가 복잡해지면서 더 많은 분화와 재분화가 일어났으나 크게 네 가지의 계급

차가운 바람을 막아주고, 긴 해안선을 통해서는 바다에서 형성된 비구름이 밀고 들어와 산맥 안쪽에 비를 쏟아 붓는다. 연중 가장 기온이 높은 시기에 대량의 비를 내리는 몬순이 형성된다. 오늘날까지도 이것이 인도 농업경제의 중심축이 되고 있다. (J. M. 로버츠 지음, 『히스토리카 세계사 2』, 12~13쪽 참고)

구분은 변화하지 않았다. 승려계급인 브라흐만, 귀족과 전사계급인 크샤트리아, 지주와 상인 계층은 바이샤란 이름을 지켰으나, 일반 농부들, 그러니까 빈농이나 농업노동자는 수드라가 되었다. 이후 인도 사회에서는 이 계급 간의 이동이 불가능했다. 다른 계급과는 식사도 할 수 없고 결혼도 할 수 없었다. 계급에 따르는 의무와 요구는 인도 사회의 가장 기본적인 통제장치가 되었다. 근세에 이르러 '자티Jati'라고 부르는 수천 개의 지역 카스트가 생겨 결혼도 그 안에서만 하고, 음식도 같은 집단의 구성원이 만든 것만 먹는 폐쇄적인 규칙이 그들의 삶을 지배하게 되었다.[21]

갠지스 문명과 인류 정신사의 새 지평

수백 년간 아리안이 인도 내륙으로 밀고 들어오면서 무력정복 못지않게 평화적 정착과 서로 다른 종족 간의 결혼이 빈번히 일어났다. 그 과정에서 아리아인의 문화가 원주민에게 수용되었고, 아리아인의 인도는 그 중심을 펀자브 지역에서 갠지스강 유역으로 점차 옮겨가게 되었다. 특히 베다 시대* 왕국들은 인도 북부에 일종의 문화적 통일과 같은 것을 확립해놓았다.

갠지스강 유역의 호전적인 아리아인들이 서로 성을 공격해서 여자

---

* 대략 기원전 2000년에서 기원전 600년까지 아리아인이 인도에 들어와 정착하면서 살던 시기를 말한다. 유목민족이었던 아리아인은 인도에 정착하면서 소를 키웠던 것으로 보이며 철기도 사용했다고 전해진다. 그러나 이들에 대한 자료는 베다 문헌으로만 남아 있다. (J. M. 로버츠 지음, 『히스토리카 세계사 2』, 18쪽 참고)

와 가축과 보물을 약탈하는 모습을 그려낸 서사시 『마하바라타』가 있다. 이것은 호메로스의 『일리아드』에 버금가는 영웅 서사시다. 그런데 유물의 발굴을 통해 이 영웅들의 이야기가 역사적 사실과 일치한다는 것을 알 수 있게 되었다. 이 『마하바라타』는 현재와 같은 인도의 지도가 기원전 1000년대에 완성되었음을 암시한다. 인도를 순례로써 통합된 하나의 땅이라 생각하는 경향도 이때부터 싹트기 시작한 것으로 보인다. 『마하바라타』에 언급된 270곳의 성지가 인도 전역에 흩어져 있기 때문이다.[22]

기원전 600년경 갠지스강을 중심으로 수많은 왕국들이 세력을 떨치며 성장했다. 다시 인도에 대도시가 세워지기 시작한 것이다. 일부 도시들은 훌륭한 배수시설을 갖추고 튼튼한 성벽을 쌓기도 했다. 이 도시들은 원거리 무역의 중심이 되었다. 기원전 6세기경에는 그 도시들을 중심으로 영적이고 정신적인 사상들이 폭발적으로 탄생하기 시작했다. 인더스 강변의 도시들은 정신적인 면이나 종교적인 면에서 전성기를 맞았다. 이와 함께 사라졌던 문자들이 다시 만들어졌다. 페르시아 제국의 문자를 응용해서 만든 새로운 문자인 브라미Brahmi는 그 후에 만들어진 모든 인도 문자들의 원조가 되었다.

또한 이 시대부터 학문이 엄청난 결실을 맺기 시작했다. 천문학, 기하학, 문법, 음성학, 어원론 등 끝이 없었다. 그러나 무엇보다 종교와 철학이 활짝 꽃을 피웠다. 우주의 창조에 대한 원대한 사색을 했으며, 인도가 인류에 남겨준 위대한 유산의 하나인 『우파니샤드』로 그 열매가 집대성되었다.

고대 인도의 철학 『우파니샤드』는 잡다한 사상이 섞여 있어 전체적인 통일감이 부족하지만, 그 핵심은 '범아일여梵我一如'의 사상이라 할 수 있다. 그러니까 만유의 근본 원리를 탐구하여 대우주의 본체인 브라흐만Brahman, 梵과 개인의 본질인 아트만Atman, 我이 하나, 즉 일체라고 본 것이다. 이 범아일체의 사상은 관념론적 일원철학으로, 현대까지도 모든 철학자들의 탐구대상이 되고 있다. 우파니샤드의 원뜻은 사제간에 '가까이 앉음'이라는 의미인데, 결국 그 사이에서 전수되는 '신비한 가르침'을 뜻한다.[23]

이를 통해 아리아인의 제물 중심의 종교에서 벗어나 인도 문명은 정신세계의 탐구로 접어들었다. 그리고 그때부터 오늘날까지 한순간도 중단되지 않고 정신세계의 탐구가 이어지고 있다. 그것은 바로 인도 문명의 가장 고유한 특징으로 승화되었다. 이러한 갠지스 문명은 인류 역사의 새 지평을 여는 일이었다. 그것은 달리 말해 인도가 인류의 위대한 정신의 제국으로 나아가고 있음을 의미했다.

12. 중국 문명

교류와 확장으로 형성된 다원적 복합 문명

우연한 곳에서 확인된 상 나라의 실체

때로는 우연한 곳에서 새로운 역사가 열리기도 한다. 중국 역사의 뿌리도 아주 우연히 발견되었다. 1899년 중국 북경에 왕의영王懿榮, 1845~1900년*이라는 학자가 살고 있었다. 그는 청 나라 조정에서 국자감 제주로 일하고 있었는데 그만 말라리아에 걸리고 말았다. 그래서 그는 하인을 시켜 동네 한약방에서 약재를 지어오도록 했다. 그런데 하인이 사온 약재 중에는 용의 뼈, 즉 '용골龍骨'이라는 것이 있었는데, 그 약재에 여러 부호가 새겨져 있었다. 그 부호는 한자와 닮아 있었다. 금석문에 조예가 깊었던 그가 이를 자세히 보니 아무래도 고대 문자 같았다.

왕의영은 용골의 수집에 나서 비싼 돈을 주고 '용골'을 1천 5백여 조각이나 수집했다. 그가 자세히 살펴보니 그것은 용골이 아니라 아주 오래된 거북의 등껍질과 짐승의 뼈였다. 그는 연구를 거듭하여 거북

---

* 금석문에 조예가 깊었던 학자로 갑골문의 발굴과 해독에 큰 역할을 했다. 그는 의화단 사건이 일어났을 때 유럽 연합군의 침략에 저항하다 55세의 나이로 순국했다.

등껍질에 새겨진 글자의 일부를 식별해냈고, 전설의 나라로만 알려졌던 상商, 나라은 나라 임금 몇 명의 이름이 새겨진 것도 알아내어 그것이 고대문자임을 밝혔다. 그러나 그는 1900년 의화단 사건으로 영국과 프랑스 등 제국주의 열강의 연합군대가 북경을 공격할 때 북경 방어 책임을 맡아 분전했으나 북경이 함락되자 몸을 던져 순국하게 된다.

대체 이 용골은 어떻게 발견되었고 어쩌다 약방에서 약재로 팔리게 되었을까? 하남성 안양현安陽縣 서북쪽에 위치한 소둔촌小屯村에서 한 농부가 밭을 갈다가 갑골이 계속 나오는 것을 보았다. 그는 이미 그 전에도 밭에서 청동거울, 청동제기, 옛날 돈 등의 유물들이 나와서 이를 팔아 톡톡히 재미를 본 경험이 있었다. 그런데 이성이라는 이발사는 그 전 갑골을 갈아서 상처에 붙여서 나은 경험이 있었다. 그래서 그는 이걸 수집해서 '용골'이라고 말하면서 약재상에 팔기 시작했다. 그렇게 해서 용골은 북경 약방에서도 말라리아에 효험이 있는 명약으로 통하며 팔리기 시작했던 것이다.[1]

왕의영이 죽자 이 고대 문자의 발굴과 연구를 이어받은 것은 그의 친구 유악劉鶚, 1857~1909년*이었다. 그는 당시 왕의영의 집에서 식객 노릇을 하면서 지내고 있었는데, 왕의영이 죽은 후 그의 아들이 재산을 정리하자 갑골문 1천 개를 사들여 보관하면서 연구에 몰두했다. 유악은 연구 끝에 그 갑골의 출처가 하남성 안양현에 있는 소둔촌이라는 것을 밝혀냈다. 그러나 그도 또한 의화단 사건 당시 백성들의 구휼을 위해 연합군과 양식을 거래한 것이 문제가 되어 1908년 신장 우루무치로

* 『노잔유기(老殘遊記)』란 소설을 쓴 청대 말기의 작가로 왕의영의 뒤를 이어 갑골문의 발굴과 보존, 연구에 큰 역할을 했다.

귀양을 갔다가 1909년에 그곳에서 사망한다.

유악은 갑골문의 해독을 완성하지 못하고 죽었으나 그 뒤 갑골문의 수집과 연구자들이 계속 나타나서 그 유지를 이어갔다. 그 가운데 한 사람인 나진옥羅振玉은 유악의 갑골문을 구입했을 뿐만 아니라 소둔촌을 방문하여 그곳에서 나온 청동 유물과 옥 유물 등도 수집했다. 그는 그곳이 상 나라의 수도인 '은허殷墟'라고 생각했으나 신해 혁명 이후 일본으로 망명하게 됨으로써 더 이상 연구를 계속하지 못하게 되었다.

그 뒤 1928년 중화민국 중앙연구원 소속의 역사언어연구소가 은허 유지 발굴에 나서면서 갑골문에 대한 본격적인 연구가 시작되었다. 이를 주도한 인물은 동작빈董作賓과 이제李濟였다. 그들은 발굴을 통해 상 나라기원전 1600~1046년 말기기원전 1300년 이후의 수도였던 은허를 찾아냈고, 그곳에서 발굴한 거북등껍질과 배껍질, 짐승의 뼈를 바탕으로 갑골문의 완전한 형태를 확인할 수 있었다.

2001년 중국은 은허 발굴을 '20세기 중국 고고학 발굴 100대 사건' 중 1위로 선정했을 정도로 이 일을 중요하게 여기고 있다. 은허의 발굴로 중국은 자신들의 문자인 한자의 기원이 되는 갑골문을 확인할 수 있었다. 또한 사마천의 『사기』에 기록되어 있지만 전설적인 나라로 인식되고 있었던 상 나라의 실체를 밝힐 수 있게 되었다.

1936년 중국은 은허 유적지에서 12기의 왕릉과 2천 5백여 기의 제사갱, 부장묘를 발굴하게 되는데 학자들은 이를 상 나라 말기에 재위한 12명의 왕들의 것으로 해석했다. 특히 1936년 은허 발굴 당시 한 곳 YH 127 갑골갱에서 무려 1만 7천여 편의 갑골이 발굴되어 사람들을 놀라게 했다. 현재 발굴된 갑골은 모두 15만 편이 넘으며, 갑골문은 모두

90도로 회전시킨 갑골문 | 대응하는 현재의 한자는 왼쪽부터 다음과 같다.
馬 말 마, 虎 범 호, 豕 돼지 시, 犬 개 견, 鼠 쥐 서, 象 코끼리 상, 豸 벌레 치, 龜 거북 귀, 爿 널 조각 장, 爲 위할 위, 疾 괴로울 질

4천 5백 자로 확인되었다. 그 가운데 확인된 글자는 2천 5백여 자에 불과하다. 은허 유적지는 36평방킬로미터에 이르는 넓은 지역에 궁전, 제사터, 왕릉 등이 분포되어 있다. 그동안 1, 2호 궁전터를 발굴하는 등 많은 진전이 있었으나 발굴은 아직도 완전히 끝나지 않은 상태다.

1937년 중일 전쟁이 터지면서 은허지 발굴은 중단되었고, 갑골들도 전란을 피해 홍콩으로 이송되었다. 먼 거리를 이송하는 과정에서 일부 파손되기도 했으나 그래도 전란을 피할 수 있었다. 갑골문에 대한 연구 성과가 다시 발표된 것은 그로부터 상당한 시간이 흐른 뒤인 1948년이다. 은허에서 발굴된 갑골문을 통해 동물의 뼈로써 화복길흉을 점치는 복사卜辭가 있었고, 그 결과를 갑골문으로 새겼다는 것을 밝혀냈다.

은허에서 발굴된 복사에 새겨진 문자는 이미 그림문자의 단계를 넘어서고 있다는 것을 확인할 수 있었다. 예를 들면 새나 짐승을 표시하는 상형글자는 해당 동물의 특징을 간략하게 요약했으며 모두 측면 직립 이미지로 통일했다. 중국 한자의 형성 원리를 이야기할 때 흔히 말하는 여섯 가지 원칙은 상형象形, 형성形聲, 지사指事, 가차假借, 전주轉注인데, 복사의 글자들은 이 여섯 원리가 대부분 적용되었다. 또한 복사에는 일정한 규율이 발견되어 문법을 논할 수 있었다. 더욱이 복사는 구어가 아니라 문어였다. 이런 점을 감안하면 상 왕조의 복사는 이미

상당히 성숙한 문자라고 할 수 있다. 따라서 상 왕조에서 사용한 문자는 그 이전의 부호문자에서 발전한 것으로 중국인들의 문자인 한자와 직접적으로 연결된다는 사실을 알 수 있다.[2]

중국인의 자국 중심주의적 역사관

중국인들은 자신들의 역사와 문화를 이야기할 때 '거대한 영토와 장구한 역사'를 강조하는 경향이 있다. 자기 역사와 문화에 대해 자부심이 없는 사람이 있겠느냐마는 중국인들만큼 그 자부심이 강한 사람들도 없을 것이다. 중국인들은 은연중에 또는 노골적으로 중국 문화가 세계 최고라든가 가장 오래되고 가장 우수하다는 식의 자화자찬을 한다. 그러다 보니 그들은 때로는 타인의 시선을 의식하지 않은 채 자기 중심적인 사고방식을 그대로 드러내는 경우가 허다하다. 심지어 그들은 남들에게서 받아들인 것조차도 마치 자신들 것인양 말하기도 한다. 이런 정도는 세계 어느 나라에나 있을 수 있는 일이지만 그가 어떤 존재인가에 따라서 그것이 미치는 파급력은 매우 다르다. 보통 인간 사회에서도 힘이 있는 사람이 한 마디 하는 것과 힘이 없는 미미한 보통 인간이 한 마디 하는 것은 천양지차로 다른 경우가 많다. 그것은 국제 사회에서도 마찬가지이다.

중국은 수천 년 동안 동아시아의 강자로 군림해왔다. 근대 세계 이전에는 그것이 세계였고 천하였다. 전근대 사회에서 동아시아는 중국을 중심으로 움직였다. 중국은 천하의 중심이었고, 다른 국가나 세력들은 주변이었다. 그러나 근대 세계로 들어오면서 그 모습은 바뀌었다. 중국은 대략 1세기에 가까운 기간 동안 서구 제국주의 열강들에게 치욕적인 수모를 겪기도 했다. 그러나 그 중국이 다시 세계의 강국으로 우뚝 서고 있다. 미국과 더불어 G2로 일어선 오늘날의 중국이 계속해서 그와 같은 자기중심적 사고방식을 내비추면 주변에 있는 나라들은 불편해질 수밖에 없다. 더욱이 1천 년 이상 중국의 힘에 눌리며 살아야 했던 우리의 경우는 적지 않은 거부감을 느낄 수밖에 없다. 좀 더 심하게 말하면 일말의 공포조차도 느끼지 않을 수 없다.

고대 중국 문명을 살펴보면서 과연 그것이 하나였는지 의문을 갖지 않을 수 없다. 중국 문명의 출발점은 분명히 메소포타미아 문명이나 이집트 문명, 심지어 인도의 고대 초기 문명인 모헨조다로 문명과 비교하면 1천 년 이상 늦었다. 하지만 중국 대륙 전체에서 발견되는 문명의 흔적들을 전부 살펴보면 그 규모나 양에서는 고대의 그 어떤 주류 문명과도 비교할 수 없을 만큼 대단하다. 그 엄청난 규모에 압도당하지 않을 수 없을 지경이다.

오늘날 중국은 현재의 중국 영토 안에서 이루어진 모든 역사를 중국의 역사로 간주하고 그에 맞추어 역사를 재조직하고 있다. 그래서 그들은 그러한 원칙에 따라서 고구려사와 발해사를 중국사의 일부로 편입시키기 위한 '동북공정'을 진행하면서 우리와 마찰을 빚었다. 중국은 미래의 초강대국에 걸맞는 과거 역사의 정리를 위해서 '동북공정' 뿐만 아니라 '하상주 단대공정', '서남공정' '서북공정' 등의 대규모 역사 프로젝트를 오랫동안 진행해왔고, 이제 그 결과물들을 최종적으로 정리하여 공식화하는 단계에 와 있다.

중국은 역사 정리뿐만 아니라 현재의 영토 범위와 영역 획정을 둘러싸고 주변 국가들과 마찰을 빚고 있다. 특히 베트남, 필리핀, 일본, 한국과는 섬의 영유권을 둘러싸고 마찰을 일으키고 있다.[*] 인간 역사가 시작된 이래로 강국이 약소국에 대해 통큰 양보를 한 적은 단 한 번도 없다. 그건 개개인의 인간사도 마찬가지다. 국제관계라고 해서 별반 다를 것이 없을 뿐만 아니라 힘에 의한 해결 원리가 훨씬 더 심하면 심했지 덜하지 않다.

중국과 이웃하고 있는 우리 입장에서는, 중국이 거대한 영토와 엄청난 인구, 장구한 역사를 가졌음에도 서구의 작은 제국주의 국가들에게, 그리고 이웃한 섬나라 일본에게 침략을 당하고 수모를 겪었을 때는 안타까운 마음이 들었지만, 상황이 바뀌어 중국이 세계를 압도하는 경제력과 군사력으로써 주변에 위협적인 존재가 되고 있는 지금은 전혀 다른

---

* 중국은 일본과 센카쿠 열도(중국명 다오위다오)를 두고, 베트남과는 난사 군도(영어명 스프래틀리 군도, 베트남명 쯔엉사 군도), 필리핀과는 황옌다오(필리핀명 파나타그)의 영유권을 놓고 갈등을 벌이고 있다. 한국과도 황해에서 배타적경제수역(EEZ)과 '이어도(離於島)' 관할권을 놓고 마찰을 빚고 있다. 소위 '동북공정'으로 역사 왜곡을 이어가면서 한국과의 국경분쟁 수위와 범위를 넓혀가고 있기도 하다. 중국은 사막 지역 등에서도 주변국과 관계가 편하지 않다. 키르기스탄 · 몽골 · 아프가니스탄 등과 국경을 놓고 이견이 있다. 과거 냉전 시절 같은 공산권 국가이면서도 유혈 충돌을 빚었던 경험이 있는 러시아와는 바이칼 호 인근에서부터 오호츠크 해 인근까지 충돌한 경험이 있다.

한국과 신경전을 벌이고 있는 이어도는 파랑도(波浪島) 혹은 영어로 소코트라 암초(Socotra Rock)로 불리며, 중국에서는 쑤옌자오(苏岩礁)로 부른다. 이어도는 동중국해 북서쪽 근방 한중 잠정 조치 수역 내에 있는 등수심선 50미터를 기준으로 길이는 남북으로 1800미터, 동서로 1400미터, 면적 약 2제곱킬로미터의, 정상부를 기준으로 동쪽과 남쪽은 급경사를 이루고, 서쪽과 북쪽은 완만한 경사를 이루는 수중 암초다. 암초의 최정상이 바다의 평균 해수면에서 4.6미터 잠겨 있어 10미터 이상 파고의 파도가 칠 때를 제외하면 여간해서 그 모습이 잘 드러나지 않는다. 이어도는 약 1만 1천 년 전인 빙하기에는 제주도와 이어지는 육지였다. 이곳과 그 일대는 현재의 간빙기 해수면 상승에 의해 해저 대륙붕을 이루게 된 것이다. (위키 백과 참고)

생각이 들지 않을 수 없다. 그들이 자국중심적인 사고방식을 노골적으로 내비칠 때마다 우리는 움츠러들거나 거부감을 갖게 된다.

동아시아의 다원적 신석기 문명

과거의 중국 문명은 일반적으로 황하강 유역을 중심으로 전개된 '황하 문명'을 의미했다. 그러나 지금은 사정이 달라졌다. 중국에 대한 고대 유적 발굴이 성과를 내면서 중국의 고대 문명은 황하강 유역뿐만 아니라 중국 전역에 걸쳐 숱하게 전개되었음을 확인할 수 있기 때문이다. 중국 고대사학자 소병기蘇秉琦의 구분에 따르면 중국에서는 최소한 적어도 6개의 고대 신석기 문화권이 존재했고, 이들이 각기 특색 있는 내용을 갖고 있다는 사실이 확인되고 있다.[3] 중국 역사가 허탁운이 정리한 내용을 중심으로 살펴보면 다음과 같다.[4]

첫째, 연산과 만리장성 지대를 중심으로 하는 북방 문화권이다. 넓은 의미에서 북방은 서북방, 북방, 동북방을 모두 포함하지만, 좁은 의미에서 북방은 요동 반도 서부와 내몽골 중남부를 중심으로 하는 문화권이다. 이를 세분하면 요령성 조양, 내몽골 소달맹, 북경과 천진 일대, 장가구 일대 등의 4개로 나눌 수 있다. 이 문화권은 훗날 만리장성이 통과하는 지역으로 농경과 목축이 교차하는 곳이어서 이질적인 중소형 문화권의 종족들이 공존하면서 서로 영향을 주고 받은 곳이다. 이를 테면 기원전 6000~5000년 부신, 사해 유적과 오한기, 흥륭와 유적은 불과 2백 킬로미터밖에 안 떨어져 있지만 두 문화 사이에는 서로 다른 특색이 있다.

그 후 사해 문화에서 발전한 홍산紅山 문화는 적봉赤峰을 중심으로 전개되다가 조양을 중심으로 하는 부하 문화와 병존하게 된다. 심지어 청동기 시대로 진입해서도 하가점 하층 문화와 하가점 상층 문화는 서로 중첩되기도 하고 서로 교차하여 존재하기도 하는데, 이 두 문화가 접합되는 지역이 곧 적봉 부근이다. 두 문화권 사이에 경쟁과 충돌이 발생한 증거들이 나타나기도 한다. 홍산 문화와 부하 문화는 이질적이지만 어떤 지역에서는 이 두 문화를 전후로 받아들이기도 했다. 그러니까 홍산 문화와 부하 문화는 이 지역의 주요 문화가 되기 위하여 일진일퇴를 거듭하면서 서로 영향을 끼친다.[5]

그런데 이 북방 문화권으로 명명된 이곳의 문화는 우리 역사와 연관되어 있다. 우실하 교수에 따르면 중국은 2004년 7월에 열린 '제1회 홍산문화국제학술대회'에서 홍산 문화의 주인공을 예·맥족의 문화로 파악했다. 하지만 문제는 이들 예·맥족이 황제족의 후예이며 전욱과 제곡의 후예라는 것이다. 중국 학자들은 학술 대회를 통해 '황제족의 후예들인 예·맥족'이 부여, 고구려, 발해 등을 세웠다는 논리를 폈던 것이다.[6] 이 문제는 다음 '동북아 문명'에서 자세히 다룰 것이므로 여기서는 일단 넘어가도록 하겠지만 어쨌든 이 문화권이 우리 역사와 직접적으로 연결되고 있는 것이다.

둘째, 산동성을 중심으로 하는 동방 문화권이다. 이곳의 신석기 문화는 산동성 서남부와 교동 지역이 대표적이다. 산동성 서남부 등현 북신 일대에서 기원전 5000년 전의 초기 농업 문화가 발견되었다. 그 후의 대문구 문화의 유적은 일정한 지역에 밀집해 있다. 북신-대문구-용산

문화는 한 줄기로 이어지는 독특한 문화체계를 이루고 있다.[7]

셋째, 관중關中과 산서성 남부, 하남성 서부를 중심으로 하는 중원 문화권이다. 역대 중국인들은 이곳 중원 지역을 중국 문화의 핵심 지역으로 여겼다. 장기적으로 본다면 중원 지역의 앙소 문화가 중국 신석기 시대의 주류였던 것은 분명하다. 하지만 오늘날 고고학적 성과가 쌓임에 따라 6대 문화권이 평행적으로 발전했다는 사실이 증명됨으로써 중원 중심론이 힘을 잃게 되었다. 중원 문화권은 광대한 지역에 걸쳐 있는데 내부적으로 나름대로 체계가 잡힌 중소형 문화권이 여럿 존재했다.

중원 문화권은 기원전 5000년 전부터 기원전후 시기까지 이어졌고, 구역 내의 중소형 문화권 사이에 진퇴를 거듭하며 분리와 통합이 진행되었다. 앙소 문화는 기원전 4000년 이전의 발전기를 거쳐 기원전 3000년경부터 객성장客省莊 지역의 후기 앙소 문화로 접어든다. 앙소 문화는 이처럼 오랜 세월을 거쳐 2기 문화로 넘어가고, 이어서 주周나라 문화로 접속된다. 또한 앙소 문화는 반파 유형과 묘저구 유형으로 분리되어 발전하는데 최종적으로 묘저구 유형이 주류를 이루게 된다. 두 곳 모두 좁쌀을 경작하는 농업 문화였지만 묘저구 유형의 경우 농기구 위주의 발전을 이룸으로써 경제적 축적이 비교적 풍부했고, 그 때문에 우위를 점할 수 있었다고 보여진다.[8]

넷째, 태호太湖를 에워싼 지역을 중심으로 하는 동남부 문화권이다. 이곳은 도처에 하천과 호수가 있어 생태환경이 북방과는 판이하다. 이곳에서는 신석기 시대부터 벼농사를 지었으며 어업과 수산물 채취도 주요한 생활수단이 되었다. 태호 지역은 멀리 기원전 5000년경의 마가빈 문화에서부터 기원전 3000~2000년경의 양저 문화를 거쳐 기원전 1000년경의 오월吳越 문화에 이르기까지 4천~5천 년을 이어왔다. 양저 문화의 신전과 설비는 강남江南* 문화사의 기적이라고 일컬어지며 오월 문화가 동주東周** 시대에 중원 문화와 자웅을 겨루었던 것도 결코 우연이 아니다. 영진 지역의 북음양영北陰陽營 문화는 서쪽으로 안휘성 잠산의 설가장까지 진출했다. 이 문화의 상층에서는 하남성 언사의 이리두 문화와 정주 이리강 문화의 특색이 나타난다. 또 회하 지역의 화청 유적 문화는 양저 문화와 대문구 문화가 합류한 것인데, 두 문화의 영향으로 독특한 지방 문화가 형성되었다.9

다섯째, 동정호洞庭湖를 에워싼 강한江漢 평야와 사천성 분지를 중심으로 하는 서남부 문화권이다. 강한 평야의 농업은 기원전 5000~4000년경에 이미 시작되었는데, 그 흔적은 동정호 부근의 상배계와 팽두산 유적으로 확인된다. 호남성 도현道縣의 옥섬암玉蟾岩 유적에서는 이보다 더욱 오래되어 보이는 벼농사 흔적이 있다. 여기서 발견된 유적의 방사성탄소 연대측정 결과 지금으로부터 1만 4천여 년 전으로 판명되었다.***

강한 평야의 문화를 세분하면 양자강 중류를 중심으로 분포되어 있는 무산의 대계 유적, 의도의 홍화투 유적, 지강의 관묘산 유적으로 대

---

*   양자강 이남 지역을 의미한다.
**   주 나라는 전기 시대인 서주와 후기인 동주로 구분할 수 있는데, 후기인 동주는 춘추전국 시대를 말한다.
*** 지질학자들은 남중국해 대륙붕에서 지금으로부터 1만~1만 3천 년 전 인공적으로 재배한 벼의 규산체를 발견했고, 중국 강서성 만년현 조통환 유적의 신석기 시대 초기 지층에서 상당량의 야생 벼를 비롯해 재배 벼의 규석을 채집했는데 방사성탄소 연대측정 결과 기원전 1만 년 이전으로 추정되었다. (허탁운 지음, 『중국문화사 (상)』, 60쪽 참고)

표되는 대계 문화계열, 한수 상류의 운현 청룡천 유적과 절천 하왕강 유적을 중심으로 하는 계열, 무창 방응대 유적과 경산 굴가령 유적을 중심으로 하는 굴가령 문화 계열 등 세 개의 문화로 나눌 수 있다. 이들 세 개의 문화는 서로 영향을 주고 받았으며 북방 중원 문화의 영향도 받았다. 퇴적층 분석을 통해 밝혀진 바에 따르면 청룡천 문화의 하층은 앙소 문화의 영향을 받았고, 중층은 굴가령 문화의 영향을 받았으며, 상층은 대계 문화의 영향을 받은 다음에 석가하 문화의 영향을 받았다. 강한 평야 구역은 청동기 시대로 접어들면서 초楚가 발흥했기 때문에 중국에서는 '초문화'라는 말로써 이 지역을 개괄하고 있다.

여섯째, 파양호鄱陽湖로부터 주강珠江 삼각주로 이어지는 지역을 중심으로 하는 남방 문화권이다. 이 구역은 절강성으로부터 복건성과 대만 그리고 조산 지역에 이르는 동쪽의 연해구릉 지역, 공수贛水의 발원지를 거슬러 올라가 오령을 넘어 북강으로 진입하여 주강 삼각주로 빠지는 중간 지대, 상수湘水를 따라 오령을 넘어 서강西江 유역으로 빠지는 서쪽 등으로 나눌 수 있다. 이 세 개의 문화유역에서 모두 질그릇이 발굴되었는데 이는 다른 문화권에서는 흔치 않은 기하학 도안이었다.[10]

여러 종족이 함께 이룩한 동아시아 문명

위에서 살펴본 중국 영토 내에 위치한 6개 문화권은 신석기 시대부터 각기 특색을 갖고 발전하기 시작했다. 과거 신석기 시대에 발흥한 중국의 고대 문명은 그 중심이 황하 지역이라고 보았다. 황하 지역에서 발생한 신석기 문화로는 중류 지역에서 발전한 앙소 문화와 하류 지역에서 발전한 대문구 문화가 대표적이다. 앙소 문화의 경우 검은색과 붉은색 채도가 많은 반면, 대문구 문화에서는 흑도와 백도가 유명하다. 이곳 황하강 유역은 나중에 하·상·주 등 중국의 초기 국가가 성장했던 곳이며 그 뒤 1천여 년 동안 중국 역대 왕조의 정치적·경제적 중심지가 된 곳이다. 그래서 오랫동안 이곳을 '황하 문명'이라고 부르며 세계 4대 문명의 하나로 손꼽았다.

그러나 최근의 고고학적 발굴 결과 황하 지역 외에도 다른 지역에서 이곳과 비슷한 시기에 유사한 수준의 신석기 문화가 발전한 사실을 확인했다. 종래 후진 지역이라고 경시되었던 중국의 남쪽 양자강 지역과 북쪽 요하 지역에도 황하 지역 못지않은 문화 단계가 존재했다는 사실이 확인된 것이다. 특히 양자강 하류 지역에서는 기원전 5000년경 하모도 문화가 형성되었는데, 다양한 농구와 함께 재배 볍씨의 껍질이 두텁게 퇴적되어 있는 유적이 발견되었다. 이를 계기로 동아시아 벼농사의 기원지가 양자강 지역일 가능성이 강하게 제기되고 있는 실정이다. 내몽골과 요녕 지역에서 확인되는 홍산 문화에서도 농경 관련 유물이 다수 출토되었으며, 이 지역만의 독특한 토기와 옥기도 발견되었다.[11]

소병기가 구분한 6개 문화권은 모두 지금의 중국 영토 안에 속해 있다. 그러나 신석기 시대와 청동기 시대 이들 문화를 창조한 사람들을 모두 오늘날의 중국인이라고 볼 수는 없다. 여기에는 오늘날 중국의 한족 외에 55개 소수민족을 구성하는 인종이나 종족, 민족의 기원이 되는 사람들이 포함되어 있고, 나아가 오늘날 중국 주변의 여러 국가를 형성하고 있는 민족들, 즉 한국인이나 베트남인, 몽골인, 티벳인, 중앙아시아의 여러 민족들이 포함되어 있다고 봐야 한다. 그렇다면 이들 문화가 모두 중국의 고대 문명이라고 보는 것은 지극히 불합리한 중국 중심주의적 사고방식이라 하지 않을 수 없다. 그렇다면 우리는 이 문명을 어떻게 불러야 할까?

중국인들과 중국학자들은 중국 문명이라고 부른다. 그들은 이들 현재 중국의 영토 내에 존재하는 영역에서 창조한 고대 문명은 모두 중국 문명이며, 각기 다른 특색을 가진 문화권을 가졌으면서도 상호 끊임없이 교류하고 접합하면서 발전했고, 결국에는 중원의 화하華夏 문화의 주도하에 통일된다고 파악한다. 약간 길지만 허탁운의 이야기를 살펴보자.

이상 6대 문화권은 신석기시대부터 서로 영향을 주고받았습니다. 화북 지역을 예로 들면, 중원의 후기 앙소 문화 그리고 산동성 남부 강소성 북부의 청련강-대문구 문화는 양자강 한수 사이의 굴가령 문화와 인접하여 두 문화 사이에 끊이지 않았습니다. 지금으로부터 4,000년 전, 북방의 홍산 문화는 장가구 초원을 통해 산서성 분하 계곡으로 꺾어 들어가 임분 분지의 양분 도사 유적에서 관중의 앙소 문화와 합류했습니다. 그러므로 도사 유적은 강한의 문화와 동부 연해 문화의 영향을 받았습니다. 이렇게 다방면으로 결합된 문화의 힘은 마침내 중원 문화에 거대한 발전 에너지를 제공하게 되었으며 그리하여 하상주夏商周 '삼대' 문명의 주류가 되었던 것입니다. 3,000여 년 전 주周나라가 개국하자 중원의 화하華夏 문화와 동방 문화가 결합하여 황하 유역의 주류 문화를 형성하게 됩니다. 그 뒤로 초楚 문화는 강한의 문화와 남방 문화를 융합 발전시켜 양자강 유역의 주류 문화를 형성하게 됩니다. 그 뒤로 동남방의 오월 吳越 문화는 한때 2대 주류 문화인 황하 문화 및 양자강 문화에 도전하기도 했습니다. 중국 대륙의 대형 문화권의 문화는 진秦나라·한漢나라 시대에 이르러 하나로 융합되기 시작했는데, 지금도 느낄 수 있는 중국 각지의 문화적 차이점은 그 근원을 따지면 저 멀리 신석기 시대까지 거슬러 올라갈 수 있습니다.[12]

그러나 이러한 사고는 중국 중심의 사고라고 하지 않을 수 없다. 이를테면 요하 지역의 홍산 문화는 그 내용을 살펴보게 되면 우리의 첫 국가인 고조선과 우리의 고대 국가들인 고구려, 부여, 발해, 나아가 한반도 지역의 문화와 연결되어 있다. 그렇다면 그 문화는 중국 문명이 아니라 동이족의 문명이며 따라서 그것은 고조선 문명이라고 보아야 할 것이다. 그렇게 부르는 것이 문제가 된다면 최소한 '동북아시아 문명'이라고 이름 붙이는 것이 타당할 것이다.[13]

그러나 유적이 발굴된 곳이 지금은 중국 땅이고 그 내용은 철저히 비공개 상태에서 중국의 관점에 따라 정리되어 발표되고 있다. 그런 사정은 중국의 다른 지역 문화권의 경우도 마찬가지다.

동아시아에서 발전된 신석기 문화는 황하 중심 문화가 주변 지역으로 확산된 것이 아니라 그 기원과 계통이 다른 문화가 동시다발적으로 발전한 것이라고 보아야 한다. 중국 학자들이 주장하는 것처럼 그들 문화끼리 교류가 있었다고 하지만 그것은 각기 독자적인 문화들 간의 교류였지 주류 문화에 의한 확산의 과정이나 일방적인 통합의 과정은 아니었다. 따라서 과거처럼 고대 4대 신석기 문명을 '황하 문명'이라고 부르는 것은 옳지 않다. 그렇다고 고대의 문명을 근대적 국가 개념으로 '중국 문명'이라고 하는 것도 어색하다. 그렇다면 이 문명들은 동아시아의 여러 종족들이 함께 이룩했다는 뜻에서 '동아시아 문명'이라고 부르는 편이 훨씬 적절할 것이다.[14]

하지만 중국은 이런 입장을 받아들일 자세가 전혀 되어 있지 않다. 국제적으로 중국의 주장과 입장이 강한 영향력을 가질 수밖에 없다. 학문의 영역이라고 해서 민주주의 원리가 통용되는 것은 아니다. 중국은 이미 미국과 더불어 세계를 주도하는 G2 국가가 되었다. 그런 나라가 공평하고도 객관적 관점에서 동아시아의 고대 문명 세계를 정리하지는 않을 것이라는 점은 명확하다. 더욱이 이 문제는 중국의 국가적 이해관계와 밀접한 관계를 갖고 있기 때문에 중국 중심의 사고를 버리지 않을 것이다.

이 문제에 대한 세계의 시각을 교정하기 위한 노력은 중국이 아니라 중국과는 다른 이해관계를 가진 이웃 나라들, 그러니까 한국과 북한, 베트남, 몽골 등이 기울일 수밖에 없다. 직접적인 이해관계는 아니지만 중국 중심의 일방적인 역사 논리의 전개에 불편해할 수 있는 러시아나 일본도 중국과는 다른 입장에서 바라볼 수 있을 것이다.

초기 중원 국가의 성립과 하 왕조

일반적으로 역사학계에서는 신석기 후기부터 청동기 시대를 거쳐 고대 국가가 성립한다고 보고 있다. 신석기 시대 후기 정착생활과 농경생활을 통해 잉여생산물이 발생하고, 그에 따라 계급이 생겨나면서 도시들이 발전했다. 그 과정에서 공동체 내부를 통일하고 이끌어가는 지도력이 대체로 제사장에게 모아졌다. 제사장은 자연의 신비로운 힘에 공동체의 풍요와 영원한 생명을 기원하는 제사를 집전하는 역할을 하면서 공동체의 중심이 되었다. 시간이 흐르면서 제사장의 영향력은 더욱 확대되었고, 그를 중심으로 정치권력이 형성되기 시작했다. 신석기 후기부터 동아시아 각지에서는 거의 비슷하게 초기 국가 직전 단계로 진입했다.

청동기 문화는 특히 국가 권력과 깊은 관계가 있다. 청동기는 작고 예리하게 만들면 절단 기능이 있어서 석기나 골각기보다 월등하다. 그러나 청동기는 재질이 물러서 대형농기구나 나무 벌채용 도끼 등으로는 그다지 쓸모가 없다. 청동기는 무기를 제작하면 살상력을 높일 수 있어서 쓸모가 크다. 청동기 시대가 되면서 직업군인이 등장하고, 사회 구성원이 복잡해지며 자원이 집중되고 분배의 불균형이 심화되는 등 그 전과는 다른 현상이 나타나게 된다. 중국의 하·상·주의 상고시대는 국가가 형성되고 발전되는 시기로 청동기의 출현과 밀접한 관련을 갖고 있다.

중국의 청동기는 서아시아 메소포타미아 유역의 청동기 문화에 비해 적어도 1천 년 정도 늦다. 중국의 청동기 기술은 대체로 서아시아에서 전파되어 서부에서 동부로 전파된 것으로 볼 수 있다. 이것은 서부의 동제품이 동부보다 앞선다는 데서 알 수 있다. 중국은 신석기 시대의 문화유적에서 발견되는 질그릇의 제작 수준이 높다. 이는 불을 다루는 기술이 상당히 발달했음을 말해준다. 그 때문에 중국은 서아시아에서 전파된 청동기 기술을 빠르게 발전시킬 수 있었다. 중국의 수레 또한 서아시아로부터 전파된 것으로 추정된다. 상 나라 때의 차량 모양이나 구조가 기본적으로 이집트와 인도의 이륜마차와 유사하고, 중국에서는 아직까지 원시적인 형태의 수레가 발견되지 않고 있기 때문이다.[15]

현재 남아 있는 문헌으로는 중국에서 신석기 말기부터 청동기 시대로 넘어가는 국가의 형성기에 관한 기록이 중원의 초기 국가만 서술되어 있다. 거기에 따르면 치수에 성공한 우禹가 산서성 남부, 하남성 중서부 지역을 중심으로 한 중원 지역에 하夏 왕조를 세웠다고 한다. 최근 이 지역을 중심으로 각종 청동기와 궁전 등이 발견되면서 문헌의 내용을 뒷받침해주고 있어서 그 가능성이 높다고 평가되고 있다. 하지만 대규모 성벽이나 문자가 확인되지 않아서 과연 이것이 하 나라의 것인지는 논의의 여지가 남아 있다. 그럼에도 기원전 2000년 이후가 되면 이 지역에 초기 국가가 존재했음을 보여주는 각종 지표들이 분명히 나타나고 있다. 그러나 인근 지역에서 하 문화 외에 다른 성격의 고고학 문화도 확인되고 있어서 하 나라의 범위는 의외로 좁았던 것으로 보인다. 따라서 중국학자들이 이야기하는 것처럼 '하의 배타적 우위성'을 강조하기는 어렵다고 봐야 할 것이다.[16]

중국의 고대 문헌에 따르면 중원의 역사는 신화와 전설의 시대인 삼황복희 씨, 여와 씨, 신농 씨 오제황제, 전욱, 제곡, 제요, 제순 시대를 지나 하 왕조가 열린다. 황제는 천자가 된 후 수레를 발명하고 집을 짓는 법과 옷 짜는 법을 발명했으며 약초를 조사, 분석하여 의료 기술을 폈다고 전해진다. 또 그는 '창힐'에게 명하여 문자를 제작하게 하고, '영륜'에게는 악기를, '대요'에게는 십간십이지$^{+ \mp + 二支}$를 만들게 했고, 부인인 '유조'에게는 누에를 치는 법을 가르쳤다고 한다. 황제는 동이족의 우두머리인 치우와 탁록에서 크게 싸워 이기고 결국 그를 죽임으로써 중원을 통일하고 화하^{華夏}족의 시대를 열었다.* 황제는 한족의 시조로서 중국의 모든 문물과 제도를 확립한 '문명의 시조'로 중국인들에게 칭송된다.[17]

황제가 죽은 뒤 시간이 흘러서 요 임금과 순 임금의 시대가 도래했다. 공자를 비롯한 고대 중국의 지식인들은 요순 시대를 중국인들이 지향해야 할 이상적인 사회로 바라보았으며, 요와 순을 덕치의 본보기로 삼았다. 순 임금이 죽고 세습 왕조인 하 왕조가 우 임금에 의해 성립된다. 하 왕조는 17대 걸^{桀} 왕에 와서 종말을 고하게 된다. 걸 왕은 주지육림에 빠져 나라를 돌보지 않았고, 백성들에게 횡포가 심해 원성이 높았다. 이에 그의 신하였던 탕 왕이 걸 왕 타도의 깃발을 들자 백성들이 하나같이 그에게 호응했다.

---

* 그런데 이 치우를 두고 한국인과 중국인 사이에 신경전을 벌인 일이 있었다. 2002년 한일 월드컵 때 한국인들은 대규모 응원 행사를 진행하면서 '치우 천황'의 모습을 대형 깃발에 새겨 들고 나왔다. 한국인의 먼 조상이 동이족으로 연결되므로, '탁록의 대전'에서 패한 동이족의 우두머리 치우는 곧 한국인의 최초의 조상이라는 것이었다. 이를 두고 중국인들이 발끈했다. 이런 문제들은 앞으로도 계속 벌어질 소지가 충분히 있다. 중국인들이 동이족을 자신들의 역사 속에 편입시키기 시작한 것은 명맥히 중화인민공화국 수립 후, 그것도 최근에 들어와서의 일이므로 얼마든지 역사를 둘러싼 갈등이 일어날 수 있다. 그 전 중국은 남만, 북적, 서융, 동이라고 하면서 화하족과 다른 주변의 이민족을 야만족으로 분류하며 자신들의 역사에서 배제시켜왔다. 그러나 56개 다민족으로 구성된 오늘의 중화인민공화국은 그런 역사를 더 이상 계속 끌고갈 수 없는 상황이다. 하지만 그렇다고 고대의 역사가 그들의 주장대로 오늘의 민족 구성처럼 정리되는 것은 아니다.

상 왕조의 전개와 은 왕조의 등장

하 왕조가 실제로 존재했는지에 대해서는 아직도 논란거리지만 상 왕조에 대해서는 은허가 발굴됨으로써 누구도 이의를 제기할 수 없게 되었다. 탕 왕이 상 나라를 세운 것은 기원전 1600년경으로 알려지고 있으며 기원전 1000년경까지 계속되었으니까 500~600년간 군림했다. 상 나라는 마지막 수도인 은허로 도읍지를 옮길 때까지 수도를 다섯 번이나 옮겨야 했고*, 왕위도 종종 형제 상속에 의해 이어지곤 했다. 아마도 왕권이 확립되지 못한 채 지배집단 내부에서 여러 부족들이 경쟁하고 다투었기 때문일 것이다. 그러나 은허에서 발굴된 상 왕의 무덤이 거대한 규모임을 감안할 때 전체 부족의 최고 제사장으로서 상 나라 왕의 제사 권력은 외형상 상당했던 것으로 여겨진다.

상 왕조의 왕권은 초창기에는 원래 점술을 주도하던 신권神權과 상부상조의 관계에 있었던 것으로 보이지만, 그 뒤 말기 2백여 년 동안은 왕권이 점차 신권을 압도한 듯하다. 또한 왕은 '하제下帝'를 자처하면서 '상제上帝, 하느님'와 균형을 이루고자 했다. 상 왕의 묘지에 순장된 사람들이나 왕에게 제사를 올릴 때 사람을 제물로 바친 것 등을 놓고 볼 때 왕을 신성시했음을 알 수 있다. 왕이 얼마나 많은 자원을 독점했는지, 궁전과 기물이 얼마나 화려하고 정교한지는 왕의 묘지에서 발굴된 부장품이나 집터로도 확인할 수 있다.[18]

상 나라의 왕은 크고 작은 일을 모두 점을 쳐서 신의 뜻을 물었고,

---

* 　상 나라는 마지막 도읍지가 은허(殷墟)였으므로 은 나라라고 부르기도 한다.

거의 일 년 내내 신에게 융숭한 제사를 바쳤다. 갑골문에 따르면 제사에 바치는 희생물로, 농사를 지어 수확한 곡식은 물론이고, 목축과 수렵을 통해 잡은 다양한 짐승들이 쓰였다. 때로는 전쟁에서 사로잡은 포로를 희생물로 삼기도 했다. 신에게 바치는 희생물은 청동기와 같은 특별한 그릇에 담아 정성껏 바쳤다. 이러한 제사의식은 왕권의 핵심적 본질이었기 때문에 왕은 각종 희생물의 공급과 청동기의 제작에 많은 공력을 기울였다. 이들 희생물과 제사에 사용될 청동제기의 재료를 구하기 위해 상의 중심부에서 450킬로미터나 떨어져 있는 양자강 중류의 호북성 황피현 반룡성까지 남쪽으로 진출했다. 그밖에도 산동, 하북, 섬서에 이르기까지 상의 정치적 영향력이 미쳤다. 물론 그렇다고 해서 이 모든 지역의 중간영역까지 모두 지배했다고 볼 수는 없을 것이지만 어쨌든 영향력의 범위가 상당했다는 사실을 확인할 수 있다.[19]

상 나라의 국가 형태는 성읍城邑 국가라고 볼 수 있다. 성읍 국가란 씨족 집단을 중심으로 구성된 성벽을 갖춘 국가를 의미한다. 그러니까 상 나라 왕이 다스리는 대읍, 씨족 집단의 장이 다스리는 족읍, 동족 집단의 장이 다스리는 소읍小邑이 계층적인 구조를 이루고 있었던 것이다. 여기서 상의 왕과 족장들은 연합관계를 맺고 있었는데, 이 연합은 동등한 것이 아니었고 위계에 따라 서열을 이루었다.[20]

그러나 당시 동아시아에는 상 문명만 있었던 것은 아니었다. 중원을 제외한 다른 지역에서도 청동기 문명이 성장하고 있었고, 그에 맞추어 강력한 정치권력이 존재했었다. 양자강 중류 지역에서 발견된 신간 대양주묘에서는 중원의 청동기와는 상당히 다른 문양과 형식의 청동기가 다량으로 수장되어 있어서 상과는 다른 강력한 정치권력이 존재했음을 추정해볼 수 있게 한다. 또한 양자강 상류 지역에서는 훨씬 독특한 청동기 문명이 확인된다. 1986년 사천성 삼성퇴와 2001년 사천성 금사에서는 수많은 코끼리 상아, 옥기를 비롯해 엄청난 양의 청동기와 황금이 출토되었다. 특히 이곳에서는 주로 사람의 얼굴 혹은 신체를 입체적으로 표현하는 청동기가 나왔는데, 이는 중원은 물론이고 다른 어느 곳에서도 발견되지 않았던 특이한 것들이다. 비록 문자가 확인되지는 않았지만 양자강 지역에 황하 지역의 상 문화와는 다른 청동기 문명이 존재했었다는 사실을 확인할 수 있다.[21]

문명도 시간이 지나면 쇠퇴하고 왕조도 쇠퇴한다. 흥망성쇠는 역사의 일반적 법칙이기도 하다. 상 나라도 후기로 가면서 쇠퇴하더니 드디어 33대 주紂 왕에 와서 결국 멸망하고 만다. 하 나라의 걸 왕과 더불어 상 나라의 주 왕은 방탕한 폭군의 대명사로 알려진 인물이다. 맹자가 덕치에 의한 왕도정치를 주장하며 왕으로서의 도리를 다하지 못하는 자는 내쫓고 새로운 왕조를 세워야 한다는 '혁명론'을 펼 때 거론되는 왕이 바로 상 나라의 주 왕이다. 걸 왕에게 '말희'라는 미녀가 있었다면 주 왕에게는 '달기'라는 미녀가 있어서 그의 멸망을 재촉했다고 알려진다.

『사기』의 저자 사마천은 "주는 자질과 말솜씨가 뛰어났으며 두뇌가 명석하여 모든 일을 듣거나 보고 그 진상을 꿰뚫어보는 눈이 날카로웠다. 재능과 체력이 뛰어나 맹수를 맨주먹으로 때려잡을 수 있을 정도"라고 했다. 그러나 주 왕은 이렇게 뛰어난 능력을 좋은 곳이 아니라 나쁜 곳에 써서 결국 멸망을 가져오고 말았다.

상 나라의 주 왕을 치고 새로운 나라를 세운 것은 주周의 무武 왕이다. 무왕의 아버지 서백문 왕이 사실상 주 나라 혁명의 기틀을 모두 다졌으나 뜻을 이루지 못하고 갑작스레 사망하는 바람에 최종적으로 거사를 일으켜 성공하는 것은 그의 아들인 무 왕의 몫이 되었다. 이때 무왕을 도와 주 나라의 창업에 일등공신이 된 인물이 태공망太公望* 여상이다. 흔히 '강태공'으로도 불리는 인물이다. 그는 자신의 때가 올 때까지 낚시질로 세월을 낚았다고 한다. 그래서 오늘날에도 낚시를 좋아하는 사람을 '강태공'이라고 부르기도 한다.

무 왕이 은 나라를 쳐서 쓰러뜨리고 주 왕조를 세우자 은 왕조의 신하였던 백이와 숙제 형제는 두 임금을 섬기지 않겠다며 수양산에 들어가 고사리를 캐먹고 살다가 굶어죽었다는 고사도 생겼다. 왕조가 바뀌고 시대가 변화면 그 주역이 되는 사람도 바뀐다. 여러 가지 좋은 말로 포장을 했지만 어차피 왕조가 바뀌는 과정에서 피바람이 불고 숙청이 이는 것은 불가피하다. 백이, 숙제는 무 왕이 불렀지만 이를 고사했다고 하나 그 진정한 속내는 정확히 알기 어렵다.

주 나라의 성립과 함께 중국 역사에도 새로운 역사가 시작된다. 서주西周 시대 봉건제라는 새로운 제도가 성립되면서 중국의 고유한 정치제도가 그 모습을 드러낸다. 또한 그 뒤 주 나라 봉건제가 사실상 와해되고 생존경쟁의 혼란과 치열한 전쟁 상태가 계속되는 동주東周, 즉 춘추전국 시대에는 동아시아 고대 사상의 백가쟁명 시대가 열린다.

---

* 강태공의 성은 강(姜) 씨이고, 이름은 여상(呂尙) 또는 상(尙)이다. 그는 주 무 왕의 스승이 되어 주 나라를 창업하는 데 결정적인 역할을 했고, 그 공으로 제 나라를 다스리는 제후(왕)가 되었다.

13. 요하 문명

동아시아 여러 민족의 공동 문명

고래 싸움에 끼인 새우, 한반도의 운명

동아시아 정세가 요동치고 있다. 아니 세계 정세가 요동치고 있다. 세계 정세를 뒤흔들고 있는 곳이 바로 동아시아다. 2013년 11월 23일, 중국이 동중국해 상공에 방공식별구역ADIZ을 일방적으로 선포하면서 이를 둘러싸고 동아시아 전체가 긴장감에 휩싸였다. 방공식별구역이란 '영공'과는 별개 개념으로, 국가안보 목적상 군용항공기의 식별을 위해 설정한 임의의 선인데 국제법적으로 관할권을 인정받지는 못한다.

일본과 한국은 중국의 일방적인 방공식별구역 선포를 인정할 수 없다는 입장이다. 한국의 경우 실효적 지배를 하고 있는 제주 남서쪽 바다의 암초 이어도가 중국의 방공망 속에 들어가기 때문이다. 현재 한국의 해양기지가 있는 이어도는 일본의 방공망 내에 들어 있다. 한국의 방공식별구역은 한국 전쟁 중 미국에 의해 선포되었는데, 이어도 지역이 일본의 방공식별구역 안에 들어 있는 탓에 그동안 한국은 이 지역을 비행할 경우 일본에 사전 통보해왔다. 한국은 이 지역을 한국의 방공식별구역으로 선포하는 것을 검토해왔으나 독도 지역에 대해 일본이 방공식별구역으로 선포할 것을 우려해서 그 같은 행동을 자제해왔다고 한다.

일본의 경우 중국과 영토 분쟁을 벌이고 있는 센카쿠_{중국명 다오위다오} 열도가 중국의 방공망 안에 들어가기 때문에 이를 인정할 수 없다는 입장이다. 일본은 중국의 방공식별구역 선포와 관련하여 한국에 공동 대응할 것을 주문하고 있다. 이런 상황에서 한국은 중국의 눈치를 보지 않을 수 없어 난처한 입장이다. 경제적으로 중국 시장은 한국 경제에서 가장 큰 시장으로 이미 미국과 일본, 유럽을 훨씬 능가하며 사활적인 위치를 점하고 있다. 거기다가 방공식별구역 문제는 독도를 둘러싼 일본과의 갈등을 고려할 때 일본과 공동보조를 맞추는 것은 조심스러운 면이 없지 않다.

중국의 방공식별구역 선포는 갑작스러운 일처럼 보였지만 거기에는 이유가 있었다. 최근 일본 아베 정권의 우경화가 노골적으로 진행되면서 중국과의 갈등이 심화되어 왔다. 일본은 과거 침략 행위를 전면 부정하고 평화헌법을 바꿔 보통 국가, 군사대국으로 전환하려 하고 있다. 자위대를 군대로 전환하는 작업도 본격화되고 있다. 일본의 거침없는 군국주의 행보 뒤에는 미국이 있다. 미국은 중국이 초강대국으로 부상하면서 동아시아 패권을 쥐게 되는 것을 견제하기 위해 미일동맹을 강화하면서 일본의 무장화와 군국주의화를 부추겨 중국에 대항할 수 있는 대항마로 내세우고 있다. 중국의 입장에서는 일본도 문제지만 미국이 더욱 신경에 거슬린다. 중국에게는 뒤에서 일본의 우경화와 군국주의화, 군사대국화를 밀어주면서 중국을 견제하는 미국이 야말로 가장 중요한 전략적 고려 대상일 수밖에 없다.

그 때문에 중국의 방공식별구역 선포는 한중일 사이의 갈등뿐만 아니라 미중 갈등도 부채질하고 있다. 이런 국제 정치적인 역학관계 외에도 중국의 방공식별구역 안에 미국의 폭격연습장이 들어 있기 때문에 미국으로서는 중국의 이 같은 행위를 결코 인정할 수 없는 것이다. 결국 미국은 중국의 방공식별구역 선포 이틀 뒤인 2013년 11월 26일에 사전통보 없이 B-52 전략폭격기의 훈련비행을 진행하며 무력시위를 벌였다. 중국은 이에 곧바로 대응하지는 않았지만 미국의 행동을 예의주시하고 있다. 경우에 따라서는 향후 중국과 미국의 무력충돌 가능성도 완전히 배제할 수 없는 상황이다.[1]

이런 강대국들 사이의 갈등은 동아시아 전체를 긴장상태로 몰아가고 있으며, 그 피해는 그 사이에 끼인 한반도가 고스란히 뒤집어쓰고 있다. 한국은 중국의 방공식별구역 선포에 대응하여 이어도 상공을 포함하는 방공식별구역 확대를 선포했지만, 그렇게 사정이 간단하지는 않다. 사실 이런 조건에서 한반도의 두 분단 국가, 즉 한국과 북한은 말 그대로 고래싸움에 끼인 새우 처지가 되고 있다. 설령 당장 무력충돌이 벌어지지 않는다 하더라도 동아시아의 긴장상태는 계속 높아질 것이고, 그 과정에서 중국이나 일본, 미국과 무력경쟁을 벌일 수 있는 능력이 없는 남한과 북한으로서는 여간 곤혹스러운 상황이 아닐 수 없다. 그동안 한국은 친미 일변도였지만 동아시아 정세, 나아가 세계 정세가 중국의 부상으로 요동치고 있는 이 상황에서 계속 그러한 정책만 고집할 수는 없게 되었다. 일본의 군사대국화와 전쟁 국가로의 변화도 한국에는 너무나 위협적이다. 그 마당에 남북관계마저 계속 막혀 있다면 한반도의 장래는 어둡기만 하다.

그렇다면 어디서 활로를 찾아야 할 것인가. 그 길을 찾는 방법으로 우리는 역사를 되돌아볼 필요가 있다. 한반도는 역사가 시작된 이래 이미 수천 년 동안 중국, 일본 등과 다양한 역사적 경험을 겪어왔다. 먼 옛날에는 주로 중국과의 관계에 의해 한반도의 운명이 좌우되었으나 근세 조선 시대 이래로 일본, 나아가 미국과 러시아 등의 국가들과의 관계에 따라서 한반도의 운명이 큰 영향을 받았다. 동아시아 국제 정세가 요동치는 역사의 전환기마다 한반도는 시련을 겪었으나 결국은 난관을 헤쳐나왔다. 지금도 바로 그와 같은 역사의 전환기라 할 수 있다.

중국이 세계 강국으로 부상하면서 그동안의 미국 중심의 세계 질서는 필연적으로 도전받지 않을 수 없다. 그 과정에서 일본도 과거 제국 시대의 영광을 되찾기 위해 미일동맹을 기반으로 새로운 출구를 모색하고 있다. 일본은 중국을 공동의 적으로 놓고 주변의 동아시아 국가들을 끌어들여 협력관계를 구축하려 한다. 한반도 외의 중국 주변의 국가들, 이를테면 베트남과 필리핀, 태국, 미얀마 등의 동남아 국가들은 역사적 경험으로나 현재 상황으로나 중국에 대해 반감을 가질 수밖에 없는 조건이며 따라서 일본은 이러한 점을 최대한 활용하여 중국에 대한 대항력을 확보하려는 것이다. 한반도는 어떤 입장과 선택이 요구

---

* 그들은 '보통 국가'라고 말한다. 하지만 '보통 국가'가 된다는 것은 '전쟁 포기를 포기한다'는 것이고, 그것은 일본의 과거 호전적인 역사를 볼 때 '언제든지 전쟁을 벌이는 국가, 즉 전쟁국가가 될 수 있다'는 이야기에 다름 아니다.

되는 것일까?

만주 지역 요하 문명과 고조선의 상관성

한국*과 중국**은 서로 이웃한 나라로서 떼려야 뗄 수 없는 운명적 관계를 맺고 있다. 역사적으로 한국과 중국이 첫 대면하는 것은 한국의 첫 고대 국가인 고조선 때부터다. 우리가 아는 역사 상식으로는 고조선은 기원전 108년 중국 한 나라와의 전쟁에서 패배해 왕검성이 함락되어 멸망한 것으로 알고 있다. 여기에 대해서는 대체적으로 역사적인 견해 차이가 없다. 그러나 다른 문제들에서는 수많은 견해 차이가 있다. 어떻게 보면 거의 모든 문제가 아직도 해결되지 않는 미확정의 논란거리로 남아 있다고 볼 수 있을 것이다.

우선, 고조선의 건국 시기와 관련된 문제가 있다. 고려 시대 일연이 쓴 『삼국유사』에는 고조선의 건국 신화가 나오는데, 기원전 2333년에

---

*   역사에서 한국이란 표현이 적절하지 않은 경우가 많다. 현재의 한국은 1948년에 출범한 '대한민국'을 의미하는 경우가 대부분인데, 만일 그런 개념으로서의 한국이라면 그것은 한반도, 나아가 만주 일대까지 포괄하는 우리 민족 전체의 과거 역사를 포괄하는 데 적절치 못하기 때문이다. 하지만 다른 적절한 용어도 없다. 북한이 사용하는 조선(민주주의인민공화국)이란 용어는 더욱 제한적이다. 따라서 한국이라고 사용하더라도 많은 경우 좀 더 포괄적인 우리 민족사의 전체를 포괄하는 의미로 사용하게 될 것이라는 점을 감안할 필요가 있다.

**   역사적으로는 중국이란 말 또한 의미가 애매하다. 중국이란 명칭이 공식화된 것은 손문의 신해 혁명으로 중화민국이 세워지면서였고, 오늘날 중국이란 말은 마오쩌둥이 이끈 공산당이 세운 중화인민공화국을 의미하는 말로 사용된다. 과거 전통 시대 중국 대륙의 국가들은 시대마다 그 명칭이 달랐고, 우리가 흔히 파악하는 중국적 의미로 사용된 것은 '중원'이었다. 따라서 중국이나 중원이란 표현 또한 엄격한 개념 규정이나 구분 없이 필요에 따라 적절히 혼용해서 사용할 것이라는 점을 감안해주기 바란다.

고조선이 건국되었다고 전해진다. 그러나 이 건국 시기에 대해서는 주류 역사학계의 거의 대부분이 신화일 뿐이라고 일축하고 있다.『삼국유사』의 이야기는 건국 신화로서 그 가치가 인정되지만 역사적 사실과는 거리가 있으며, 고조선의 국가 성립은 빨라도 기원전 6~7세기경, 심지어 구체적인 국가 형태를 갖추는 것은 기원전 3세기경이라고 주장하는 사람들도 있다.

그러니까 중국에서 춘추전국 시대와 비슷한 무렵에 고조선이 국가 형태를 갖추었다고 보는 것이 타당하다는 주장이다. 그것은 한반도 북부와 만주 지역의 신석기 문화 및 청동기 문화의 발전 양상을 볼 때 그렇다는 것이다. 하지만 최근에는 한반도와 만주의 청동기 문명이 기원전 13세기에서부터 기원전 20세기경까지 거슬러 올라가고 있음을 감안하면, 그러한 주장은 수정되어야 한다는 비판이 강하게 제기되고 있는 실정도 무시할 수는 없다.

반면, 일부 사학자들은 그 시기가 정확히 기원전 2333년은 아닐지라도 그 즈음의 어느 시기에 고조선이 국가적인 틀을 갖추기 시작했다고 보고 있지만 그건 매우 소수 의견에 불과하다. 학계의 주류적인 입장이 아닐 뿐 아니라 그런 주장에 동의하는 강단사학자들이 거의 없는 상황이다. 이런 주장을 펴는 사람들은 한반도와 만주 지역의 청동기 문화가 지금까지의 주장보다 훨씬 앞선다는 것이 확인되고 있고, 신석기 말기부터 국가의 초기 형태가 시작되는 경우도 적지 않다는 점을 그 근거로 제시하고 있다.[2]

그러나 고조선 건국 신화와 비슷한 시기로 여겨지는 중국 하 나라의 경우도 도읍지 등이 발굴되지 않아서 그 실존이 아직도 불분명한 상태라는 점을 감안할 때 이러한 주장은 설득력을 얻기 힘든 상황이다. 고조선의 경우 도읍지 등 고조선의 실존과 관련된 결정적인 유적과 유물이 없는 상태에서 이런 주장은 추론과 가설, 때로는 상상력의 수준을 벗어나기 힘들다는 비판을 면하기 어렵다.

하지만 최근 중국 동북 지역 요하 주변과 내몽골 지역 적봉 등을 중심으로 신석기 및 청동기 유물, 유적이 발굴되고, 그 이전과는 달리 이 지역에서 이른 시기부터 문명이 발전하고 국가가 건설되었을 가능성이 높다는 견해가 제기되면서 새로운 가능성이 생겼다. 이를 바탕으로 이 지역의 신석기 문명이 결국은 고조선과 깊은 연관이 있을 것이라고 보기 시작한 것이다. 이러한 견해는 아직 구체적인 연결고리를 정확히 갖추고 있지는 못하지만 역사적 개연성과 타당성이 전혀 없는 주장은 아니라는 점에서 앞으로의 귀추가 주목된다. 사실 신석기 말기에 중국의 다른 지역에서도 강력한 정치권력을 가진 존재, 즉 제사장 혹은 왕이 있었다는 사실이 확인되고 있다. 그건 요하 지역도 마찬가지다. 그게 과연 어느 수준이었고, 어디로 어떻게 연결되었는지를 확인해야 보다 분명해지겠지만, 요하 문명이 고조선과 연결될 가능성은 충분히 있는 것이다.[3]

그런데 이러한 주장이 부닥치는 일차적인 난관은 고조선의 강역 문제다. 일제 식민지사관의 영향을 받은 이병도와 그의 제자들이 장악한 한국 고대사학계의 주류는 고조선이 한반도 서북부와 대동강변을 중심으로 시작된 나라이고 그 강역이 넓혀졌을 때도 결국은 압록강 북쪽으로 더 이상 확대되지는 못했다고 본다. 이것을 평양 중심설이라고 하는데[4] 당연히 일본이나 중국의 사학계도 이와 거의 동일한 입장이다. 만일 이 같은 주장이 사실이라면 요하 주변과 내몽골 지역의 신석기 고대 문화와 그 뒤의 청동기 문명은 고조선과는 아무런 관계가 없다고 보는 것이 타당할 것이다.

그런데 한국 고대사학계의 주류 가운데 일부는 고조선의 강역과 관련하여 초기 요동을 중심으로 활동하다가 중원 지역의 연이나 진 등의 세력에 밀려 한반도 서북부 대동강으로 위축되었다는 입장을 취하고 있다. 이른바 요동에서 평양으로의 중심이동설이다.[5] 이러한 입장은 시간이 흐를수록 한국의 주류 고대사학계 내에서 다수를 점해가고 있다. 이러한 중심 이동설에 의거한다면 요하 지역과 내몽골 지역의 고대 문명이 고조선과 연결된다고 보는 것은 큰 무리가 없을 수도 있다. 하지만 중국 고대사학계는 한사코 이런 입장을 인정하지 않으려 한다. 만일 그렇게 되면 황하 문명이나 양자강 남쪽의 하모도 문명보다 이 지역 문명이 더 오래되고 더 발달된 내용을 갖고 있을 수도 있는 '요하 문명'이 중국의 것이 아니라 한국의 것이 될 수 있기 때문이다.

고조선의 강역과 관련해서 출발부터 끝까지 고조선은 요동을 중심으로 했고, 넓은 지역과 많은 작은 국가들을 거느린 강대한 고대 국가, 봉건 국가였다고 주장하는 학자들도 있다. 이른바 요동 중심설이다.[6] 윤내현과 그를 계승한 일부 소수의 강단 학자들, 대다수의 재야 사학자들이 이러한 입장인데 이 주장대로라면 요하 문명과 고조선과의 관계는 매우 자연스럽고 매끄럽게 연결된다. 즉 고조선은 중국이 그렇게 자랑하는 동북 지역의 북방 문명을 이어받은 나라가 되는 것이다. 그리고 중국이 그 문명의 후예들이라고 주장하는 부여와 고구려, 발해 등도 자연히 고조선의 후예로 일관성 있게 연결될 수 있다.

그러나 이 같은 주장의 가장 결정적인 약점은 역사에서 가장 중요한 문헌 증거가 부족하다는 사실이다. 윤내현은 이와 관련하여 중국의 고대 문헌들을 꼼꼼히 뒤지며 그 지명의 변천, 지역의 위치 비정 등을 통해 우리 주류 학계가 인식해온 것과는 전혀 다른 주장을 펴고 있다.[7] 하지만 그의 주장에 귀 기울이는 주류학계의 인물은 거의 없다. 재야 사학자로 불리는 강단 바깥의 일군의 고대 역사연구자들이 그의 주장에 환호하며 논리를 확장해가고 있다. 하지만 그러한 노력이 적지 않은 성과를 거둔 면도 있지만 여전히 엄밀한 학문적 고증이라는 점에서는 적지 않은 한계와 허점을 노출하고 있다. 때로는 과도한 '애국적 정열'이 역사적 실체를 가리는 작업에 부정적으로 작용하는 측면도 있다.

세계사 교과서를 바꿔야 할 놀라운 발굴

우리 고등학교 세계사 교과서 첫 부분에는 세계 4대 문명이 나온다. 대표적인 고대 문명으로 메소포타미아 문명, 이집트 문명, 인도 문명, 중국黃河 문명이 있고, 그 중에서도 세계에서 가장 먼저 도시 국가를 건설하고 최초의 문명을 꽃피운 곳은 유프라테스강과 티그리스강 사이의 수메르 지역이라고 되어 있다. 그러나 이제 세계사 교과서는 다시 써야 할지도 모른다.

왜냐하면 현재 중국 만주滿洲*의 요하遼河, 랴오허강 주변 지역에서는 세

---

* '만족의 땅'이라는 뜻으로 '만족(滿族)'이란 17세기 청 나라를 세운 누르하치가 주변 종족

계를 깜짝 놀라게 할 놀라운 고대 문화 유적이 발굴되고 있기 때문이다. 이미 이 작업은 1980년대부터 시작되어 30년간 계속하고 있지만 아직도 그 끝이 어딘지 알 수 없을 정도로 새로운 유물들이 계속 발굴되고 있다. 이 발굴 작업은 중국 정부가 외부의 접근을 완전히 차단한 채 단독으로 진행하고 있다. 중국 정부는 그 전체 내용을 철저히 보안에 부친 채, 필요한 범위 내에서 최소한의 내용을 조금씩 공개하고 있다.

그러나 아무리 중국 정부가 보안을 유지하더라도 그 내용이 드러나지 않을 수는 없다. 지금까지 공개된 자료와 발표 내용만으로도 그 윤곽은 충분히 잡을 수 있다. 그것들을 종합해보면 이곳에서는 지금까지의 세계 어떤 문명보다도 앞서는 최고最古의 고대 문명이 존재했다는 사실을 알 수 있다. 그런데 중요한 사실은 이 문명이 화하족華夏族이 주도하는 중원 문명과는 전혀 다른 동이족東夷族의 문명이라는 점이다.

화하족이란 중국 한족의 원류가 되는 화족과 하족을 합쳐 부르는 말로써 중원의 황하 문명을 창조한 집단과 세력을 말한다. 고대 중국에서 중원 세력은 자신들을 세계의 중심, 문명된 민족으로 보면서 나머지 주변 여러 세력들은 변방 세력, 미개한 오랑캐로 보았다. 이른바 화이華夷적 세계관이다. 그들은 이러한 화이관에 따라 동서남북의 주변 세력들을 남만南蠻, 북적北狄, 동이東夷, 서융西戎 등으로 불렀다.[8]

들을 모두 통합하기 위해 4백 년간 쓰이지 않고 잃어버린 '여진'이란 이름 대신에 새로 사용한 말이다. 만주는 현재 중국의 길림성, 요녕성, 흑룡강성 지역과 내몽고 자치주 일부를 포함하는 지역을 통칭하는 말로, 중국에서는 통상 동북 지방이라고 부른다. 과거 일본 제국주의가 아시아를 침략하면서 괴뢰정부로서 만주국을 세운 적이 있어 중국인들에게는 '만주'라는 말을 부정적으로 보는 경향이 있다. 일부에서는 요동 지역이라고 부르자는 의견도 있으나 요동 지역은 만주보다는 좁은 지역을 뜻하기에 적절한 표현은 아니다. 한국의 입장에서는 만주라는 표현이 가장 적합해보인다.

이 중 중원 동쪽 지역에 살고 있던 집단과 세력들을 통칭하여 동이^{동쪽 오랑캐라는 뜻}라고 불렀는데, 예濊, 맥貊, 동호東胡, 읍루, 숙신 등이 여기에 속한다. 이夷라는 글자는 '큰 활을 가진 사람' 즉 활을 잘 만들고 잘 쏘는 동방인들의 특성을 드러낸 것이라고 한다.[9] 우리 역사의 첫 국가인 고조선을 비롯하여 부여, 고구려, 발해 등 우리 고대사에서 빼놓을 수 없는 여러 나라들을 세우고 이끈 사람들도 이들이다. 오늘날 한국인의 조상이 되는 사람들은 동이족의 주류로서 고대 중국문헌에는 동호, 예, 맥, 한韓 등으로 불리기도 했다.[10]

만일 지금 중국 동북 지방에서 발굴되고 있는 세계 최고의 문명이 동이족의 것이라면, 이것들은 결국 우리 민족의 역사와 어떤 식으로든 연결되지 않을 수 없다. 그런데 중국은 동이족이 살던 이 지역에서 발굴된 신석기와 청동기 시대의 문화를 종합하여 '요하 문명遙河文明'으로 부를 뿐만 아니라 중국의 시원 문명으로 연결시키는 작업을 진행하고 있다. 이 요하 문명이 세계에서 가장 오래된 신석기 문명이라는 것을 뒷받침하는 고고학적 유물들이 최근에도 계속 발굴되고 있다. 그런데 문제는 중국이 이 요하 문명의 주도 세력을 신화적인 인물로 화하족, 즉 중화족의 시조라는 황제의 자손으로 보고 있다는 점이다.[11]

요하는 내몽골 동부 지역에서 시작하여 요동 반도를 거쳐 발해만으로 흘러드는 강인데 이를 경계로 서쪽 지역을 요서, 동쪽 지역을 요동으로 부른다. 지금의 요하는 한국 고대사에서 고조선과 고구려의 강역이었던 지역으로 우리 민족과 깊은 관계가 있는 곳이다. 지금 발굴되고 있는 고대 유물과 유적들은 서쪽으로는 난하灤河, 환허강[*]와 동쪽으로는 요하 사이에 위치한 지역에서 주로 발견되고 있다. 따라서 이 지역의 문화 유적들은 결국 우리 민족사와 직접적으로 관계가 있는 것으로 볼 수밖에 없다.

지금까지 중국은 황하강 유역의 앙소 문화와 양자강 하류 지역의 하모도 문화를 중화 문명의 기원지로 보았다. 그런데 1980년대 이후 발굴되기 시작한 요하 지역의 신석기 문화는 지금까지 가장 오래된 것으로 보았던 하모도 문화보다 무려 2천 년이나 앞서는 것으로 밝혀졌다. 그러자 이에 놀란 중국은 이 지역의 문화를 중국 문명의 시원으로 연결시키는 작업에 착수했던 것이다. 이를 위해 중국은 요하 문명을 창조한 예·맥족 등 동이족을 중국 민족의 전설적 조상인 황제족의 후손으로 편입시키는 새로운 창조 작업을 진행하고 있다.[12]

중국의 다민족 국가론과 요하 문명

중국은 이를 위하여 이른바 '통일적 다민족 국가론' '새로운 중화민족 개념'을 전개하고 있다. 중국은 중화인민공화국 정부 수립 직후부터 중국의 영토와 역사 범위 그리고 소수민족 문제를 해결하기 위하여 여러 차례에 걸쳐 대토론을 진행했고, 그 최종적인 결론으로 '통일적 다민족 국가론'을 정립했다. 이와 관련한 주요 이론가의 한 사람인 왕옥철은 이렇게 주장하고 있다.

---

*   중국 관내와 동북 지방을 가르는 경계가 되는 강이다.

우리 중국은 하나의 다민족국가이다. 중국 고대사는 지금의 중화인민공화국의 국토를 범위로 하고 있고, 이로부터 거슬러 올라가 유사 이래로 이 토지 위에서 우리 중화민족에 속하는 여러 민족 활동의 역사라고 분명하게 논술할 수 있다. 그러므로 그 범위는 당연히 역사상 당시 중원 지대에 건립된 왕조뿐만 아니라, 당시는 중원 왕조 강역 밖이었으나 현재는 중화인민공화국 국경 안에 있는 각 민족의 역사 또한 당연히 포함하는 것이다.

상나라 때의 귀방鬼方, 주나라 때의 험윤玁狁, 춘추전국 시대의 융·적戎狄 등은 당시에는 비록 상·주 왕조에 속하지 않았지만, 그들의 활동 지구는 분명히 지금의 중국 영토 안에 있었고, 그들의 역사는 당연히 중국사를 이루는 한 부분이다. 후대의 흉노匈奴, 거란契丹, 여진女眞, 몽고蒙古, 만족滿族 등도 중원에 건립된 왕조에 들어오기 이전에는 한·송·명 왕조에 속하지 않았다. 그러나 그들의 활동 지구는 현재의 중국 경내에 있었고, 이들의 역사는 당연히 중국사의 조성부분組成部分이다. 여기서 또는 뒤에서 언급하는 몽고는 우리나라 경내의 몽고 소수 민족을 지칭한다. 더욱이 이런 고대사의 소수 민족은 모두 현재 우리나라 소수 민족의 선조다. 여러 민족들이 융합하는 과정에서 일부 소수 민족들은 한족에 동화되기도 했다. 이런 점에서 볼 때, 그들의 선조는 또한 한족의 선조라고도 말할 수 있다. 우리나라 안의 다른 민족 선조들을 중국사 밖으로 배제할 어떠한 이유도 없다.[13]

이 주장에 따르면 흉노, 선비, 저, 강, 고구려, 발해, 거란, 여진, 몽고 등은 민족 사이의 광범위한 혼합으로 자기 민족 지역을 상실하고 한족과 함께 중화민족으로 융화되었다는 것이다. 이러한 '통일적 다민족 국가론'을 바탕으로 중화민족과 사방에 동이, 서융, 남만, 북적 등의 야만인이 존재했다는 전통적 화이관이 무너지고 사방의 야만인들을 모두 중화민족 안에 포함시키는 새로운 중화민족 개념이 완성되었으며, 중국의 역사가 이들 전체 민족의 역사라는 주장이 나오는 것이다.

그러나 이것은 논리적으로 맞지 않는 주장이다. 오늘날 조선족, 위구르족, 장족, 몽고족, 한족 등 다양한 민족이 어울려 중국이라는 나라를 구성하고 있다. 이들을 모두 '중국인'이라고 부를 수는 있어도 '중화민족'이라고 부를 수는 없다. 그야말로 이것은 허구적 개념이며 '상상의 공동체'에 불과하다. 이는 다양한 인종과 민족이 뒤섞여 있는 미국의 경우, '미국인'은 있어도 '미국 민족'이라고 부르지 않는 것과 마찬가지다.[14] 혹시 수천 년 뒤 역사는 미국민족이라는 개념을 적용할는지는 모를 일이지만 지금으로서는 그렇다.

중국의 논리에 따르면 지금 현재 자국의 영토 안에 존재하는 모든 민족의 역사가 곧 중국의 역사가 된다. 중국은 현재 한족을 포함해 모두 56개의 민족이 모여 있는데, 이들 56개 민족의 역사가 모두 중국 역사라는 것이다. 당연히 그렇게 본다면 우리가 우리 민족의 역사라고 생각하는 고조선과 부여, 고구려 또한 중국의 역사에 포함되는 것이다. 또한 요하 지역의 문명을 건설한 사람들이 예·맥족이든 동이족이든 상관없이 중국 문명이 되는 것이다. 지금 중국은 이런 입장에서 고대사를 다시 정리하고 있다. 중국은 만주 지역에서 발굴된 모든 유적과 유물을 중국 고대사의 지방정권이라는 관점에서 재정비하여 대중에게 공개하고 역사를 재교육시키는 작업에 나서고 있다.

고구려를 중국의 역사에 포함시키려는 동북공정은 중국 정부의 거대한 국가 전략 가운데 한 부분에 불과하다. 중국은 동북공정 이전에 서북공정, 서남공정을 진행했고, 요하 문명론을 바탕으로 만주와 한반도, 일본 지역을 아우르는 동북아시아 전체의 모태 문명을 자신들의 것으로 독점하려는 작업을 진행해왔다.[15] 하상주단대공정夏商周斷代工程[*]에 이은 중국 고대문명탐원공정中國古代文明探源工程[**]이라는 것이다. 그러나 이러한 시도는 설득력이 없을 뿐만 아니라 전형적인 역사 왜곡이 아닐 수 없다.

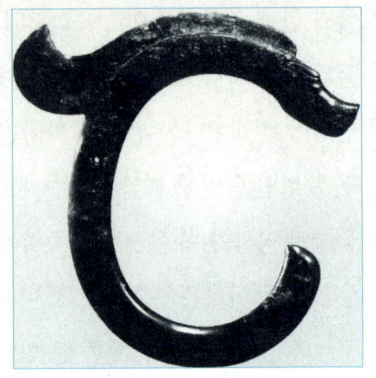

옥으로 만든 용. 홍산 문화 출토품

가장 중요한 것은 요하 지역에서 발굴되는 유적과 유물이 중원 문화와는 확연히 다르다는 사실이다. 이 지역에서 발굴된 유물과 유적은 빗살무늬 토기, 계단식 돌무지무덤, 치稚가 있는 석성, 비파형 동검, 옥 결옥고리 등 중원 지역에서는 전혀 발굴된 적이 없는 것들이다. 이것들은 우리의 역사 무대인 만주와 한반도에서 발견된 것들과 동일한 것들이다. 그렇다면 이 문화의 주인공은 중국이 아니라 우리가 되는 것이다.[16]

---

[*] 중국 고대사의 첫 국가라고 여겨지고 있는 하 나라에서부터 상 나라와 주 나라로 이어지는 역사의 정비 작업에 붙인 명칭이다.

[**] 중국 고대 역사의 뿌리를 찾는 작업이라는 뜻으로 중국 역사를 세계 최고인 1만 년의 역사로 끌어올리는 작업이다. 중국은 중원의 황하 문명과는 다른 요하 문명을 중화 문명의 시발점으로 삼아서, 이 지역에서 발원한 맥족, 흉노족, 조선족, 여진족 등 북방 고대 민족의 상고사와 고대사를 중국사로 편입하려는 의도를 드러내고 있다.

동이족의 세력권 안에 있는 요하 문명

요하 지역은 중국의 고대 문헌들도 동이의 세력권이라고 인정한 곳이다. 예·맥, 동호, 숙신, 한 등이 모두 동이에 속하며, 이들은 부여, 고구려, 백제, 신라, 발해, 나아가 거란과 여진 등의 국가나 집단, 세력을 이루었다. 그리고 이 지역 최초의 고대 국가인 고조선도 동이의 나라다. 그럼에도 중국은 그것을 중국 문명의 기원이라고 주장한다. 중국의 주장대로라면 고조선, 고구려, 발해는 물론이고, 우리 역사 전체가 중국 역사가 될 수도 있다. 실제로 중국은 이러한 관점에서 부여와 고구려, 발해는 황제족의 후손이 세운 나라로서 중화민족의 일부라고 주장하고 있다.

다만 고조선의 경우는 그 강역을 한반도 서북 지역에 한정함으로써 이들과 직접적인 관련이 없다고 보고 있다. 그럼에도 불구하고 중국은 단군 신화에 등장하는 웅녀를 중국 소수민족의 하나인 조선족의 시조모로 받아들이는 작업을 하고 있다. 이들의 입장에서는 만주 지역의 토착 세력인 웅녀족은 당연히 중국인이라는 것이다. 그렇게 되면 결국 나중에는 웅녀가 낳은 단군까지도 중국인이라고 주장할 수도 있게 될 것이다.[17]

그렇다면 중국의 동북 지역, 즉 만주의 요하 지역에서는 어떤 유물과 유적들이 발굴되었을까? 이 지역에서 발굴된 주요 신석기와 청동기 문화를 간략히 정리해보면 다음과 같다.[18]

>> 신석기 시대 소하서샤오허시 문화기원전 7000~6500년경

제단 위에서 7기의 돌무지무덤이 발견되었으며, 판석, 화산석 얼굴, 옥팔찌 등이 출토됨.

>> 신석기 시대 흥륭와싱룽와 · 사해차하이 문화기원전 6200~5200년

신석기 문화의 전형적인 유물인 빗살무늬 토기가 출토됨. 옥결압록강변의 옥을 사용은 강원도 고성 문암리의 옥결과 형태가 동일함. 한국학자 중에는 흥륭와 문화와 사해 문화를 구분하기도 함. 한국의 민족사학계는 환인의 환국 시대에 해당하는 것으로 추정함.

>> 신석기 시대 부하 문화기원전 5200~5000년

요서 지역의 부하 문화에서 중국 상 나라 갑골문의 전 단계인 골복骨ト보다 훨씬 이른 시기의 복골ト骨이 발견됨.*

>> 신석기 시대 조보구자오바오거우 문화기원전 5000~4400년

봉황형 토기는 봉황과 관련된 최초의 유물로서 '중화제일봉中華第一鳳'으로 불림. 한국 민족사학계는 이 문화가 환인의 환국 말기에 해당하는 것으로 추정함.

>> 동석병용 시대 홍산 문화기원전 4500~3000년

일반적으로 신석기 시대로 알려지나 최근 청동이 아닌 순동을 주조한 흔적이 발견되어 동석병용 시대로 보기도 함. 홍산 문화를 대표하는 우하량뉴허량 유적의 여신을 모시는 신전에서 진흙으로 만든 곰 형상이 출토됨. 단군 신화의 웅녀족과 관련성이 있는지가 주목되고 있음. 피라미드식 돌무지무덤이 발견됨. 돌무지무덤

---

* 동물의 견갑골에 구멍을 뚫고 불에 구워서 치는 점을 골복이라 하고, 골복을 한 뼈를 복골이라 한다. 골복은 북방에서 상 나라를 통해 중원 지역으로 내려갔다. 상 나라 초기에는 골복이 유행했으나 후기로 가면 거북의 배 껍데기나 동물의 견갑골에 갑골문을 음각하는 갑골점으로 바뀐다. (우실하 지음, 『동북공정 너머 요하문명론』, 소나무, 140쪽 참고)

은 고구려와 백제의 돌무지무덤으로 이어짐. C자형 옥결은 흥륭와·사해 문화의 결을 계승한 것임. 중국학자 유국상은 우하량 유적이 발견되는 홍산문화 만기^{기원전 3500~3000년}에는 이미 '초급 문명 사회' 단계에 진입한다고 보고 있음. 민족사학계에서는 환웅의 배달국 시대에 해당하는 것으로 추정함.

》 동석병용 시대 소하연^{샤오허옌} 문화^{기원전 3000~2000년}

홍산 문화에 이어 곰 숭배 전통이 이어짐. 시기적으로 단군 조선의 초기에 해당함. 갑골문의 전단계인 도부문자^{陶符文字, 한자의 기원인 갑골문과 상관이 있을 것이라고 여겨지는 상형문자}가 발견됨.

》 초기 청동기 시대 하가점^{샤자뎬} 하층 문화^{기원전 2000~1500년}

삼좌점^{三座店}과 성자^{城子}산에 치가 있는 석성 수천 개가 산재해 있음. 치성과 비파형 동검은 고구려 특유의 것으로 중원에서는 발견되지 않음. 중국 학자 유국상은 청동기 시대로 진입하는 하가점^{샤자뎬} 하층 문화 시기에는 '고급 문명 사회'에 진입한다고 보고 있음. 요서 지방 최초의 청동기 문화임.

요하 문명의 주된 담당자는 한국인의 조상

요하 문명 중에서 가장 중요한 의미를 갖는 것은 홍산 문화이다. 홍산 문화는 기원전 4500년까지 올라가는 신석기 문화로, 내몽고와 요녕성의 접경 지역인 적봉, 조양, 능원, 객좌, 건평 등에 유적지가 분포하고 있다. 홍산 문화를 대표하는 우하량 유적에서 여신을 모시는 신전, 제단, 계단식 돌무지무덤적석총 등이 발견되었다. 이 가운데 돌무지무덤은 한 변이 1백 미터나 되는데, 이집트의 계단식 피라미드보다 1천 년이나 앞선 시대에 건축된 것이다. 여기서 발견된 돌무지무덤 양식은 고구려와 백제의 돌무지무덤에 그대로 이어진다.[19] 이러한 대규모 건축물들을 통해 이미 그 시기에 계급이 분화되고 사회적 분업이 이루어졌으며, '초기 국가단계'혹은 '초기 문명단계'에 들어선 것으로 추정되고 있다.[20]

홍산 문화의 발굴로 세계사를 다시 써야 할 상황이다. 기원전 3500년 전에 이미 초기 국가 단계에 들어섰다는 것은 그 이전에는 상상도 할 수 없었다. 이 시기는 중국사에서 이른바 '3황 5제의 신화 시대'에 속하는 때다. 중국에서는 황하 유역에서 시작된 문화를 통해 하夏 나라가 생겨나고 상商 나라와 주周 나라로 이어지는 고대 국가 단계를 설정했는데, 우하량 유적의 발견으로 이와 같은 정설이 완전히 무너지게 되었다.[21]

과거 중국은 기원전 4000년경 황하 유역의 앙소 문화를 중화 문명의 시발로 보았다. 그러다가 1973년 양자강 하류에서 앙소 문화보다 이른 기원전 5000년경의 하모도 문화가 발견되면서 이 둘을 중화 문명의 2대 시원으로 보게 되었다. 그러다가 요하 지역에서 기원전 7000년까지 올라가는 소하서 문화가 발견되고 그 후 기원전 6500년까지 올라가는 흥륭와 문화가 발견되었다. 그러자 중국은 황하 유역의 앙소 문화 지역, 양자강 유역의 하모도 문화 지역, 요하 유역의 홍산 문화 지역을 '중화 문명의 3대 원류'로 보게 되었다. 중국은 이 가운데서도 요하 지역의 여러 신석기 문화를 중화 문명의 시원지로 보고 있으

며, 이 일대를 세계에서 가장 오래된 '요하 문명'으로 새롭게 부각시키고 있는 것이다.[22]

중국은 요하 문명을 중국 문명의 시작으로 보기 위하여 그동안 중국 문명 세계의 바깥에 있었다고 주장하던 동이족 등 변방민족을 모두 중국 민족으로 끌어들이는 작업을 진행하고 있다. 이른바 '중화민족'의 기원을 중원의 염제 신농 씨, 동남 연해안의 하족 집단, 동북 연안 남북의 황제족 집단으로 재정립하고, 산둥 반도와 발해만 그리고 양자강 하류의 동이족 지역을 하족 영역으로 바꿔버렸다. 그러고는 북경 부근에 머물던 황제의 세력 범위를 요하 지역까지 확대하고, 북방의 모든 소수민족은 황제의 손자인 고양 씨 전욱과 고신 씨 제곡의 후예라 주장하기 이른 것이다.

이것은 요하 지역이 새로운 문명의 출발지로 떠오르자 이곳을 주도하던 예·맥의 선조들을 한국 민족과 연결되지 않게 하기 위한 것이다. 동이족의 중심이었던 예·맥은 우리 민족의 주된 뿌리로서 부여, 고구려, 동예, 옥저 등을 세웠으며, 이들의 선조들은 고조선을 건국한 집단과 연결되고 있다. 아직도 다양한 견해가 있는 것은 사실이지만 요하 지역은 고조선의 강역으로 중심지 중 하나였다는 주장이 설득력을 얻고 있다.

또한 고대의 유물과 유적을 살펴볼 때 요동과 요서, 그리고 한반도는 중원 지역과는 확실히 구별되는 동일한 문화권을 형성하고 있다. 그렇다면 신석기와 청동기 시대 요하 지역의 문명을 창조한 사람들은 결국 고조선의 선조일 수밖에 없다. 이 지역에서 가장 강력한 세력을 형성하고 국가를 이룬 것은 고조선밖에 없기 때문이다. 그래서 한국의 민족주의 사학계*에서는 소하연 문화를 단군조선의 초기, 하가점 하층 문화를 단군조선의 발전기에 해당한다고 보고 있다.[23]

더욱이 요하 지역에서 발견된 유물들이 이런 사실을 보다 분명하게 뒷받침해주고 있다. 요하 지역에서 발견된 빗살무늬 토기, 계단식 돌무지무덤, 치가 있는 석성, 비파형 동검, 옥결옥고리 등은 중원에서 발견된 적이 없고, 만주와 한반도에서만 발견된 한민족 고유의 문화 유물이다. 이것들은 중국 황제의 자손이 요하 문명을 건설하고 중원에 또 다른 문명을 이룩했다는 주장을 무색케 하는 증거물이다.[24] 또한 흥륭와·사해 문화와 홍산 문화가 모두 압록강변의 옥을 썼다. 이것으로써 요하 문명이 백두산을 중심으로 만주와 한반도를 아우르고 있다는 것을 알 수 있다.[25]

동아시아 여러 민족 공동의 문명

그러나 중국은 이런 사실을 인정하지 않는다. 아예 거들떠보지도 않는다. 그들은 요하 문명의 창조자가 중국 문명의 시원이며, 만주 지역의 주요 세력과 집단 가운데서 한국 민족의 뿌리가 형성된다는 사실조차도 부정하고 있다. 고대 만주와 동북아시아에서 한국인의 선조들이 중요한 문명 창조자였고, 중원 세력과 쟁패를 다투는 영향력을 가

---

* 강단 사학계의 일부학자와 재야 사학계를 통칭하는 말이다. 강단사학계의 주류는 대부분 고조선이 고대 국가의 모습을 갖춘 것이 8세기 전후의 시기라고 보고 있지만, 이들 민족주의 사학자들은 그 보다 훨씬 전인 중국의 하 나라와 비슷한 시기, 또는 그보다 약간 앞선 시기에 고조선이 성립되었다고 파악한다.

졌다는 사실은 세계 최고의 역사를 가졌다고 믿는 중국인의 자존심에 타격을 줄 수도 있을 것이다. 그러나 그것이 오늘의 중국이라는 국가 영역과 중국인의 정체성을 흔드는 결과를 가져오지는 않을 것이다. 그럼에도 중국은 "고대의 고구려인은 현재의 조선 민족과 아무런 관계가 없다."는 식으로 거침없이 역사를 왜곡하고 있다. 아마 지금처럼 간다면 고조선도 중국의 역사라고 주장할 날이 멀지 않았다.

요하 문명의 담당자들은 만주 지역과 한반도뿐만 아니라 중원 지역으로도 얼마든지 흘러갔을 수 있고, 중원 문화와 교류하면서 서로 영향을 주고받았을 가능성이 있다. 문화는 물이 흐르듯이 흘러가기 때문에 어디로든 갈 수 있다. 실제로 장가구張家口, 장자커우에서 홍산 문화의 용무늬 채도 항아리와 앙소양사오 문화의 꽃무늬 채도 항아리가 발견되는데 이것은 문화 교류와 함께 문명이 충돌하고 있었다는 것을 보여주는 증거다. 그러나 그 이후 문화를 놓고 볼 때 요하 문명의 주요 흐름은 한반도와 만주의 우리 민족의 선조가 되는 사람들에게로 이어졌음을 알 수 있다.

역사는 현재의 역사라는 말이 있다. 현재를 지배하는 자가 역사를 지배하고, 역사를 장악한 자가 현재를 지배한다는 말도 있다. 이것은 역사가 고정된 채로 존재하지 않고 항상 후대에 의해 새롭게 해석되며 새로운 의미부여를 통해 변화될 수 있다는 것을 의미한다. 중국이 세계의 강국으로 부상하기 전에는 고구려와 발해 역사가 한국의 역사라는 사실이 큰 도전을 받지 않았다. 그러나 중국이 미국과 더불어 세계 주요 2개국으로 등장한 오늘, 그리고 앞으로 중국이 세계 패권을 향해 나아가는 상황에서는 현재 영토 안의 모든 고대사는 그들의 것이어야 한다.

과거 오랫동안 동아시아의 패권 국가였던 중국은 1840년 제1차 아편 전쟁의 패배를 계기로 거의 1백 년 동안 서방 열강과 일본 제국의 침략을 받으면서 과거의 영광을 뒷전에 묻어두어야 했다. 그러나 1978년부터 시작된 중국의 개혁 개방 정책은 중국의 경제적 부흥을 가져왔고, 오늘날 중국은 세계의 공장을 넘어 최고의 소비시장으로 부상하고 있다. 중국은 경제규모에서 일본을 능가해 세계 2위의 규모를 자랑하고 있으며, 조만간 규모에서는 미국도 넘어설 것으로 전망된다. 중국이 미국을 넘어서 명실상부한 세계 초일류 강대국이 될 수 있을 것인가에 대해서는 전망이 엇갈리지만 21세기는 분명 중국의 세기가 될 것임에 틀림없다.

중국은 세계 강국이 되더라도 패권을 추구하지 않겠다고 했지만 과연 그렇게 될지는 두고 보아야 할 것이다. 지금까지의 모습만으로도 중국이 패권을 추구할 가능성은 얼마든지 있다는 판단을 하게 만드는 사건들이 계속 벌어지고 있다. 중국은 일방적인 방공식별구역 선포에서 알 수 있듯이 주변 국가들이 위협적이라고 느낄 수 있는 행동을 서슴지 않고 있다. 베트남, 필리핀 등과 남중해에서 섬의 영유권을 놓고 갈등하고 있으며, 일본과도 센카쿠를 놓고 영토 분쟁 중이다. 한국과도 이어도를 놓고 신경전을 벌이고 있는 상황이며, 경제력에 걸맞는 군사력을 확충하면서 군사적 활동 범위도 넓혀가고 있다. 이러한 중국의 행보는 오랜 역사적 과정을 통해 중국 대륙의 거대한 힘을 경험한 주변 국가들에게 아픈 상처를 되살리는 것이 되고 있다.

우리에게는 이러한 현실적인 이해관계뿐만 아니라 동북공정과 고대문명탐원공정을 통해 고대사 부분에서 중국과 심각하게 충돌하고 있다. 중국의 고대사 왜곡을 심각하게 바라보는 많은 사람들은 동북공정은 단순한 역사 문제가 아니라고 보고 있다. 21세기 세계의 중심 국가 건설이라는 중국의 장기적인 국가 전략의 일환이라는 것이다. 중국의 고대문명탐원공정이나 서남공정, 서북공정, 동북공정 등은 결국 통일족 다민족 국가론에 입각하여 세계 중심 국가, 즉 초일류 국가로 서고자 하는 중국의 국가전략을 역사적 측면에서 뒷받침하기 위한 작업이다.

중국 동북 요하 지역에서 세계 최고의 고대 문명이 꽃을 피웠고, 그 문명의 담당자들은 한국 민족의 원류가 되는 예·맥 등 동이족의 조상으로 확인되고 있다. 요하 지역에서 시작된 문명이 한 줄기는 만주와 한반도로 거쳐 일본 열도까지 이어졌고, 또 한 줄기는 중원의 황하 문명에 영향을 미쳤다. 따라서 요하 문명을 건설한 주인공은 중국이 말하는 중화민족의 시조인 황제족의 후예가 아니다. 그들은 지금의 한·중·일과 몽골이 생기기 전부터 그 땅에서 살던 사람이었고, 따라서 한·중·일과 몽골의 공동 조상이라고 말할 수 있다.[26]

그런데 수천 년 전 요하 문명을 창조한 사람들이 지금의 누구의 조상인지를 밝히는 것은 불가능할 뿐 아니라 어떤 면에서는 무의미할 수도 있다. 당시의 집단이나 세력은 지금의 민족이나 국가와는 전혀 다른 모습이었다. 따라서 요하 문명은 지금 존재하는 어느 한 민족이나 국가의 독점물이 될 수 없고 되어서도 안 된다. 그것은 그 지역에 존재했던 모든 집단과 세력, 그리고 그 후손들의 공동의 것이어야 한다. 그런 점에서 중국의 동북공정이나 탐원공정은 그 방향이 잘못되었다. 물론 한국 또한 이 문제를 배타적인 민족주의 관점에서 바라보아서는 안 될 것이다. 문화와 문명은 그것을 창조한 주요 집단이 있겠지만 그들만의 것이 아니라 인류 전체의 것이라는 사실을 되새겨보는 것이 필요하겠다. 그럼에도 그 주인공이 누구인지 정확히 사실적으로 규명하는 일도 중요하다. 물론 정치적 목적을 위해 역사가 왜곡되어서도 안 될 것이다.

주석

인류의 등장과 이동

1) 캔디스 고처 · 린다 월튼 지음/ 황보영조 옮김, 『세계사 특강』, 삼천리, 18쪽
2) 내셔널지오그래픽 편저/ 오승훈 옮김, 『세계의 역사를 뒤바꾼 1000가지 사건』, 지식갤러리, 18~19쪽
3) 캔디스 고처 · 린다 월튼, 위의 책, 20쪽
4) 정수일, 『고대문명교류사』, 사계절, 43쪽
5) 내셔널지오그래픽 편저, 위의 책, 19쪽
6) 시릴 아이돈 지음/ 이순호 옮김, 『인류의 역사』, 리더스북, 21쪽
7) 이이화 지음, 『우리 민족은 어떻게 형성되었나』, 한길사, 36~37쪽
8) 다음 국어사전 참고
9) 네이버 지식백과 참고
10) 내셔널지오그래픽 편저, 위의 책, 20쪽
11) 정수일, 위의 책, 46쪽
12) 시릴 아이돈, 위의 책, 23쪽
13) 시릴 아이돈, 위의 책, 26쪽
14) 시릴 아이돈, 위의 책, 33쪽
15) 내셔널지오그래픽, 위의 책, 22쪽
16) 정수일, 위의 책, 50~53쪽
17) 시릴 아이돈, 위의 책, 38쪽

신석기 혁명

1) 고든 차일드 지음/ 김성태 · 이경미 옮김, 『신석기혁명과 도시혁명』, 주류성, 104쪽

2) 김상훈 지음, 『외우지 않고 통으로 이해하는 통세계사 1』, 다산에듀, 43쪽

3) 고든 차일드, 위의 책, 156쪽

4) 시릴 아이돈, 위의 책, 42쪽

5) 시릴 아이돈, 위의 책, 43쪽

6) 시릴 아이돈, 위의 책, 47쪽

7) J. M. 로버츠 지음/ 조윤정 옮김, 『HISTORICA 히스토리카 세계사 1』, 이끌리오, 56쪽

8) 시릴 아이돈, 위의 책, 49쪽

9) 래리 고닉 지음/ 이희재 옮김, 『세상에서 가장 재미있는 세계사 1』, 궁리, 92~93쪽

10) 동북아의 요하 문명에 대해서는 뒤에서 자세히 이야기할 것이다.

11) 래리 고닉, 위의 책, 97쪽

12) J. M. 로버츠, 위의 책, 59쪽

문명의 속성

1) 시릴 아이돈 지음/ 이순호 옮김, 『인류의 역사』, 리더스북, 66쪽

2) 새뮤얼 헌팅턴 지음, 이희재 옮김, 『문명의 충돌』, 김영사; 하랄트 뮐러 지음, 이영희 옮김, 『문명의 공존』, 푸른숲; 정수일 지음, 『고대문명교류사』, 사계절 참고

3) 새뮤얼 헌팅턴, 위의 책, 45쪽

4) 니얼 퍼거슨 지음/ 구세희·김정희 옮김, 『시빌라이제이션』, 21세기북스, 39쪽

5) 문화인류학자 에드워드 B. 타일러의 문화정의로써, 인류학적 문화 개념의 고전적 형태를 보여준다. 정준영 외 지음, 『문화산업과 문화기획』, 한국방송통신대학교출판부, 15쪽

6) 위키 백과 참고

7) 주종택 지음, 「서양의 물질문화 연구 현황」 《생활문화연구 (창간호)》, 국립민속박물관, 7쪽

8) 정수일, 위의 책, 23~24쪽

9) 새뮤얼 헌팅턴, 위의 책, 47쪽

10) 새뮤얼 헌팅턴, 위의 책, 243쪽

11) 새뮤얼 헌팅턴, 위의 책, 243~244쪽

12) 새뮤얼 헌팅턴, 위의 책, 243~245쪽

13) 새뮤얼 헌팅턴, 위의 책, 246~247쪽

14) 니얼 퍼거슨, 위의 책, 40쪽

15) 정수일, 위의 책, 30쪽

16) 정수일, 위의 책, 29쪽

17) 하랄트 뮐러, 위의 책, 28~29쪽

18) 하랄트 뮐러, 위의 책, 41쪽

19) 하랄트 뮐러, 위의 책, 309쪽

20) 니얼 퍼거슨, 위의 책, 488~505쪽

21) 정수일, 위의 책, 36~37쪽

22) 정수일, 위의 책, 37쪽

도시 혁명

1) 고든 차일드 지음/ 김성태·이경미 옮김, 『신석기혁명과 도시혁명』, 주류성, 156쪽

2) 고든 차일드, 위의 책, 157쪽

3) 고든 차일드, 앞의 책, 304~305쪽

4) 고든 차일드, 위의 책, 159쪽

5) 고든 차일드, 위의 책, 161쪽

6) 고든 차일드, 위의 책, 162쪽

7) 고든 차일드, 위의 책, 170~178쪽

8) 내셔널지오그래픽 편저/ 오승훈 옮김, 『세계의 역사를 뒤바꾼 1000가지 사건』, 지식갤러리, 28쪽

9) 고든 차일드, 앞의 책, 182쪽

10) 고든 차일드, 앞의 책, 192쪽

11) 위키 백과 참고

고대 문명

1) 피터 왓슨 지음/ 남경태 옮김, 『생각의 역사 1』, 들녘, 120쪽

2) 고든 차일드 지음/ 김성태·이경미 옮김, 『신석기혁명과 도시혁명』, 주류성, 203쪽
3) 강성만, '6천 년 전 추정 도시유적 발굴', 《한겨레》, 2000년 5월 24일
4) 피터 왓슨, 위의 책, 121쪽
5) 피터 왓슨, 위의 책, 121쪽
6) 고든 차일드, 위의 책, 204쪽
7) 고든 차일드, 위의 책, 305쪽
8) 고든 차일드, 위의 책, 32~33쪽
9) 마이클 우드 지음/ 강주헌 옮김, 『인류 최초의 문명들』, 중앙m&b, 34쪽
10) 마이클 우드, 위의 책, 35쪽
11) 마이클 우드, 위의 책, 28쪽
12) 피터 왓슨, 위의 책, 122쪽
13) 마이클 우드, 위의 책, 29쪽
14) 마이클 우드, 위의 책, 16쪽
15) 마이클 우드, 위의 책, 16~17쪽
16) 마이클 우드, 위의 책, 34쪽
17) 피터 왓슨, 위의 책, 122~123쪽
18) 마이클 우드, 위의 책, 36쪽에서 재인용
19) 피터 왓슨, 위의 책, 123~124쪽
20) 피터 왓슨, 위의 책, 124쪽
21) '요하문명'에 대한 자세한 내용은 뒷부분에서 설명할 예정이다. 우실하 지음, 『동북공정 너머 요하문명론』, 소나무 참고

메소포타미아 문명

1) 새뮤얼 노아 크레이머 지음/ 박성식 옮김, 『역사는 수메르에서 시작되었다』, 가람기획, 31~34쪽
2) 새뮤얼 노아 크레이머, 위의 책, 14쪽
3) 새뮤얼 노아 크레이머, 위의 책, 205쪽
4) 위키 백과 참고

5) E. M. 번즈 외 지음/ 박상익 옮김,『서양문명의 역사 (상)』, 소나무, 154쪽

6) E. M. 번즈, 위의 책, 55쪽

7)『구약성서』『창세기』10:11, 11:28, 11:31

8) 홍익희 지음 ,『유대인 이야기』, 행성:B잎새, 35쪽

9) 위키 백과 참고

10) J. M. 로버츠 지음/ 조윤정 옮김,『HISTORICA 히스토리카 세계사 1』, 이끌리오, 92~96쪽

11) J. M. 로버츠, 위의 책, 96쪽

12) 플루타르코스 외 지음/ 로시터 존슨 엮음/ 정명진 옮김,『현대사를 바꾼 고대사 15장면』, 부글북스, 34~61쪽

13) J. M. 로버츠, 위의 책, 98쪽

14) 피터 왓슨 지음/ 남경태 옮김,『생각의 역사 1』들녘, 151쪽

15) 플루타르코스 외, 위의 책, 32쪽

16) J. M. 로버츠, 위의 책, 97쪽

17) 김산해 지음,『최초의 신화 길가메쉬 서사시』, 휴머니스트 참고

18) 마이클 우드 지음/ 강주헌 옮김,『인류 최초의 문명들』, 중앙m&b, 43쪽에서 재인용

19) J. M. 로버츠, 위의 책, 101쪽

이집트 문명

1) 브라이언 페이건 지음/ 이희준 옮김,『세계 선사 문화의 이해』, 사회평론, 349쪽

2) 하워드 카터 지음/ 김훈 옮김,『투탕카멘의 무덤』, 해냄, 246쪽

3) 마이클 우드 지음/ 강주헌 옮김,『인류 최초의 문명들』, 중앙m&b, 181쪽

4) 마이클 우드, 위의 책, 182쪽

5) J. M. 로버츠 지음/ 조윤정 옮김,『HISTORICA 히스토리카 세계사 1』, 이끌리오, 105쪽

6) 정수일,『고대문명교류사』, 사계절, 28쪽

7) J. M. 로버츠, 위의 책, 104쪽

8) J. M. 로버츠, 위의 책, 104쪽

9) J. M. 로버츠, 위의 책, 107쪽

10) 브라이언 페이건 지음, 위의 책, 354쪽

11) 마이클 우드, 위의 책, 190쪽
12) 마이클 우드, 위의 책, 190쪽
13) 마이클 우드, 위의 책, 192쪽
14) 마이클 우드, 위의 책, 194~195쪽
15) 고든 차일드 지음/ 김성태 · 이경미 옮김, 『신석기혁명과 도시혁명』, 주류성, 224쪽
16) J. M. 로버츠, 위의 책, 112쪽

히브리 문명

1) J. M. 로버츠 지음/ 조윤정 옮김, 『HISTORICA 히스토리카 세계사 1』, 이끌리오, 166쪽
2) J. M. 로버츠, 위의 책, 167쪽. 반면 다른 주장도 있다. "가나안 사람들은 아브라함 일행을 히브리 사람들이라고 불렀는데, 이는 '유프라테스강 건너에서 온 사람들'이라는 뜻이다." 홍익희 지음, 『유대인 이야기』, 행성:B잎새, 36쪽
3) 홍익희, 위의 책, 36~37쪽
4) E. M. 번즈 외 지음/ 박상익 옮김, 『서양문명의 역사 (상)』, 소나무, 185쪽
5) 홍익희, 위의 책, 44쪽
6) J. M. 로버츠, 위의 책, 168쪽
7) E. M. 번즈 외, 위의 책, 85쪽. 모세의 활동 시기는 대략 기원전 1300~1250년경으로 파악된다.
8) 홍익희, 위의 책, 50쪽
9) J. M. 로버츠, 위의 책, 170쪽
10) J. M. 로버츠, 위의 책, 170쪽
11) E. M. 번즈 외, 위의 책, 92쪽
12) E. M. 번즈 외, 위의 책, 94쪽
13) E. M. 번즈 외, 위의 책, 95쪽
14) J. M. 로버츠, 위의 책, 177쪽
15) 홍익희, 위의 책, 48쪽. "요즘 관광객들이 보는 이집트 신전 대부분이 그때 유대인 건설 노예들에 의해 지어진 것이다. … 더구나 이 신전을 지을 때 경이로운 점은 신전 주위에 돌이 없어 모든 돌을 '아스완'에서 운반해왔다는 것이다. 이것들 모두가 유대인 건설 노

예들을 동원해 지은 것인 만큼 오늘날 이 신전들을 바라보는 유대인들의 감회는 남다를 수밖에 없을 것이다."

히타이트와 페르시아

1) 배리 스트라우스 지음/ 최파일 옮김, 『트로이 전쟁』, 뿌리와이파리, 22쪽
2) 김상훈 지음, 위의 책, 다산에듀, 62~63쪽
3) 임경순, '히타이트 제국과 철기 시대의 도래'《포스코신문》, 2001년 4월 19일
4) E. M. 번즈 외 지음/ 박상익 옮김, 『서양문명의 역사 (상)』, 소나무, 106쪽
5) 엔하위키 미러 참고
6) E. M. 번즈 외, 위의 책, 108쪽
7) E. M. 번즈 외, 위의 책, 120쪽
8) 홍익희 지음 , 『유대인 이야기』, 행성:B잎새, 58쪽
9) 홍익희, 위의 책, 58~59쪽
10) E. M. 번즈 외, 위의 책, 120~121쪽
11) 조르주 뒤비 지음/ 채인택 옮김, 『조르주 뒤비의 지도로 보는 세계사』, 생각의나무, 11쪽
12) 브라이언 페이건 지음/ 이희준 옮김, 『세계 선사 문화의 이해』, 사회평론, 342~343쪽
13) 헨드릭 빌렘 반 룬 지음/ 박성규 옮김, 『인류이야기 1』, 아이필드, 59쪽
14) E. M. 번즈 외, 위의 책, 121쪽
15) 스테판 버크 외 지음/ 박경혜 옮김, 『중동의 역사』, 푸른길, 139~140쪽
16) 스테판 버크 외, 위의 책, 168쪽
17) 스테판 버크 외, 위의 책, 191쪽
18) 스테판 버크 외, 위의 책, 195쪽
19) E. M. 번즈 외, 위의 책, 66~67쪽
20) E. M. 번즈 외, 위의 책, 69쪽
21) 스테판 버크 외, 위의 책, 213쪽
22) 스테판 버크 외, 위의 책, 216쪽
23) E. M. 번즈 외, 위의 책, 75쪽
24) 스테판 버크 외, 위의 책, 241쪽

25) 스테판 버크 외, 위의 책, 244쪽

26) 스테판 버크 외, 위의 책, 245쪽

27) E. M. 번즈 외, 위의 책, 78쪽

28) J. M. 로버츠 지음/ 김기협 옮김, 『HISTORICA 히스토리카 세계사 2』, 이끌리오, 83쪽

29) E. M. 번즈 외, 위의 책, 79쪽

30) E. M. 번즈 외, 위의 책, 76~77쪽

에게 문명

1) 주철민의 역사공부방(http://cafe.daum.net/joucheol/587D/306)에서 재인용

2) 주철민의 역사공부방에서 재인용

3) 엔하위키 미러, 참고

4) 엔하위키 미러, 참고

5) 주철민의 역사공부방에서 재인용

6) E. M. 번즈 외 지음/ 박상익 옮김, 『서양문명의 역사 (상)』, 110쪽

7) J. M. 로버츠 지음/ 김기협 옮김, 『HISTORICA 히스토리카 세계사 2』, 이끌리오, 148쪽

8) E. M. 번즈 외, 위의 책, 112쪽

9) 브라이언 페이건 지음/ 이희준 옮김, 『세계 선사 문화의 이해』, 사회평론, 340쪽

10) E. M. 번즈 외, 위의 책, 105쪽

11) E. M. 번즈 외, 위의 책, 110쪽

12) E. M. 번즈 외, 위의 책, 119쪽

인도 문명

1) 자와할랄 네루 지음/ 곽복희·남궁원 옮김, 『세계사 편력 1』, 일빛, 33쪽

2) 마이클 우드 지음/ 강주헌 옮김, 『인류 최초의 문명들』, 중앙m&b, 76쪽

3) 자와할랄 네루, 위의 책, 33~34쪽

4) 마이클 우드, 위의 책, 69쪽

5) 마이클 우드, 위의 책, 70쪽

6) 마이클 우드, 위의 책, 73쪽

7) 마이클 우드, 위의 책, 76쪽

8) 마이클 우드, 위의 책, 79쪽

9) 마이클 우드, 위의 책, 79쪽

10) 위키 백과 참고

11) 마이클 우드, 위의 책, 80쪽

12) 마이클 우드, 위의 책, 82쪽

13) 마이클 우드, 위의 책, 83쪽

14) 베이징대륙교문화미디어 기획 및 엮음/ 양성희 옮김, 『역사를 뒤흔든 대이동 7가지』, 현암사, 40~41쪽

15) 베이징대륙교문화미디어, 위의 책, 24~27쪽

16) 베이징대륙교문화미디어, 위의 책, 30~32쪽

17) 김상훈 지음, 『외우지 않고 통으로 이해하는 통세계사 1』, 다산에듀, 51쪽

18) J. M. 로버츠 지음/ 김기협 옮김, 『HISTORICA 히스토리카 세계사 2』, 이끌리오, 16쪽

19) J. M. 로버츠, 위의 책, 16쪽

20) 마이클 우드, 위의 책, 84쪽

21) J. M. 로버츠, 위의 책, 18쪽

22) 마이클 우드, 위의 책, 85쪽

23) 마이클 우드, 위의 책, 88쪽

중국 문명

1) 마이클 우드 지음/ 강주헌 옮김, 『인류 최초의 문명들』, 중앙m&b 127쪽

2) 허탁운 지음/ 이인호 옮김, 『중국 문화사 (상)』, 천지인, 120쪽

3) 허탁운, 위의 책, 65쪽

4) 허탁운, 위의 책, 67~77쪽

5) 허탁운, 위의 책, 67~69쪽

6) 우실하 지음, 『동북공정 너머 요하문명론』, 소나무, 270쪽

7) 허탁운, 위의 책, 69~70쪽

8) 허탁운, 위의 책, 72쪽
9) 허탁운, 위의 책, 73쪽
10) 허탁운, 위의 책, 75~76쪽
11) 박한제 외 지음, 『아틀라스 중국사』, 사계절, 12~13쪽
12) 허탁운, 위의 책, 76~77쪽
13) 이 문제는 뒷부분에서 '요하 문명'에서 보다 본격적으로 다룰 예정이다.
14) 박한제, 위의 책, 13쪽
15) 허탁운, 위의 책, 113~115쪽
16) 박한제, 위의 책, 15쪽
17) 김희영 지음, 『이야기 중국사 1』, 청아출판사, 18쪽
18) 허탁운, 위의 책, 121쪽
19) 박한제, 위의 책, 17쪽
20) 손승철 외 지음, 『고등학교 동아시아사 교사용 지도서』, 교학사, 56쪽
21) 박한제, 위의 책, 17쪽

요하 문명

1) 하어영, '미, B-52 출격 시위… 동중국해 상공 긴장 고조' 《한겨레》, 2013년 11월 28일
2) 윤내현 지음, 『고조선 연구』, 일지사 참고
3) 박찬영·정호일 지음, 『한국사를 보다 1』, 리베르스쿨, 80~98쪽
4) 김상태 지음, 『엉터리 사학자 가짜 고대사』, 책보세 참고
5) 김상태, 위의 책, 206~218쪽
6) 김상태, 위의 책, 219~270쪽
7) 이와 관련된 윤내현의 저술은 다음과 같다. 『고조선 연구』, 일지사. 『사료로 보는 우리 고대사』, 지식산업사. 『상상에서 현실로 온 우리 고대사』, 지식산업사. 『고조선의 강역을 밝힌다』, 지식산업사. 『한국열국사연구』, 지식산업사.
8) 우실하 지음, 『동북공정 너머 요하문명론』, 소나무, 275쪽
9) 한영우, 『다시 찾는 우리 역사』, 경세원, 64쪽
10) 한영우, 위의 책, 66쪽

11) 우실하, 위의 책, 100쪽

12) 우실하, 위의 책, 275~281쪽

13) 우실하, 위의 책, 227~228쪽에서 재인용

14) 우실하, 위의 책, 260쪽

15) 우실하, 위의 책, 42~52쪽

16) 우실하, 위의 책, 301~302쪽

17) 우실하, 위의 책, 76쪽

18) 우실하, 위의 책 103~104쪽; 박찬영·정호일, 위의 책, 99쪽

19) 박찬영·정호일, 위의 책, 81쪽

20) 우실하, 위의 책, 155~194쪽

21) 우실하, 위의 책, 171쪽

22) 우실하, 위의 책, 171~172쪽

23) 박찬영·정호일, 위의 책, 81~83쪽

24) 박찬영·정호일, 위의 책, 80쪽

25) 박찬영·정호일, 위의 책, 82쪽

26) 우실하, 위의 책, 194쪽

KI신서 5643

스토리 세계사 · 1

1판 1쇄 인쇄 2014년 8월 12일
1판 1쇄 발행 2014년 8월 25일

지은이 임영태
펴낸이 김영곤 **펴낸곳** (주)북이십일 21세기북스
부사장 임병주
출판사업본부장 주명석
책임편집 정지은 장보라 양으녕
마케팅 민안기 최혜령 이영인 강서영
영업본부장 안형태 **영업팀** 권장규 정병철
출판등록 2000년 5월 6일 제10-1965호
주소 (우 413-120) 경기도 파주시 회동길 201(문발동)
대표전화 031-955-2100 **팩스** 031-955-2151
이메일 book21@book21.co.kr **홈페이지** www.book21.com
트위터 @21cbook **블로그** b.book21.com

ⓒ 임영태, 2014

ISBN 978-89-509-5585-4 13900
      978-89-509-5595-3 13900 (SET)

책값은 뒤표지에 있습니다.

이 책 내용의 일부 또는 전부를 재사용하려면 반드시 (주)북이십일의 동의를 얻어야 합니다.
잘못 만들어진 책은 구입하신 서점에서 교환해 드립니다.